30일 밤의
뮤지컬

일러두기

- 외국 인명과 지명 등의 표기는 국립국어원의 외래어 표기법을 따랐습니다. 단, 일부는 관용적 표기법을 따랐습니다.
- 뮤지컬에는 홑화살괄호 < >를, 연극을 비롯한 다른 무대나 영화, 드라마 등에는 겹화살괄호《 》를, 단행본, 잡지 등에는 홑낫표「 」를 사용했습니다.
- 본 도서 내 QR 코드는 유튜브에서 공개된 자료를 참조용으로 연결하였으며, 출처는 각 영상의 채널에 명시되어 있습니다.

A 30-Night Musical

Collect 37

나만의
공간에서
즐기는

N차 관람
뮤지컬의
감동

30일 밤의 뮤지컬

염희정 지음

동양북스

머리말

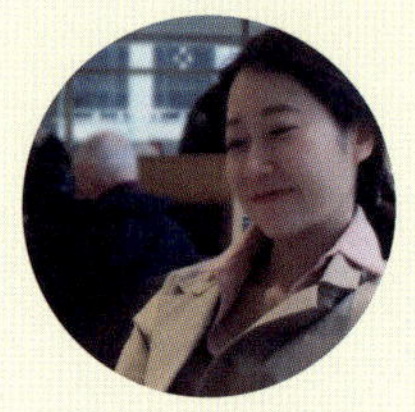

윤하정　✉ anchoryoon@naver.com

무대는 밤의 산물입니다. 대다수가 하루의 일과를 마치고 조금은 느슨해지는 시간 무대 안팎에는 그날의 클라이맥스를 맞이하는 이들이 자리합니다. 제작진부터 배우, 연주자, 객석에 있는 관객까지 그 누구도, 한순간의 실수도 허락하지 않는 팽팽한 긴장감이 감돌죠.

그 무대를 좇느라 오랫동안 '저녁이 없는 삶'을 살았습니다. 작품과 캐스팅 일정에 맞춰 밤의 공연장을 찾았고, 낮 시간에는 그 공연장 안과 밖에서 배우와 관계자들을 만나고, 작품의 원작과 배경을 탐험하고, 관련 기사를 쓰고 방송을 하며 젊음의 한때를 그야말로 불태웠습니다.

이 책은 웬만한 배우보다 부지런히 공연장을 드나든 10년이 훌쩍 넘는 시간의 아카이브라 할 수 있습니다. 자칫 단순한 관람으로, 단편적인 기사로, 색다른 경험으로 흩어질 수 있는 기록들을 섬세하게 엮었습니다.

특히 우리나라에서 사랑받아 꾸준히 공연되고 있는 뮤지컬 서른 편에 집중했습니다. 웨스트엔드와 브로드웨이 인기 뮤지컬부터 프랑스, 오스트리아 뮤지컬,

우리 색채가 짙은 창작뮤지컬까지, 또 1~2인극 소극장 작품부터 블록버스터급 대극장 공연까지 주요 뮤지컬 30편을 15개의 카테고리로 나눠 살펴봤습니다.

국내 뮤지컬시장의 다양한 트렌드는 물론 오랜 기간 취재하고 배우들을 만나 인터뷰한 내용을 더했고, 각 작품의 역사적인 토대와 주요 인물 및 배경이 된 장소 등에 대한 정보도 버무려 한 편의 뮤지컬을 입체적으로 즐길 수 있도록 구성했습니다.

한 편의 이야기가 연기, 노래와 춤, 무대를 채우는 다채로운 장치로 펼쳐지는 뮤지컬은 완성도 높은 종합예술이면서 가장 대중적인 공연예술입니다. 얼핏 화려하게만 보이는 그 무대에는 각기 다른 시대상과 문화, 다양한 삶의 방식과 인간의 깊고 은밀한 내면이 담겨 있죠. 30일의 밤 동안 자기만의 시공간에서 30편의 뮤지컬을 감상하며 색다른 감동을 느껴보면 어떨까요. 뮤지컬 대표작을 알고 싶은 입문자부터 주요 작품을 심도 있게 관람하고 싶은 마니아까지 저마다의 커튼콜과 감흥을 경험하고 또 나눴으면 합니다.

강화된 저작권 이슈에도 책의 취지에 공감하고 공연 사진을 선뜻 내어준 CJ ENM, 쇼노트, 엠피앤컴퍼니, 네오, HJ컬쳐, 씨에이치수박, 에스앤코, 클럽서비스, EMK뮤지컬컴퍼니 등에 깊은 감사의 마음을 전합니다. 운명처럼 만난 동양북스와 내내 산뜻한 배려로 동행한 김유진 과장님 등 편집진에게도 살포시 고마움을 표현합니다. 상당히 버겁지만 늘 신비로운 직조로 거듭나게 하시는 하느님과 그 곁에 계시는 아빠, 은근히 변화무쌍한 막내의 삶에서 어느덧 지음知音이면서 언제나 살뜰한 버팀목인 엄마와 가족들에게도 미소를 띄웁니다. 이렇게 또 한 번, 씩 웃어 보입니다. ●●●○○○.

압도적 카타르시스를 선사하는
뮤지컬의 세계로 초대합니다.

자주 등장하는 뮤지컬 용어 알고 읽기

• **웨스트엔드**West End**와 브로드웨이**Broad Way

전 세계 공연시장의 양대 산맥을 얘기할 때 웨스트엔드와 브로드웨이를 꼽는다. 웨스트엔드는 과거 런던의 서쪽 끝자락에 해당하던 지역으로, 현재 공연장과 극장이 몰려 있는 상업지구이고, 브로드웨이는 뉴욕 맨해튼을 대각선으로 가로지르는 긴 길로, 그 가운데 타임스퀘어를 중심으로 공연장과 극장이 줄지어 있다. 이들 지역에서는 우리나라에서 몇 년을 간격으로 두세 달씩 공연되는 인기 뮤지컬들이 동시다발적으로 쉬지 않고 공연된다.

• **오리지널**Original **· 라이선스**Licensed **· 창작뮤지컬**

국내 무대에 오르는 뮤지컬은 크게 3가지로 나눌 수 있다. 오리지널과 라이선스, 그리고 창작. <오페라의 유령>을 예로 들자면, 런던이나 뉴욕 프로덕션에서 꾸려진 제작진과 배우들이 전체적으로 우리나라에 들어와 공연한다면 오리지널(공연의 경우 초연 당시 제작진과 출연 배우 등이 그대로 유지되기 힘든 만큼 오리지널보다는 해외 팀의 내한공연이 더 적확한 표현)이고, 저작료를 지급하고 판권을 구입해 한국 제작진이 한국어로 공연한다면 라이선스 뮤지컬이다. 이들과 구분하기 위해 <명성황후>나 <서편제>처럼 우리나라 제작진이 만든 작품은 창작뮤지컬이라 부른다.

• 세계적인 뮤지컬 어워즈

토니 어워즈 Tony Awards 와 로렌스 올리비에 어워즈 Laurence Olivier Awards

영화에 아카데미상, 대중음악에 그래미상이 있다면 공연에는 토니상이 있다. 미국 연극과 뮤지컬 분야에서 가장 권위 있는 시상식으로 1947년 시작됐다. 또 하나의 권위 있는 시상식인 로렌스 올리비에상은 영국 버전의 토니상으로 1976년부터 개최되고 있다.

• 넘버 Number 란?

영화나 드라마에서는 OST라는 표현을 쓰는데, 뮤지컬에서 사용되는 노래나 음악은 '넘버'라고 말한다. 보통 대극장 뮤지컬의 경우 24곡 안팎으로 이뤄진다. 뮤지컬의 경우 노래가 대사를 대신하다 보니, 제작진과 배우들 간에 원활한 의사소통을 위해 장면에 따라 음악에 번호를 붙인 것으로 추정된다. 뮤지컬에서는 '리프라이즈^{Reprise}'라고 같은 선율을 반복해서 부르기도 하는데, 노래에 숫자가 있는 만큼 제목이 같아도 쉽게 구분할 수 있는 편리함이 있다.

• 더블 캐스팅^{Double Casting}과 원 캐스팅^{One Casting}

연극이나 뮤지컬은 영화나 드라마와 달리 한 인물에 여러 배우가 캐스팅되기도 한다. 흔히 더블, 트리플 캐스팅이라고 하는데, <레베카>를 예로 들면 한 시즌에 댄버스 부인 역으로 신영숙, 옥주현, 알리 씨가 함께 캐스팅되는 것이다. 공연의 경우 시즌마다 캐스팅되는 배우도 달라지는 만큼 동일한 배우의 댄버스 부인을 볼 수도, 다른 배우가 연기하는 댄버스 부인을 볼 수도 있다. 관객의 취향에 맞게 선택하고, 원한다면 세 사람의 공연을 모두, 여러 번 관람해도 된다.

반면 원 캐스트도 있다. 한 배역을 한 명의 배우만 연기하는 것이다. 공연은 매일 라이브로 진행되는 만큼 위험부담을 줄이기 위해서도 동일 캐릭터에 두세 명의 배우를 캐스팅하는 편이다. 특히 요즘은 마케팅 차원에서 다양한 관객층을 섭렵하기 위해 멀티 캐스트를 선호한다.

작품별 하이라이트 영상 및 넘버와 함께 보기

 본문에 수록한 QR 코드를 스캔하면 해당 뮤지컬의 대표 영상
과 넘버를 보고 들을 수 있다.

※ 해당 영상은 유튜브 채널에 게시된 콘텐츠로, 모든 영상은 원작자의 저작권 보호를 받으며 저
　작권은 원제작사에 있습니다.
※ 이 책은 정보 제공 차원에서 링크를 안내할 뿐, 영상 자체를 포함하지 않습니다.

Contents

불후의
세계 4대 뮤지컬

〈오페라의 유령The Phantom of the Opera〉&〈레미제라블Les Misérables〉

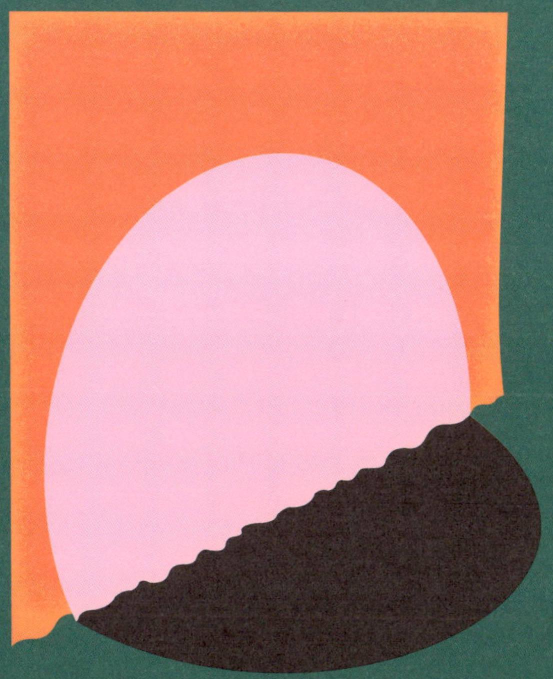

한때 세계 4대 뮤지컬로 〈오페라의 유령〉 〈레미제라블〉 〈캣츠〉 〈미스 사이공〉을 꼽았습니다. 기준이 무엇일까요? 단순하게 가장 많이 공연된 작품들입니다. 모두 '영국산'으로 〈캣츠〉가 1981년, 〈레미제라블〉이 1985년, 〈오페라의 유령〉은 1986년, 〈미스 사이공〉은 1989년 처음으로 무대에 올랐습니다.

세기가 달라지고 새로운 인기 뮤지컬도 많아진 만큼 순위가 조금은 바뀌었을 듯한데요. 그럼에도 대다수 작품은 우리나라에서도 여전히 많은 사랑을 받고 있습니다. 사람으로 치면 마흔 살 안팎, '라떼'나 '꼰대' 수식어가 달릴 이들 뮤지컬이 꾸준히 '멋진 선배' '진정한 리더'로 무대를 지키며 자신보다 어린 관객들과도 진솔하게 소통할 수 있는 비결은 무엇일까요?!

Day 1

잔혹함 뒤에 자리한 가슴 시린 러브스토리 〈오페라의 유령〉

"한 작품에서 이렇게 많은
히트곡이 나온 뮤지컬로도
〈오페라의 유령〉의 명성은
깨기 힘들 것"

창작진
Original Creative Team

작곡	앤드루 로이드 웨버 Andrew Lloyd Webber
작사	찰스 하트 Charles Hart, 리처드 스틸고우 Richard Stilgoe
프로듀서	카메론 매킨토시 Cameron Mackintosh
연출	해롤드 프린스 Harold Prince

등장인물
Characters

팬텀 The Phantom of the Opera

흉측한 얼굴을 마스크로 가린 채 오페라하우스 지하에 숨어 산다.

크리스틴 다예 Christine Daaé

오페라하우스의 무명 무용수에서 팬텀의 뛰어난 음악 레슨으로 새로운 프리마돈나가 된다.

라울 Raoul, Vicomte de Chagny

오페라하우스의 후원자인 귀족 청년, 크리스틴과 소꿉친구다.

칼롯타 Carlotta Guidicelli

크리스틴이 나타나기 전까지는 오페라하우스 최고의 프리마돈나였다.

피앙지 Ubaldo Piangi

오페라하우스의 남자 가수로 칼롯타와 함께 주연으로 활약한다.

피르맹 Monsieur Firmin

오페라하우스의 공동 운영자

앙드레 Monsieur André

오페라하우스의 공동 운영자

마담 지리 Madame Giry

오페라하우스의 발레감독, 유령에 대해 많은 것을 알고 있지만 쉽게 말을 꺼내지 못한다.

맥 지리 Meg Giry

마담 지리의 딸이자 크리스틴의 단짝 친구

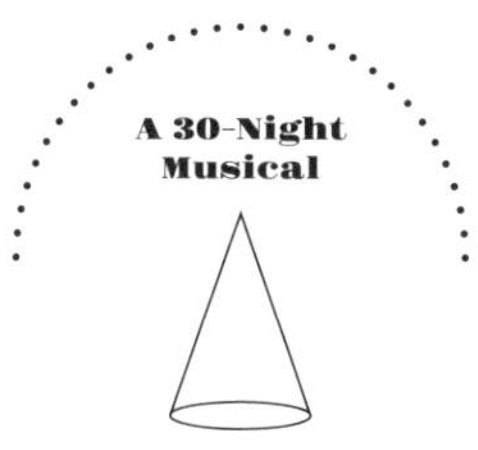

전 세계적으로 쉼 없이 가장 오랜 기간 공연되고 있는 뮤지컬은 어떤 작품일까요? 바로 〈오페라의 유령〉입니다.

뮤지컬에 딱히 관심이 없는 사람도 '오페라의 유령'이라는 제목은 들어봤을 테고, '오페라의 유령'은 몰라도 흰 마스크로 한쪽 얼굴을 가리고 망토를 두른 남자, 강렬한 파이프 오르간 연주와 함께 울려 퍼지는 'The Phantom of the Opera'는 꽤 익숙한 캐릭터이고 음악일 겁니다. 이렇듯 공연장 밖에서도 유명한 〈오페라의 유령〉은 웨스트엔드와 브로드웨이에서 초연 이후 35년 이상 쉬지 않고 공연된 유일한 뮤지컬인데요. 1986년 10월 영국 런던의 허 마제스티스 극장Her Majesty's Theatre에서, 2년 뒤 미국 뉴욕의 마제스틱 극장Majestic Theatre에서도 첫선을 보인 〈오페라의 유령〉은 지금도 런던의 극장을 지키고 있습니다(뉴욕의 경우 2023년 폐막). 2010년 런던에서만 만 회가 넘는 공연을 올리며 최다 공연 신기록을 세웠고, 2012년 뉴욕에서도 만 회를 돌파하며 기네스북에 '브로드웨이 최장기 공연'으로 정식 등재됐습니다. 그 사이 영국 로렌스 올리비에 어워즈 작품상과 남우주연상, 미국 토니 어워즈 작품상, 남우주연상, 무대디자인상 등 전 세계 주요 공연 시상식에서 70개 부문을 수상했습니다.

우리나라에서도 2001년 한국어로 공연되며 라이선스 뮤지컬의 붐을 일으켰는데요. 2005년 내한공연, 2009년 한국어 공연, 2012년 내한공연 까지 이미 누적 관객 100만 명을 넘어선 작품입니다. 전 세계적으로 따지 면 2025년 기준 40여 개국 195개 도시에서 21개 언어로 공연되며 1억 6 천만 명 이상이 관람한 것으로 집계된 뮤지컬 〈오페라의 유령〉은 오늘도 어딘가에서 무대를 밝히며 자신이 세운 기록을 경신하고 있을 겁니다.

지금까지 사랑받는
시대를 초월한 명작

관객들의 입맛에 맞는 새로운 이야기와 놀라운 무대 연출로 무장한 '신상 뮤지컬'이 쏟아지고 있는 요즘도 〈오페라의 유령〉이 매일 무대를 밝힐 수 있는 동력은 무엇일까요?

일단 스토리를 보죠. 흉측한 얼굴을 마스크로 가린 채 오페라하우스 지 하에 숨어 사는 천재 음악가 팬텀과 그를 통해 무명 무용수에서 프리마돈 나로 변신한 크리스틴, 그리고 그녀를 사랑하는 극장 후원가 라울의 삼각 러브스토리입니다. 인류의 영원한 화두 '사랑'을 소재로 하죠. 거기에 19세 기 파리 오페라하우스를 재현한 웅장한 무대며 200여 벌의 화려한 의상, 대형 샹들리에도 시선을 빼앗습니다. 팬텀이 크리스틴을 배에 태우고 지 하 은신처로 향하는 장면도 빼놓을 수 없는데요. 자욱한 안개를 표현하기

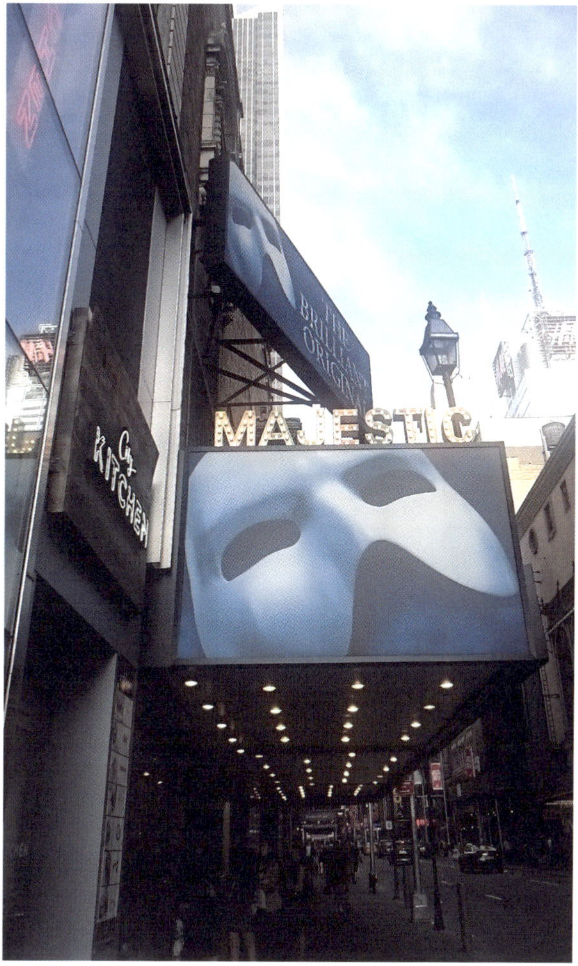

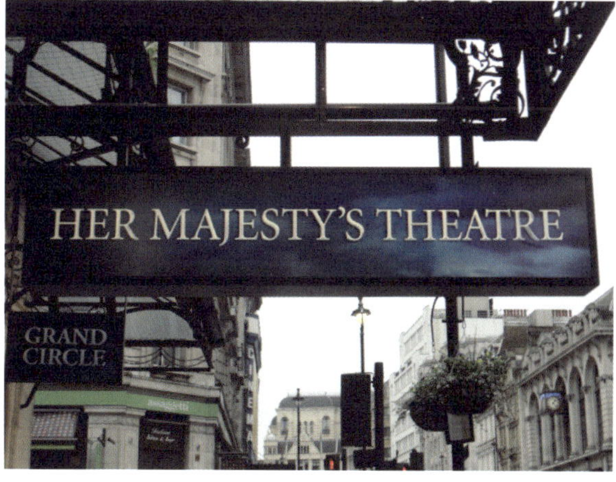
HER MAJESTY'S THEATRE
GRAND CIRCLE

위해 무려 250킬로그램의 드라이아이스와 280여 개의 촛불이 사용됩니다. 전체 무대 세트를 위해 40피트 컨테이너 20대가 필요하다고 하니, 태생부터 확실한 스케일로 관객들의 눈을 사로잡은 셈입니다.

특히 1막 끝자락 크리스틴과 라울이 사랑을 맹세한 바로 그날, 공연 중 무대 천장에서 샹들리에가 떨어져 부서지는 장면은 압권인데요. 영화와 달리 컴퓨터그래픽의 도움 없이 무대 위에서 실시간 모든 것을 구현해야 하는 공연의 경우 1톤 안팎에 달하는 샹들리에 추락 장면은 풀기 힘든 숙제였습니다. 실제로 극장의 구조상 이 샹들리에를 설치할 수 없어 〈오페라의 유령〉을 포기한 공연장도 많았는데요. 객석 1열 기준 12미터 이상 상공에 매달려 있는 샹들리에에는 도르래 두 대가 철제 케이블로 지탱하고 있다가 고정된 핀이 풀리면 무대 위로 떨어지도록 설계돼 있습니다. 무대에 닿는 순간 뒤틀어져 망가진 모습까지 보여줘야 하죠. 다행히 최근에는 무게와 부품, 작동 기술 등을 바꿔 어느 극장에서나 공연이 가능해졌고, 떨어지는 속도도 최고 초속 3미터에 달한다고 합니다.

하지만 수많은 볼거리를 넘어서는 뮤지컬 〈오페라의 유령〉의 핵심은 역시 '음악'입니다. 극이 시작되고 얼마 안 돼 음악적으로 교감하던 팬텀과 크리스틴이 함께 배를 타고 지하 은신처로 갈 때 그 유명한 'The Phantom of the Opera'[1]가 흘러나옵니다. 음산하면서도 격정적인 파이프 오르간 연주와 함께 울려 퍼지는 이 곡은 작품을 보지 않았어도, 스토리를 전혀 몰라도, 아마 누구나 알고 있는 노래일 겁니다. 이 격정적인 음악에 이어지는 팬텀의 'The Music of the Night'[2]는 얼마나 다감하고 감미로운지요. 팬텀은 이 노래를 통해 음울하지만 깊은 그의 내면을 크리스틴에게 전달합니다. 앤드루 로이드 웨버가 초연에서 크리스틴을 맡은 당시 아내이자 팝페라가수 사라 브라이트만을 위해 생일 선물로 만든 노래라고 해요.

이 밖에도 극 초반 칼롯타를 대신해 크리스틴이 오디션을 통해 새로운 스타로 떠오를 때 부르는 'Think of Me'[3]는 그녀의 청아한 음색이 유독 돋보이는 곡이죠. 또 크리스틴과 라울이 마음을 나누는 'All I Ask of You'[4]는 라울의 다정함이 더해져 더욱 아늑하게 들리는데요. 이들을 목격하고 곧바로 이어지는 팬텀의 솔로 리프라이즈는 온 세상이 무너지는 듯한 절망감과 사랑받지 못한 비참함으로 같은 곡인데도 매우 무겁게 다가옵니다.

한번 들으면 내내 흥얼거리게 되는 이들 곡은 감미로운 멜로디와 아름다운 가사로 인기 팝가수들에 의해 리메이크되며 세계인의 사랑을 받았습니다. 한 작품에서 이렇게 많은 히트곡이 나온 뮤지컬로도 〈오페라의 유령〉의 명성은 깨기 힘들 겁니다.

2011년 〈오페라의 유령〉 25주년을 기념해 런던 로열 알버트홀에서 공연된 실황이다. 라민 카림루Ramin Karimloo와 시에라 보게스Sierra Boggess 버전으로, 개인적으로는 최고의 팬텀-크리스틴이다.

<오페라의 유령>,
알고 보면 더 재미있다!

사전 지식 없이 <오페라의 유령>을 관람하다 보면 궁금증이 생길 수 있습니다. 먼저 첫 장면에서 경매가 진행되는데, 화폐 단위가 '프랑'이죠. 앞서 '영국산'이라고 했는데 말입니다. 뮤지컬 <오페라의 유령>은 1986년 런던에서 초연됐지만, 원작은 1910년 프랑스 작가 가스통 르루Gaston Leroux, 1868~1927가 발표한 동명의 소설입니다. 그러니 작품의 배경도 파리 오페라하우스, 파리 여행 때면 늘 지나치게 되는 오페라지구의 그 '오페라 가르니에'입니다. 작가가 되기 전 신문기자로 일했던 르루는 당시 오페라하우스를 둘러싼 여러 사건사고에 상상력을 더해 「오페라의 유령Le Fantôme de l'Opéra」을 집필했습니다.

그런데 유령이 오페라하우스 지하에서 배를 타고 다니는 설정은 상상력이 과한 게 아닐까요? 결론부터 말하면 오페라 가르니에 지하에는 실제로 호수라 말할 수 있는 장소가 존재합니다. 원작 소설에 첨부된 완공 당시 기사를 보면 유럽 최대 규모의 이 공연장에 달려 있는 문만 2500여 개였다고 합니다. 500여 명이 동시에 의상을 바꿔 입을 수 있는 공간이 있고, 연주자들이 사용하는 대기실에는 100개의 악기를 보관할 수 있는 보관함이 있으며, 모든 가스 파이프를 연결하면 25킬로미터에 달했다고 해요. 이렇게 대규모 공연장을 만들자면 지하로도 그만큼 깊게 파고 들어가야 하는데요. 당시 기술에 맞춰 지하수를 막다 보니 오페라하우스 지하 중심부에 흘러든 물이 고인 공간이 생겼고, 오페라하우스 외관만 봐서는 상상하기 힘든 그 즈음을 작품에서는 팬텀의 거처로 설정한 겁니다.

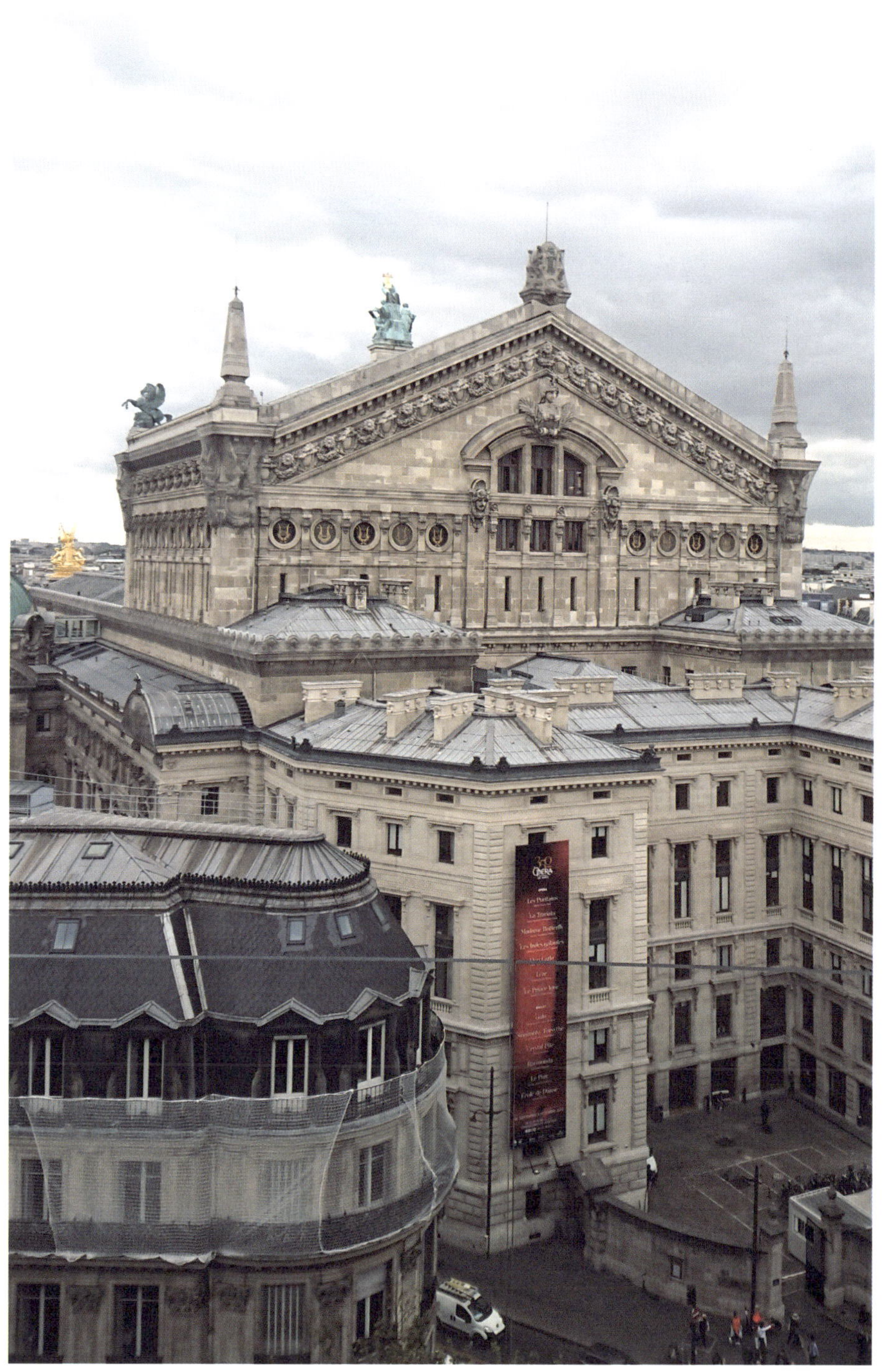

<h2 style="text-align:center">변치 않는 클래식함으로
40년을 이어온 명성</h2>

오랜 역사만큼 〈오페라의 유령〉에는 수많은 스타 팬텀과 크리스틴, 라울이 존재하는데요. 세 배우가 빚어내는 하모니를 접하면 그 명성을 이해하게 될 겁니다. 하지만 경탄까지는 하기 힘들 수도 있습니다. 2010년 이후 웨스트엔드와 브로드웨이의 신작들이 앞다퉈 국내 무대에 올랐고, 우리 창작뮤지컬도 비약적으로 발전하면서 관객들의 눈높이도 자연스레 높아졌죠. 그러니 이제 배를 타고 무대에 등장하는 장면도, 샹들리에가 떨어지는 장면도 더 이상 대단해 보이지 않는다고 할까요. 게다가 〈오페라의 유령〉보다 나이가 적은 관객이라면 의상이나 음악에 있어서도 확실히 '올드'하다고 느낄 수 있습니다.

그럼에도 〈오페라의 유령〉이 지금까지 쉬지 않고 공연될 수 있었던 원동력 역시 이 '클래식함'에 있다는 것은 명백합니다. 계속해서 새로운 프로덕션이 꾸려지지만 눈에 띄는 변화는 없습니다. 취재 때 만난 제작진은 편곡에 대해서도 '전혀 고려하지 않는다'고 하더군요. 〈오페라의 유령〉은 배경 자체가 19세기이고, 이 작품이 오랜 기간 사랑받을 수 있었던 것은 그 시대를 담아낸 웨버의 음악 덕분이니까요. 하긴 〈오페라의 유령〉을 몇 번 관람하다 보면 팬텀과 크리스틴을 맡은 배우가 바뀌는 것만으로도 어찌나 속상한지 모릅니다. 새로운 스타 배우들이 끊임없이 등장하지만, 마음속에는 '나만의 영원한 팬텀과 크리스틴'이 있기 때문일 겁니다.

그리고 나이가 더해질수록 이 작품의 아이러니한 울림은 더 큰 감동으로 다가올 겁니다. 모든 사람이 외면할 정도로 흉측한 얼굴을 지녀 항상 어

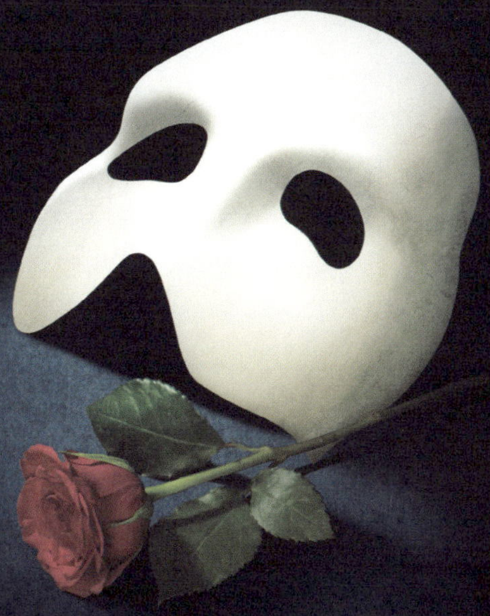
By special arrangement with The Really Useful Group
ANDREW LLOYD WEBBER'S
THE
PHANTOM
OF THE
OPERA
오페라의 유령
Original London and New York productions by Cameron Mackintosh and The Really Useful Group Ltd

둠 속에 숨어야 했던 팬텀이 누구보다 아름다운 음악을 만들죠. 모두가 두려워하지만 그 작은 가면을 벗기면 너무나 나약하고 외로운 사람이며, 상처받고 응어리진 마음으로 무참히 사람을 해치지만 그의 사랑은 더없이 순하고 신사적입니다.

극이 끝날 무렵 팬텀은 지하 미궁으로 끌고 온 크리스틴에게 자신과 함께하지 않으면 라울을 죽이겠다고 협박하는데요. 라울을 살리고 싶었던 크리스틴은 팬텀의 추한 얼굴에 입을 맞춥니다. 이에 크게 놀란 팬텀은 두 사람을 풀어주고, 떠나가는 크리스틴을 향해 사랑한다고 노래하죠.[5] 크리스틴을 처연히 바라보는 팬텀의 모습에 덩달아 진한 눈물이 흐르는 이유는 무엇일까요. 어쩌면 팬텀은 우리 모두의 또 다른 모습일지 모릅니다. 누구나 어느 정도는 원치 않는 모습으로 살아갈 테고, 고단한 삶의 간절한 희망마저 놓치거나 놓아야 할 때가 있지 않나요. 그럼에도 숱한 거절과 절망으로 더해진 상처를 감춘 채 살아가죠. 팬텀처럼 또다시, 또 다른 가면을 쓰고 말입니다.

[5] 'The Final Lair'. <오페라의 유령> 25주년 버전이다.

「오페라의 유령」
또 다른 이야기 〈팬텀〉

국내에서는 2015년 처음으로 소개된 뮤지컬 〈팬텀〉도 가스통 르루의 소설 「오페라의 유령」을 원작으로 합니다. 〈오페라의 유령〉과 〈팬텀〉은 어떤 차이가 있을까요?

르루는 당시 추리소설가인 아서 코난 도일, 에드거 앨런 포와 함께 인기가 대단해서 〈오페라의 유령〉 작곡가인 웨버도 절판된 「오페라의 유령」을 헌책방에서 구했다고 합니다. 그 정도로 인기였으니 이 이야기를 무대에 올리려는 사람도 한두 명은 아니었겠죠. 극작가 아서 코핏과 작곡가 모리 예스톤도 1983년 연출가 겸 배우인 조프리 홀더로부터 이 소설을 뮤지컬로 만들자는 제안을 받고 〈팬텀〉을 써내려가게 됩니다.

하지만 〈팬텀〉의 대본에 모든 음악이 입혀질 즈음인 1984년, 웨버가 뮤지컬 〈오페라의 유령〉을 제작하고 있다고 공식 발표합니다. 2년 뒤 〈오페라의 유령〉 런던 초연은 성공적이었고, 반면 투자자들이 하나둘 손을 뗀 〈팬텀〉의 제작은 결국 무산됐죠. 그 뒤 NBC 드라마로 성공을 거둔 코핏은 무대에서 펼쳐 보이지 못한 〈팬텀〉을 미니시리즈로 각색해 많은 인기를 얻습니다. 그러자 다시 뮤지컬 〈팬텀〉에 투자자들이 몰리면서 1991년 미국 휴스턴에서 드디어 첫 무대를 선보입니다.

비슷한 시기에 동일한 원작 소설로 만들어졌으니 〈오페라의 유령〉과 〈팬텀〉은 영원히 비교될 수밖에 없겠죠. 두 작품의 가장 큰 차이는 메인 스토리입니다. 〈오페라의 유령〉이 팬텀과 크리스틴, 라울의 러브스토리가 중심축이라면 〈팬텀〉은 왜 에릭이 흉측한 얼굴을 지닌 채 숨어 살 수밖에 없는지, 왜 크리스틴을 사랑하게 되는지를 담아냅니다. 분장과 의상에서 가장 눈에 띄는 점은 팬텀의 가면인데요. 〈오페라의 유령〉에서 팬텀이 흰색 가면만을 고집하다 어느 순간 흉측한 얼굴을 드러낸다면 〈팬텀〉에서는 상황에 맞춰 가면을 교체하지만 절대로 벗지는 않습니다. 팬텀의 생애가 이야기의 중심인 만큼 오히려 다양한 가면을 통해 팬텀의 내면을 드러냅니다.

초연 이후 세계적으로 꾸준히 공연되고 있는 〈오페라의 유령〉과 비교하면 〈팬텀〉의 실적은 저조한 편이지만 국내에서는 최강 캐스팅으로 관객들의 이목을 사로잡으며 무대를 이어오고 있습니다. 초연 당시 박효신 팬텀을 필두로 크리스틴 역에 임선혜, 김순영 등 현역 성악가들을, 벨라도바 역에 김주원, 황혜민, 최예원 등 내로라할 발레리나들까지 캐스팅해 그 어디에서도 보기 힘든 풍성한 무대[6]를 선보였고, 2025년 10주년 기념 공연을 진행할 만큼 꾸준히 객석의 호응을 얻고 있습니다.

팬텀의 5번 박스석이
궁금하다면?

〈오페라의 유령〉에서 팬텀은 극장주에게 공연장의 2층 5번 박스석과 매달

[6] 'The Story Of Eric', 에릭의 비밀이 연인인 카리에르와 벨라도바의 춤으로 표현된다. 2016년 당시는 엄재용(유니버설발레단)-김주원(전 국립발레단), 윤전일(국립발레단)-황혜민(유니버설발레단) 씨가 호흡을 맞췄는데, 엄재용-황혜민은 실제 부부 무용수이기도 하다.

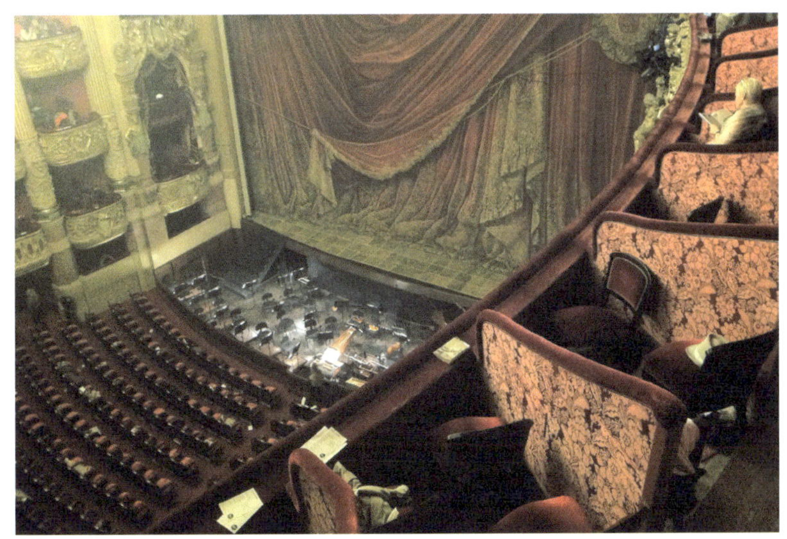

일정량의 월급을 요구하는데요. 〈오페라의 유령〉 25주년 기념 공연이 펼쳐졌던 런던 로열 알버트홀을 방문했을 때 가이드에게 농담 삼아 '팬텀의 자리는 어디인가?' 물어본 적이 있습니다. '런던이 아니라 파리로 가야 한다'며 웃더군요. 네, 〈오페라의 유령〉은 런던이 아닌 파리 오페라하우스를 배경으로 펼쳐집니다.

디자인 콩쿠르에서 뽑힌 건축가 샤를 가르니에의 이름을 따 '오페라 가르니에Opéra Garnier', '팔레 가르니에Palais Garnier'라 불리는 파리 오페라하우스는 전체 면적만 11000제곱미터에 달합니다. 1861년 극장 터가 정해진 뒤 프로이센-프랑스 전쟁, 파리 코뮌 등의 소용돌이에 휘말려 공사가 중단됐다가 1875년에야 개관했는데요. 당시 유행했던 그리스·로마풍의 고전주의를 타파하고 다양한 건축양식을 혼합해 지었습니다. 유럽에서도 가장 화

〈오페라의 유령〉

려한 오페라하우스로 꼽히죠. 건물 밖에서는 륄리, 라모, 클룩, 헨델, 모차르트, 베토벤 등 유명 작곡가의 조각상을 볼 수 있고, 내부로 들어서면 화려한 계단으로 연결되는 30미터 높이의 중앙홀이 인상적인데요. 다양한 색깔의 대리석은 프랑스는 물론 스웨덴, 이탈리아, 알제리, 핀란드 등에서 채석했다고 합니다.

메인 오디토리움은 전체 6층에 2천 석 규모로, 1층을 제외하고는 모두 발코니석인데요. 발코니석은 당시 귀족들이 분리된 공간에서 은밀하게 공연을 관람하기 위해 만들어졌습니다. 시야 제한이 많아 지금은 오히려 인기가 없습니다. 요즘은 객석을 말발굽 형태보다는 부채꼴 모양으로 짓기 때문에 찾아보기도 힘든 공간이죠.

오페라 가르니에에서 놓쳐서는 안 될 대작 중 하나는 바로 샤갈의 천장화 '꿈의 꽃다발'인데요. 샤갈 특유의 화사하면서도 몽환적인 색감을 자랑하는 '꿈의 꽃다발'은 공연장 외벽의 조각상과 결을 맞춰 서양 음악사를 빛낸, 샤갈이 특별히 사랑한 14명의 작곡가와 그 음악 세계를 보여줍니다. 중앙에는 베토벤의 오페라 《피델리오》, 파란색 구역에는 모차르트의 《마술피리》, 녹색 부분에는 바그너의 《트리스탄과 이졸데》, 노란색 구역에는 차이콥스키의 《백조의 호수》 등이 표현돼 있으니, 꼭 고개를 들어 감상하기 바랍니다.

오페라 가르니에는 공연 리허설이 없는 날의 경우 극장 투어가 가능한데요. 너무나 화려하고 오밀조밀해서 지하는 물론이고 지상층에서도 방향을 잃기 쉽습니다. 직접 가보면 '팬텀이 충분히 숨어서 살 수 있었겠다' 싶고, 무대와 의상의 화려함, 샹들리에가 떨어지는 장면도 훨씬 피부에 와닿을 겁니다. 파리에 1989년 오페라 바스티유가 문을 열면서 이후 팔레 가르니에에서는 주로 발레 공연을 선보이고 있습니다.

가슴을 파고드는
포근한 인류애
〈레미제라블〉

"10여 년간 뮤지컬을 통해

경험한 모든 것이 장발장을 위한 게

아닐까 생각했다.

그만큼 장발장은

모든 감정을 필요로 했다."

_배우 양준모(장발장 역)

창작진
Original
Creative
Team

극작/작사	알랭 부브리	Alain Boublil
작곡	클로드 미셸 숀버그	Claud-Michael Schönberg
프로듀서	카메론 매킨토시	Cameron Mackintosh
연출	트레버 넌	Trevor Nunn

등장인물
Characters

장발장 Jean Valjean

19년을 복역하고 범죄자로 차별을 받지만 주교의 관용으로 새사람으로 거듭난다.

자베르 Javert

고지식한 경감, 죄수들은 결코 달라지지 않는다는 신념으로 줄곧 장발장을 쫓는다.

판틴 Fantine

공장에서 쫓겨난 후 어린 딸을 위해 거리에서 몸을 판다.

코제트 Cosette

판틴의 딸로 장발장에 의해 입양된다.

마리우스 Marius

코제트의 연인, 학생 혁명군이다.

떼나르디에 부부 Les Thenardiers

여관을 운영하는 탐욕스러운 부부, 양육비를 받으면서도 코제트를 하녀처럼 부린다.

에포닌 Eponine

떼나르디에 부부의 딸, 마리우스를 짝사랑한다.

앙졸라 Enjolras

학생 혁명군의 대표다.

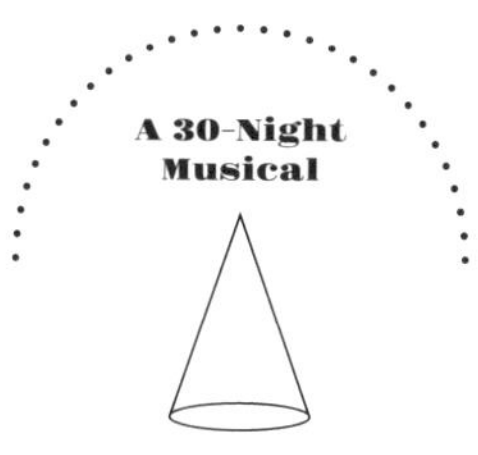

〈레미제라블〉은 〈오페라의 유령〉보다 1년 앞서 1985년 초연됐습니다. 그러나 영국 무대에서 첫선이지 프랑스에서는 1980년대 초반 이미 공연됐다고 합니다. 원작이 프랑스 대문호 빅토르 위고Victor-Marie Hugo, 1802~1885의 작품이고 프랑스 혁명기가 배경인 데다 극작가 알랭 부르리와 작곡가 클로드 미셀 숀버그(〈미스 사이공〉도 이 콤비의 작품) 모두 프랑스인이니 어쩌면 당연한 일이겠죠.

하지만 '세계 4대 뮤지컬 〈레미제라블〉'의 명성은 영국의 제작자 카메론 매킨토시와 로열 셰익스피어 극단의 트레버 넌 연출이 만들었다고 해도 지나치지 않습니다. 이미 〈캣츠〉를 흥행시킨 매킨토시는 '뮤지컬 대중화'에 탁월한 능력이 있었던 듯합니다. 2년 뒤 브로드웨이에도 입성한 〈레미제라블〉은 그해 토니 어워즈 작품상, 극본상, 작곡상, 남녀조연상, 연출상, 무대디자인상, 조명디자인상 등 8개 부문을 휩쓸었고요. 2025년 기준 전 세계 54개국에서 22개의 언어로 공연되며 1억 3천만 명의 관객을 만났습니다.

세계적인 명성에 비해 우리나라에서는 뮤지컬 〈레미제라블〉을 접할 기회가 많지 않았는데요. 몇 차례 펼쳐진 무대도 정식 라이선스 공연은 아니었습니다. 휴 잭맨, 앤 해서웨이, 러셀 크로우 등이 출연한 동명의 뮤지컬 영화가 개봉했던 2012년에야 한국어 버전으로 런던 오리지널 제작진의 공연을 볼 수 있었죠.

비참한, 가련한 사람들의 이야기

프랑스어 '레 미제라블Les Miserable'은 '비참한 사람들', ' 가련한 사람들'을 뜻합니다. 뮤지컬 타이틀로는 적절치 않은 것 같은데, 왜 이런 제목을 썼을까요? 이 작품의 사회적인 배경에서 그 이유를 찾을 수 있습니다.

굶주린 조카를 위해 빵을 훔친 죄로 복역하다 19년 만에 가석방된 죄수번호 24601 장발장은 늘 불합리한 대우와 멸시를 받습니다. 그런 그를 미리엘 주교만이 인간답게 대해주며 하룻밤 잠자리와 따뜻한 식사를 내어주는데요. 하지만 장발장은 주교관의 은식기를 훔쳐 달아나다 경찰에 붙잡힙니다. 다시 투옥될 위기에 놓인 것이죠. 그러나 주교는 선물로 준 것이라며 장발장을 구해주고 은촛대마저 챙겨줍니다.

이 장면의 배경은 프랑스의 남동부 디뉴Digne입니다. 미리엘 주교는 당시 디뉴에서 사목했던 미올리스1753~1843 주교를 모델로 하는데요. 뮤지컬에서는 짧게 표현되지만, 원작 소설의 첫 장에 상세히 기록된 미리엘 주교의 청빈하면서도 자비로운 모습은 장발장의 남은 삶을 관통합니다.

장발장은 새로운 사람으로 거듭날 것을 다짐하고, 이후 마들렌이라는 이름으로 공장 주인, 시장으로 전혀 다른 삶을 살아가죠. 특히 자신의 공장에서 부당하게 해고당한 뒤 숨진 판틴의 딸 코제트를 맡아 키우며 미리엘 주교에게 배운 사랑을 실천하는데요. 세월이 흘러 숙녀가 된 코제트는 청년 마리우스와 사랑에 빠집니다.

〈레미제라블〉은 프랑스 대혁명 이후 30여 년이 지난 1832년 여름, 파리 시내에서 일어난 봉기를 배경으로 하고 있습니다. 프랑스 대혁명으로 수립된 공화정이 무너지고 나폴레옹 시대를 거친 프랑스 사회는 오랜 전쟁에 지쳐 다시 왕정을 받아들이지만 굶주림과 전염병으로 서민들의 삶은 더욱 피폐해집니다. 특히 공화주의자들의 존경을 받던 정치가 라마크르가 사망하자 학생과 시민들은 또 한 번의 혁명을 계획하는데요. 뮤지컬 〈레미제라블〉에서 가장 유명한 장면과 넘버도 바리케이드 앞에서 학생과 시민들, 그리고 코제트의 연인 마리우스가 결의를 다지는 모습, 1막의 마지막을 웅장하게 장식하는 'One day more(내일로)'[1]입니다.

[1] 2010년 런던 O2아레나에서 열린 25주년 기념공연이다. 스타 테너 알피 보Alfie Boe 가 장발장, 닉 조나스Nick Jonas가 마리우스, 팬텀의 라민 카림루가 앙졸라, 10주년 공연에서 에포닌을 노래한 레아 살롱가Lea Salonga가 판틴으로 등장한다.

절망 속에 피어난
아름다운 아리아

영화와 뮤지컬이 함께 찾아든 2012-2013년 겨울, 한국에 〈레미제라블〉 열풍이 일었다고 들었습니다. 당시 저는 런던에 머물며 매일 〈레미제라블〉이 공연되는 웨스트엔드를 지나쳤고, 레스터스퀘어에서 열린 영화《레미제라블》 제작발표회에서 출연진들을 봤건만, 한국인들이 그토록 '불쌍한 사람들'에 빠져든 것은 몰랐습니다. 영화와 뮤지컬은 물론이고 음반과 소설까지 큰 인기였다고 하더군요. 2015년, 2023년 국내 공연 때도 많은 관객이 〈레미제라블〉을 관람했는데요. 요즘처럼 모든 것이 빠르게 변하는 세상에 아주 오래전 다른 나라를 배경으로 펼쳐진 이야기에 왜 그토록 빠져드는 걸까요.

　　뮤지컬 〈레미제라블〉을 생각하면 바로 '바리케이드'가 떠오릅니다. 혁명과 시위로 피 흘리고 쓰러지는 사람들, 착취하고 억압하는 사람들, 지저분하고 굶주린 사람들. 여느 공연과 달리 화려하고 화사한 느낌은 매우 제한적인 작품입니다. 하지만 절망의 몸부림 곳곳에 자리한 작은 사랑과 희망의 불씨가 이토록 오랫동안 세계인의 마음을 어루만지는 게 아닐까 합니다. 당시 다양한 인간군상에서 어딘가 닮아 있는 자신의 모습을 발견할 수도 있고요.

　　고작 빵을 훔치고 무려 19년을 복역한 장발장에게 베푼 미리엘 주교의 관용 역시 물리적인 크기는 작을지도 모릅니다. 겨우 하룻밤 잠자리와 은식기, 은촛대 아닌가요. 하지만 장발장의 남은 삶, 아니 다른 이들의 삶까지 바꿔놓습니다. 장발장은 공장 주인으로, 시장으로 서민들을 보살핍니다. 또 학대받는 코제트를 입양해 따뜻하게 보호하는가 하면 훗날 코제트의 연인인 마리우스가 시위에 참가한다는 것을 알고 일부러 혁명군에 가담하죠. 총에 맞고 쓰러진 마리우스를 발견하고는 "당신이 주신 그를 빼앗지 마옵시고 날 대신 데려가라"고 기도하며[2] 그가 코제트의 곁에 머물 수 있도록 돕습니다. 오래전 미리엘 주교가 베푼 작은 사랑이 수많은 가련한 이의 삶을 어루만진 겁니다.

〈레미제라블〉에서 빼놓을 수 없는 또 한 명의 가련한 사람은 자베르 경감일 텐데요. 법과 원칙을 중시하는 그는 '사람의 천성은 변하지 않는다'며 가석방된 장발장을 평생 뒤쫓습니다. 정의에 대한 확신을 별에 맹세하는 노래가 'Stars'[3]입니다. 그러나 위기에 처한 자신을 다름 아닌 장발장이 구해주자 평생의 신념이 무너진 것에 비관하죠.

팍팍한 삶을 대변하는 판틴은 코제트에 대한 사랑을 담아 'I Dreamed a Dream'을 노래하지만, 홀로 딸을 키우기엔 삶은 고단하기만 합니다. 또 마리우스와 코제트의 사랑 뒤에는 에포닌의 안타까운 짝사랑도 숨어 있는데요. 그 마음을 담은 'On My Own'이나 마리우스의 품에서 숨을 거두며 부르는 'A Little Fall of Rain'은 주인공도 아닌 에포닌이란 캐릭터를 각인시키죠.

[2] 2023-2024 시즌 장발장을 연기한 최재림 배우 버전의 'Bring Him Home'이다.

[3] 'The Javert'라는 별명이 붙을 정도였던 필립 쿼스트[Philip Quast] 버전이다. 10주년 기념 공연 실황으로, 길이가 짧으니 풀 버전을 찾아 듣길 바란다.

뮤지컬 〈레미제라블〉은 이렇듯 팍팍하고 가련한 삶 속에서도 결코 꺼지지 않는 휴머니즘을 클래식한 선율로 증폭합니다. 이 모든 서사를 위해 극 안에서 장발장은 30년의 세월을 담아내야 하고 그만큼 다양한 음역대를 표현해야 하는 무척 어려운 캐릭터라고 합니다. 한국어 초연 때는 정성화 배우가 특유의 따뜻하고 안정감 있는 음색으로 장발장을 연기했고, 재연 때는 정성화 씨와 함께 양준모 배우가 캐스팅됐는데요. 당시 "10여 년간 뮤지컬을 통해 경험한 모든 것이 장발장을 위한 게 아닐까 생각했다. 그만큼 장발장은 모든 감정을 필요로 했다"고 말하더군요. 무슨 말인지 알 것 같습니다. 또 삼연 때는 민우혁, 최재림 배우가 장발장을 맡았는데요. 최재림 배우의 'Bring Him Home'을 들으며 또르르 눈물을 흘렸던 기억이 있습니다. 폭풍 성량을 곱게 어루만져 기도하는 모습에서 어느덧 15년을 걸어온 그의 연기 내공이 느껴졌고, 무엇보다 절절한 한국어 노랫말이 켜켜이 쌓인 저의 나이테 곳곳에도 와닿았습니다.

뮤지컬 〈레미제라블〉의
포스터는 누구?

런던의 웨스트엔드를 걷다 보면 대형 포스터를 품은 전용극장들을 보게 되는데요. 마틸다, 빌리 엘리어트, 위키드, 워호스 등 대부분 주인공의 모습이 실려 어떤 작품이 공연되고 있는지 바로 알 수 있습니다. 그런데 사전 지식이 없고 작품명을 확인하지 않는다면 〈레미제라블〉 공연장은 그냥 지나치기 쉬울 겁니다. 포스터의 주인공이 장발장이 아니거든요.

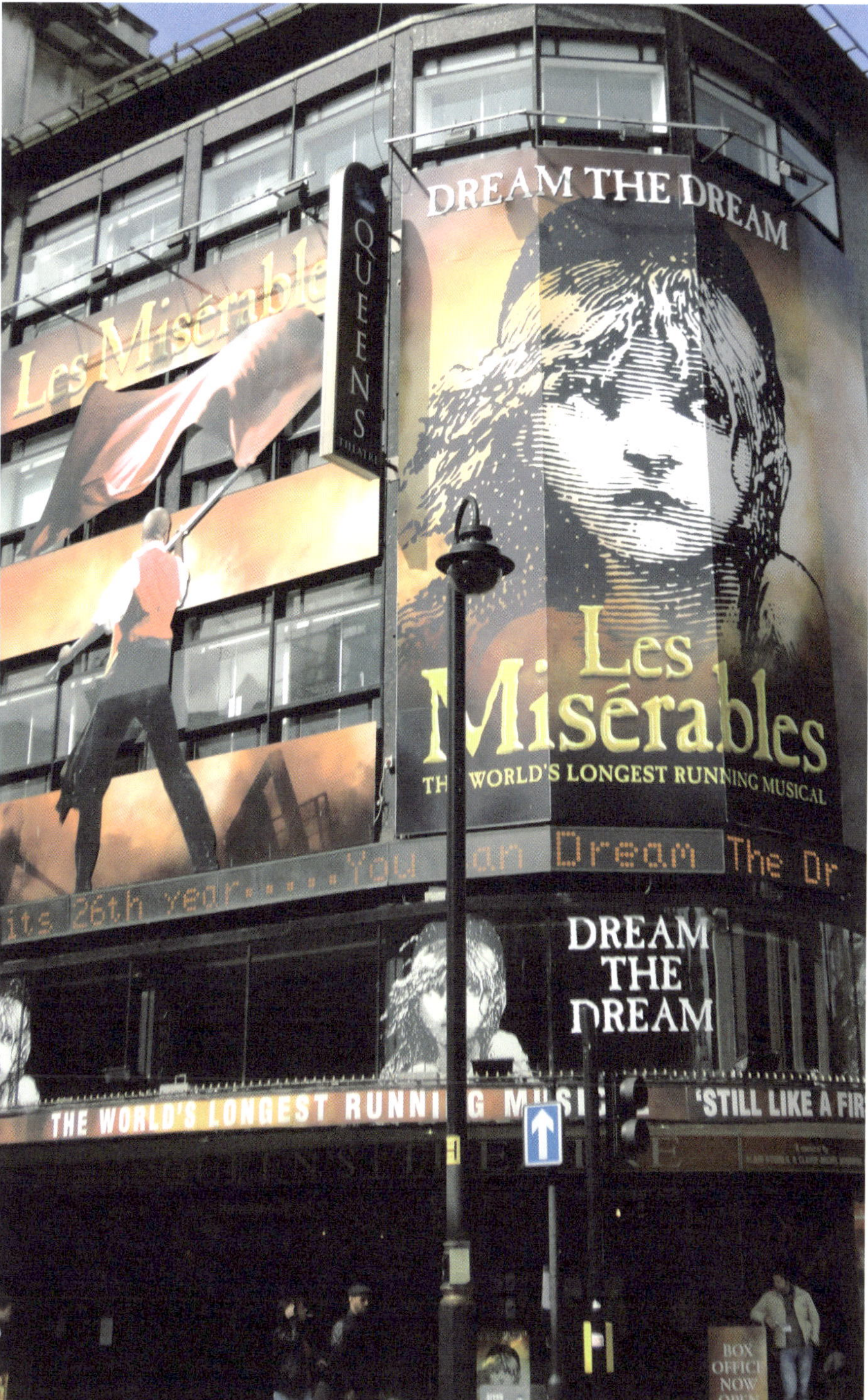
DREAM THE DREAM
QUEENS THEATRE
Les Misérables
Les Misérables
THE WORLD'S LONGEST RUNNING MUSICAL
its 26th year......You Can Dream The Dr
DREAM
THE
DREAM
THE WORLD'S LONGEST RUNNING MUSIC
'STILL LIKE A FIR
BOX
OFFICE
NOW
OPEN

포스터 속 인물은 어린 코제트입니다. 위고의 소설 초판본에 헐벗은 어린 코제트가 자기 몸보다 큰 빗자루를 들고 있는 삽화가 실렸는데, 매킨토시가 그대로 뮤지컬 포스터에 사용하면서 널리 알려졌습니다. 장발장의 인류애, 혁명의 대서사시를 배경으로 한 작품에서 뮤지컬의 얼굴이라 할 수 있는 포스터에 왜 연약하고 나약한 코제트를 내세웠을까요?

바로 그녀가 갖는 상징성 때문입니다. 코제트는 떼나르디에 부부의 학대를 받으며 그야말로 불쌍하게 자랐습니다. 장발장에게 입양되면서 보호받게 되죠. 이러한 장발장의 모습은 그를 껴안아준 미리엘 주교의 '사랑'을 평생 실천함을 뜻합니다. 그런가 하면 코제트는 비참한 사람들 편에 서서 혁명의 길을 걷는 연인 마리우스와의 연결 고리이기도 한데요. 포스터 배경으로 프랑스 국기 색인 파랑-하양-빨강이 사용되는 이유이기도 합니다. 결국 코제트는 냉혹한 세상에 있는 나약한 인간을 상징하면서 동시에 장발장이 실천한 사랑과 포용의 세계, 새로운 삶을 향한 의지 등 〈레미제라블〉이 담고 있는 진솔하고도 방대한 '인류애'라는 메시지를 온몸으로 표현하는 인물인 겁니다.

그래서인지 지난 40년간 뮤지컬 〈레미제라블〉의 포스터 주인공은 늘 코제트인데요. 다만 시대와 상황에 따라 배경이 달라지고 코제트의 옷과 동작이 바뀌곤 합니다. 우리나라에서 공연될 때는 큰 변동이 없었지만, 각 나라의 전통의상을 입기도 합니다. 때로는 윔블던이나 컵-파이널 등 국제적인 행사에 초대되기도 하고요.

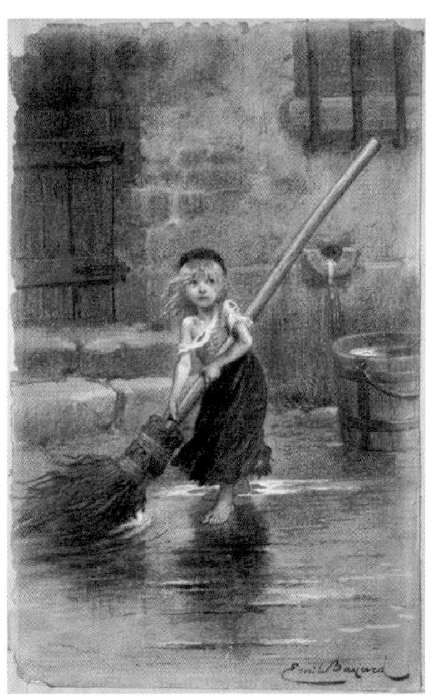

에밀 바야르^{Émile Bayard}, 「레미제라블」 초판 삽화

배우들의
워너비 뮤지컬

〈지킬 앤 하이드 Jekyll&Hyde〉 & 〈맨 오브 라만차 Man of La Mancha〉

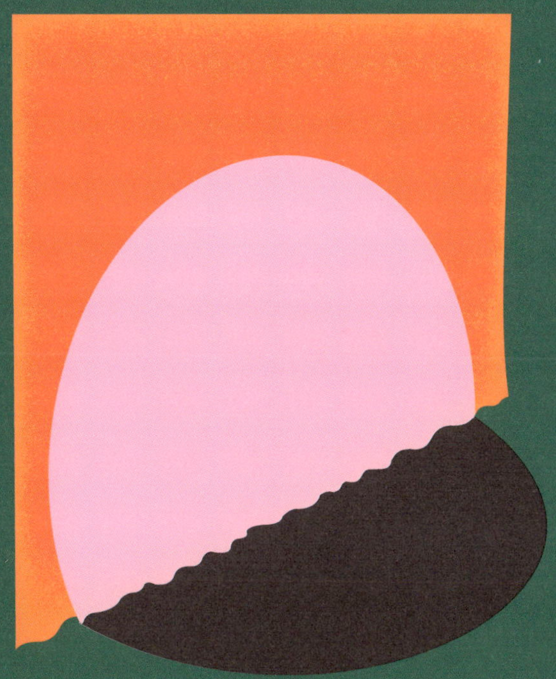

공연이 영화나 드라마와 가장 다른 점은 같은 작품이 시간의 간격을 두고 계속 무대에 오른다는 겁니다. 내용이야 크게 다르지 않겠지만, 시즌마다 연출을 비롯한 제작진과 배우들이 달라지면서 새로운 무대를 선보이는 것이 공연의 가장 큰 매력이기도 한데요. 그래서 뮤지컬이나 연극 무대에서는 배우들에게는 '하고 싶은 작품'과 '배역'이 있게 마련입니다. 공연예술에서는 자신이 객석에서 봤던 인물을 언젠가 무대에서 연기할 기회가 열려 있기 때문이죠.

해마다 새로운 작품이 쏟아지는 만큼 그 목록도 늘어가겠지만, 오랜 시간 배우들을 인터뷰하다 보니 공통적으로 손꼽는 희망 배역이 몇 개 있더군요. 남자배우들은 '지킬'과 '돈키호테', 여자배우들은 '엠마'나 '루시', 그리고 '알돈자'입니다. 도대체 그들에게 어떤 매력이 있는 것일까요?

이성과
본능 사이
〈지킬 앤 하이드〉

"인간의 내면을 파헤친

파격적인 스토리와

그 이야기를 구현한

참신한 무대언어는

관객들의 마음까지 사로잡았다."

창작진
**Original
Creative
Team**

극작/작사	레슬리 브리커스 Leslie Bricusse
작곡	프랭크 와일드혼 Frank Wildhorn
연출	그레고리 보이드 Gregory Boyd

등장인물
Characters

지킬 Henry Jekyll / **하이드** Edward Hyde

지킬: 의사이자 과학자로 인간의 선과 악을 분리할 수 있다는 믿음으로 실험을 감행한다.

하이드: 지킬 박사 내면의 악의 정신세계가 만든 인물

루시 Lucy Harris

클럽 무용수, 자신을 인간답게 대해준 지킬을 사랑하지만 하이드를 만나며 고통을 겪는다.

엠마 Emma Carew

지킬의 약혼녀, 겉보기와 다른 강인함으로 혼란에 빠진 지킬을 위로한다.

댄버스 경 Sir Danvers Carew

엠마의 아버지, 남다른 지킬의 능력과 성품을 높게 평가하면서도 우려한다.

어터슨 John Utterson

지킬의 친구이자 변호사로 작품의 화자 역할을 한다.

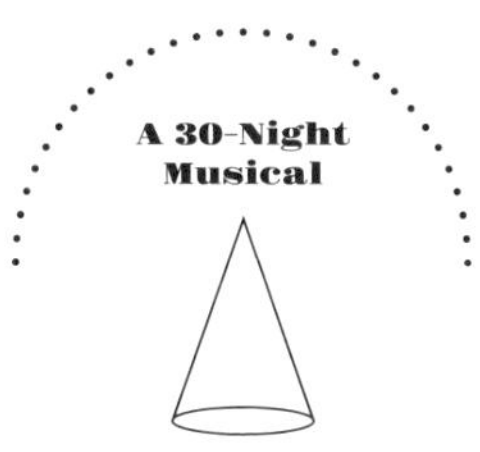

작품을 직접 보지 않았어도 '지킬', 그리고 '하이드'라는 이름은 많이들 알고 있을 겁니다. 인간에게 공존하는 선과 악을 대변하는 대명사라고 할까요. 1990년 텍사스 휴스턴에서 첫선을 보인 뒤 미국 투어를 거쳐 1997년 브로드웨이에 입성한 뮤지컬 〈지킬 앤 하이드〉는 1886년 영국에서 발표된 로버트 스티븐슨Robert Louis Stevenson, 1850~1894의 소설 「지킬 박사와 하이드 씨의 이상한 사건The Strange Case of Dr. Jekyll and Mr. Hyde」이 원작입니다.

소설은 1931년 영화로도 제작돼 인기를 끌었는데요. 잘 알고 있는 것처럼 지킬과 하이드는 한 인물입니다. 인간 내면에 존재하는 선과 악을 각각 지킬과 하이드로 나누고, 여기에 전혀 다른 스타일의 여성인 약혼녀 엠마, 클럽에서 만난 루시와의 로맨스를 가미해 극의 재미를 더했습니다.

〈지킬 앤 하이드〉는 초연 당시만 해도 뮤지컬 장르에서는 보기 힘든 스릴러물이었는데요. 인간의 내면을 파헤친 파격적인 스토리와 그 이야기를 구현한 참신한 무대언어는 관객들의 마음까지 사로잡으며 흥행으로 이어졌습니다.

무대라서 더욱 매력적인 캐릭터,
지킬 앤 하이드

정신질환을 앓는 아버지를 보며 선과 악의 이중성을 약품으로 분리하는 연구에 들어간 헨리 지킬. 연구는 임상실험 단계에 이르지만, 이사회의 반대로 인간을 대상으로 한 실험은 무산됩니다. 결국 스스로 임상실험 대상이 된 지킬은 자신의 가장 어두운 면이 집결된 에드워드 하이드라는 인물을 깨워내죠. 지킬은 실험실에 틀어박혀 연구에 매진하지만, 스스로도 알지 못하는 사이 하이드는 약혼녀 엠마와는 전혀 다른 결의 루시를 찾고 살인을 일삼습니다.

'셀프 임상실험'을 결심하면서 부르는 노래가 바로 뮤지컬 〈지킬 앤 하이드〉의 대표 넘버 'This is the moment(지금 이 순간)'[1]입니다. 공연을 보지 않은 이들도 대부분 흥얼거릴 수 있을 정도로 유명하죠. 그런데 이 작품에서 가장 인상적인 넘버를 얘기하자면 'The Confrontation(대결)'[2]을 꼽는 사람이 많을 겁니다. 지킬과 하이드가 한 무대에 등장하는 바로 그 장면이죠.

드라마나 영화에서도 종종 1인 2역이 존재합니다. 한 작품에서 같은 배우가 서로 다른 캐릭터를 연기한다는 것 자체가 매력적이죠. 문제는 무대에서 두 인물을 연기하는 것은 드라마나 영화와는 전혀 다른 얘기라는

1  〈지킬 앤 하이드〉 20주년인 2024-2025년 시즌 처음으로 지킬을 맡은 최재림 배우가 부르는 장면이다. 역대 가장 밝은 지킬이기도 했다.

2  2013년 시즌 양준모 지킬의 'The Confrontation' 뮤직비디오 버전이다.

점입니다. 스크린을 통해 1인 2역을 할 때는 제1, 제2의 인물로 연기하는 모습을 각각 촬영한 뒤 편집하는 과정을 거칩니다. 두 인물이 한 장면에 존재한다 해도 그것은 고도의 편집 기술이 있기에 가능한 일입니다.

하지만 무대 위에서 두 인물을 한 배우가 연기할 때는 시간과 공간의 흐름을 역행할 수 없습니다. 극이 흐르는 순서에 따라 배우는 제1의 인물로 무대에서 연기하다, 다시 분장과 의상을 고치고 제2의 인물로 무대에 서야 하죠. 물론, 대극장 조연의 경우 한 배우가 2~3개 인물을 연기하기도 하고, 소극장은 이른바 '멀티맨'이라고 1인 20역까지 소화하는 작품도 있으니 크게 놀랄 일은 아닙니다. 하지만 〈지킬 앤 하이드〉만이 지닌 특별한 매력은 바로 주인공인 지킬과 하이드가 동시에 한 무대에 등장한다는 점입니다. 그게 어떻게 가능할까요?

공연 내내 동일 배우가 두 인물을 연기하는 만큼 지킬과 하이드는 의상과 헤어스타일, 목소리와 표정 등으로 차별화를 꾀하는데요. 두 캐릭터가 정면으로 충돌하며 한 무대에 등장하는 'The Confrontation'에서 배우는 지킬과 하이드 분장을 각각 반반씩 하고 있습니다. 절반은 단정하게 묶은 머리에 정갈한 옷차림의 지킬이, 다른 반쪽은 풀어헤친 머리에 걷어붙인 소맷자락의 하이드죠. 먼저 허리를 꼿꼿이 세운 지킬이 본연의 미성으로 악으로부터 자신을 지키겠노라 말하면 바로 반대쪽에서 허리를 구부정하게 꺾은 하이드가 조명 앞으로 돌아서며 자신만이 살아남을 수 있다고 거친 목소리로 되받아치는 식인데요. 온순함과 광기, 친절함과 카리스마가 극명한 차이를 보이는 지킬과 하이드의 대화가 지속될수록 관객들은 눈으로 직접 무대를 보면서도 한 배우가 연기하고 있다는 사실을 믿기 힘들 겁니다. 고도의 순발력과 집중력, 테너에서 바리톤까지 광범위한 음역대가 돋보이는 베테랑 배우의 연기력이 집약된 무대입니다.

지킬 앤 하이드만큼이나
인기 많은 엠마 앤 루시

이 작품에서 'The Confrontation'과 함께 손꼽히는 명장면은 지킬이 처음 약품을 투입하고 서서히 거친 하이드로 바뀌는 모습[3]입니다. 배우가 인물을 구현할 때 결국 자기 안에 존재하는 모습을 극대화한다면 지킬과 하이드는 보여줄 수 있는 연기적인 스펙트럼이 넓고도 확실해서인지 남자배우들에게 인기가 대단한데요. 특히 20대 배우들을 인터뷰할 때 언젠가 맡고 싶은 인물로 가장 많이 언급하는 캐릭터입니다. 지금까지 국내에서는 류정한, 조승우, 박은태, 서범석, 민영기, 김우형, 홍광호, 전동석 등 쟁쟁한 배우들이 지킬-하이드 역으로 무대에 섰는데요. 누군가는 연기의 폭을 넓힐 수 있는 계기였다고 말했고, 누군가는 준비가 덜 된 상태에서 만난 너무 큰 배역이라 후회가 남는다고 언급했습니다. 모두가 희망하지만 누구나 소화할 수 있는 캐릭터는 아닌 겁니다.

남자배우들에게 지킬-하이드가 꿈의 캐릭터라면 여자배우들에게는 엠마와 루시가 상징적인 배역인데요. 비록 한 인물은 아니지만 음전한 귀

---

3  2017년 시즌 박은태 배우 버전의 'The Transformation(변화)+Alive(생명)'다. 실제 무대는 1800여 개의 메스실린더와 약품이 가득하고, 조명을 비롯한 전체적인 몰입도가 훨씬 높다.

족 숙녀인 엠마와 산전수전 다 겪은 루시는 역시 배우로서 자기 안에서 끌어낼 수 있는 극과 극의 캐릭터입니다. 그래서 지킬과 하이드가 각각 선과 악을 대변하는 것처럼 공연계 여성 캐릭터를 크게 나눌 때 엠마와 루시 형으로 구분하기도 합니다. 엠마와 루시는 독립된 배역인 만큼 보통 이미지에 맞춰 캐스팅되는데요. 인터뷰를 해보면 기존 이미지를 뛰어넘는 연기로 호평을 받는 배우가 있는가 하면 자신의 성향과 너무 맞지 않아 힘들어하는 배우들도 있더군요.

'한국화'
제대로 통했다

뮤지컬은 대사에 춤과 노래가 더해집니다. 그것이 뮤지컬의 매력이지만, 가뜩이나 제약이 많은 무대에서 가무가 더해진 극의 서사는 빈약해지기 쉽죠. 그래서인지 공연을 취재하면서도 초반에는 뮤지컬에 큰 감흥을 느끼지 못했습니다. 그런 제게 '뮤지컬의 재미'를 또렷하게 알려준 작품이 바로 〈지킬 앤 하이드〉입니다. 앞서 언급한 'The Confrontation' 장면을 '그렇게' 표현하는 무대언어가 신기하고 놀라웠거든요.

　음악 역시 〈지킬 앤 하이드〉 흥행의 일등공신입니다. 작곡가 프랭크 와일드혼은 1980년대 휘트니 휴스턴, 나탈리 콜 등 대중가수들의 노래를 만들다 〈지킬 앤 하이드〉의 작곡을 맡으며 뮤지컬계에 데뷔했는데요. 지킬의 'This is the moment(지금 이 순간)'는 물론이고, 하이드를 통제할 수 없어 괴로워하는 지킬을 엠마가 따뜻하게 위로하며 부르는 'Once upon a dream(한때는 꿈에)'**4**, 루시가 자신을 존중해주는 지킬의 모습에 자연스레 마음을 열고 노래하는 'Someone like you(당신이라면)' 등 팝 오페라 형식의 〈지킬 앤 하이드〉 넘버들은 수많은 가수에 의해 리메이크되고 CF 음악 등으로 사용되면서 세계적으로 대중적인 인기를 얻었습니다.

사실 프랭크 와일드혼은 국내 뮤지컬 팬들에게 가장 사랑받는 작곡가라고 할 수 있는데요. 그가 작곡한 뮤지컬 〈몬테크리스토〉, 〈카르멘〉, 〈황태자 루돌프〉, 〈드라큘라〉, 〈데스노트〉 등이 많은 인기를 얻으면서 〈마타하리〉, 〈웃는 남자〉 등 국내 창작뮤지컬에도 직접 참여하고 있습니다. 그의 음악이 한국인의 정서와 유독 잘 맞는 게 아닐까 싶기도 하네요.

그런데 뮤지컬 〈지킬 앤 하이드〉를 브로드웨이에서 본다면 재미가 덜 할지도 모릅니다. 다른 라이선스 뮤지컬과 달리 순수 해외 프로덕션의 내한공연이 좀처럼 이뤄지지 않은 이유이기도 할 텐데요. 실제로 2004년 국내에 첫선(연출: 데이비드 스완David Swan)을 보인 〈지킬 앤 하이드〉는 '논 레플리카Non Replica'로 공연되고 있습니다. 국내에 수입되는 라이선스 작품들은 크게 '레플리카Replica' 또는 '논 레플리카' 형태로 계약이 이뤄지는데요. '복제'라는 뜻에서 짐작할 수 있듯이 '레플리카'는 음악과 가사는 물론 무대, 의상, 안무까지 원작과 똑같아야 합니다. 국내에서 캐스팅된 배우가 한국어로 공연할 수 있는 권리만 허용된 거죠. 반면 '논 레플리카'는 범위와 정도의 차이는 있지만, 원작의 큰 틀을 유지한 채 수정과 각색이 가능합니다.

4 2017년 한국의 오디컴퍼니와 미국의 워크라이트 프로덕션이 브로드웨이 배우들을 캐스팅해 새롭게 기획한 월드투어 버전에서 카일 딘 매시(지킬)와 린지 블리븐(엠마)이 열연하고 있다.

〈지킬 앤 하이드〉 역시 원래의 대본과 음악을 바탕으로 국내 관객들의 구미에 맞게 이른바 '한국화'를 할 수 있었다는 얘기입니다.

가장 큰 변화는 역대 캐스팅에서도 알 수 있듯이 지킬 박사가 젊고 매력적인 인물로 바뀌었다는 점인데요. 초연 당시 조승우 씨의 나이는 24세로, 전 세계 프로덕션에서 역대 최연소 지킬이었습니다(그해 한국뮤지컬대상에서 남우주연상 수상). 〈지킬 앤 하이드〉는 대사와 노랫말에도 변화를 꾀해 우리말이 가진 언어유희를 반영했고, 기존의 복잡했던 세트 디자인도 드라마와 배우에게 집중할 수 있도록 심플하게 수정했습니다. 덕분에 뮤지컬 〈지킬 앤 하이드〉는 이미 지난 2015년 2월 15일 1000회 공연을 달성했는데요. 국내 1000석 이상 대극장 무대에서 1000회를 넘긴 공연은 〈명성황후〉와 〈맘마미아〉에 이어 세 번째였습니다. '현지화'에 제대로 성공한 셈이죠.

꿈과
현실 사이
〈맨 오브 라만차〉

"언제나, 그 어디에나

'거울의 기사' 같은 현실은 존재하지만,

알론조도 알돈자도

결국 꿈꾸는 삶이 더 행복하다는 것을

보여주는 듯하다."

창작진
Original
Creative
Team

대본	데일 와써맨Dale Wasserman
작곡	미치 리Mitch Leigh
작사	조 대리언Joe Darion
연출	알버트 마르Albert Marre

등장인물
Characters

세르반테스Cervantes/돈키호테Don Quixote
소설 돈키호테의 저자이자 배우&자신이 기사라고 착각하는 노인

알돈자Aldonza
돈키호테의 환상 속 아름다운 레이디, 현실은 여관의 하녀

산초Sancho
돈키호테의 충직하고 유쾌한 하인

도지사&여관주인
죄수들의 캡틴 도지사, 친절하고 동정심 많은 여관 주인

마을 신부
돈키호테의 친구

안토니아
돈키호테의 조카

닥터 까라스코
안토니아의 약혼자

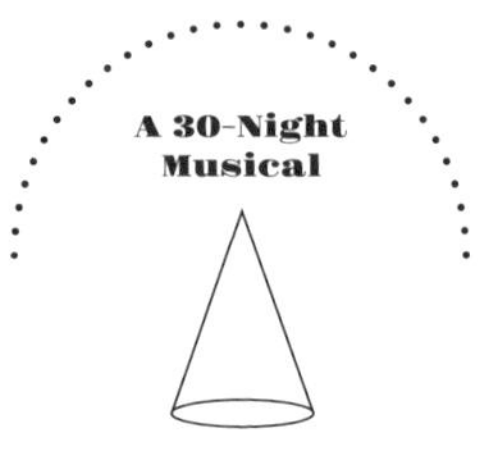

지킬과 하이드, 엠마와 루시만큼 배우들이 탐내는 배역은 바로 돈키호테와 알돈자입니다. 돈키호테가 노인이라서 지킬보다는 '언젠가'를 희망하는 남자배우가 훨씬 많죠. 알돈자 역시 여성의 역할이 한정적인 고전 뮤지컬에서 캐릭터의 획기적인 변화를 줄 수 있는 인물이라 여배우들에게 도전 정신을 불러일으키는 배역입니다.

이렇듯 배우들에게 더욱 사랑받는 〈맨 오브 라만차〉는 우리에게 '돈키호테'로 익숙한 스페인의 대문호 미겔 데 세르반테스Miguel de Cervantes Saavedra, 1547~1616의 소설을 기반으로 만든 뮤지컬입니다. 1605년에 발표된 전편 「라만차의 비범한 이달고 돈 키호테El ingenioso hidalgo Don Quixote de la Mancha」, 1615년에 출간된 속편 「라만차의 비범한 기사 돈 키호테Segunda parte del ingenioso caballero don Quixote de la Mancha」는 성경 다음으로 많이 팔렸다는 얘기가 있을 정도로 지난 400년 동안 전 세계인에게 감동을 선사했고, 덕분에 발레, 영화, 연극, 오페라 등으로도 제작됐습니다.

하지만 기존 작품들과는 다른 '돈키호테'를 만들고 싶었던 극작가 데일 와써맨은 '세르반테스가 곧 돈키호테'라는 생각으로 대본을 씁니다. 그렇게 세르반테스를 화자로 두고, 감옥 안에서 죄수들에게 자신이 쓴 소설 「돈키호테」를 들려주는 '극 중 극 a play within a play' 형태로 공연을 선보였는데요. 1964년 4주간의 트라이아웃(시범) 공연을 거쳐 1965년 뉴욕 무대에 올랐고, 그해 토니 어워즈 최우수 뮤지컬상, 음악상, 남우주연상, 무대디자인상, 연출상 등을 휩쓸었습니다. 이후 1966년에는 세르반테스 350주기를 맞아 스페인 마드리드에서 공연됐고, 냉전 시대였던 1972년 구소련에서도 무대에 올랐는데요. 〈웨스트 사이드 스토리〉, 〈마이 페어 레이디〉에 이어 구소련에서 세 번째로 공연된 미국 뮤지컬이라고 합니다. 우리나라에는 2005년 〈돈키호테〉라는 이름으로 초연(연출: 데이비드 스완)됐고, 2007년 다시 영문 원제 〈맨 오브 라만차〉로 이름을 바꿔 꾸준히 무대에 오르고 있습니다.

꿈꾸는 사람들이
사랑하는 뮤지컬

'극 중 극'인 무대는 세르반테스가 갇힌 스페인의 한 지하 감옥과 그가 쓴 소설 속 세계를 오갑니다. 지하 감옥의 세르반테스와 다른 죄수들은 소설 속 돈키호테와 다른 인물들로 분해 즉흥극을 펼치는데요. 라만차에 사는 알론조는 기사 이야기를 너무 많이 읽어서 스스로 기사 돈키호테라고 착각하는 괴짜 노인입니다. 세상의 악을 물리치고 정의를 구현하기 위해 시종인 산초와 함께 모험을 찾아 떠나는데요. 풍차를 보고 거인이라며 달려

드는가 하면 여관을 성이랍시고 찾아가 하녀 알돈자에게 아름다운 레이디 둘시네아라며 무릎을 꿇기도 하죠.

작품을 찬찬히 뜯어보면 참 허황된 이야기입니다. 하지만 각박한 현실을 살아가는 소박한 이상주의자들이 공감할 수 있는 요소는 분명히 있습니다. 흔히 이상주의자를 두고 돈키호테라고 하잖아요. 솔직히 꿈이나 희망이라는 단어는 무책임할 때가 많죠. 너무 높은 이상은 현실과의 괴리로 삶을 더 지치게 만드니까요. 극중 돈키호테를 쓰러뜨린 것도 다름 아닌 '거울의 기사'입니다. 거울 속 초라하고 늙은 현실의 자신을 보고 알론조는 무너집니다.

하지만 허무하게 쓰러진 알론조는 돈키호테를 믿어주는 산초와 알돈자 덕분에 마지막으로 기사의 위용을 드러낸 뒤 숨을 거둡니다. 처음에는 돈키호테를 미친 노인이라고 생각했던 알돈자도 자신을 소중하게 대해주는 그에게 서서히 마음의 문을 열고, 스스로도 인간답게 살 수 있다는 희망을 품게 되죠. 언제나, 그 어디에나 '거울의 기사' 같은 현실은 존재하지만, 알론조도 알돈자도 결국 꿈꾸는 삶이 더 행복하다는 것을 보여주는 듯합니다. 비록 이룰 수 없는 꿈일지라도 말이죠.

때로는 이룰 수 없을 것 같은 꿈이 이뤄지기도 합니다. 한 예로 이 작품의 제작사인 오디컴퍼니는 앞서 2004년 공연된 뮤지컬 〈지킬 앤 하이드〉의 흥행을 계기로 2007년 〈맨 오브 라만차〉에도 조승우 배우를 캐스팅하는데요. 극 초반 젊은 작가 세르반테스는 대사 중에 노인 돈키호테로 변신해야 하는데, 짱짱한 목소리에 꼿꼿한 체구의 남자배우가 쉰 목소리에 구부정한 자세의 할아버지로 바뀌는 모습은 〈맨 오브 라만차〉의 백미[1]입니다. 조승우의 진가를 다시 한 번 드러냈던 장면이기도 한데요. 어색하지도,

그렇다고 과하지도 않은 그 연기는 가창력이 훨씬 뛰어난 인기 뮤지컬배우들을 제치고 그의 공연이 매회 매진되는 이유를 가늠케 합니다. 당시 조승우 씨는 어두웠던 어린 시절 돈키호테를 보고 배우의 꿈을 키웠다고 말했는데요. 실제로 돈키호테가 되어 자신이 꾼 희망을 확인한 셈입니다.

그런데 더 놀라운 일은 조승우 배우보다 돈키호테로 더블 캐스팅된 정성화 배우에게 일어났다고 봐야 합니다. 그때만 해도 두 사람은 이미지만큼이나 배우로서의 영향력 역시 상당히 차이가 났습니다. 다시 말해 한참 기우는 의외의 캐스팅이었죠. 하지만 정성화 씨는 〈맨 오브 라만차〉를 통해 정극 배우로 인정받으며 일약 뮤지컬 스타로 자리를 굳혔습니다. 개그맨 이미지가 강해 뮤지컬 무대에서는 감초 역할만 하던 그가 이후 〈영웅〉의 안중근부터 〈레미제라블〉의 장발장, 〈팬텀〉의 팬텀까지 진정한 뮤지컬 배우로서의 필모그래피를 써 내려가죠. 이룰 수 없을 것 같던 꿈을 이룬 겁니다. 당시 인터뷰 때 그는 말했습니다. "연습하지 않고 행동하지 않으면서 하고 싶다고 얘기만 하는 건 정말 하고 싶은 게 아니다"라고요. 사실 저도 그 말에 감흥을 얻어 생각만 하던 책을 내고, 꿈만 꾸던 유럽 공연 여행을 단행했답니다.

1  조동키의 진가를 확인할 수 있는 '라만차의 사나이'. 노래 후반부는 홍동키(홍광호)다.

The Impossible Dream,
이룰 수 없는 꿈[2]

그 꿈 이룰 수 없어도

싸움 이길 수 없어도

슬픔 견딜 수 없다 해도

길은 험하고 험해도

정의를 위해 싸우리라

사랑을 믿고 따르리라

잡을 수 없는 별일지라도

힘껏 팔을 뻗으리라

…

뮤지컬 〈맨 오브 라만차〉는 음악이 매우 돋보이는 작품입니다. 저절로 어깨춤을 추게 되는 '서곡'부터, 세르반테스가 돈키호테로 변신하는 '맨 오브 라만차', 돈키호테가 알돈자를 향해 부르는 세레나데 '둘시네아', 험한 꼴을 당한 알돈자가 신세를 한탄하며 돈키호테의 꿈을 조롱하는 '알돈자' 등 음악만 들을 수 있는 콘서트가 있다고 해도 기꺼이 참여하고 싶을 정도인데요. 그중에서도 가장 빛나는 넘버는 'The Impossible Dream(이룰 수 없는 꿈)'일 겁니다. 1막 마지막에 '왜 이런 미친 짓을 하느냐'고 묻는 알돈자

2  2018년 시즌 홍동키 버전의 'The Impossible Dream'

에게 '희망조차 없고 이룰 수 없는 꿈일지라도 멈추지 않고 주어진 길을 가겠다'고 답하는 돈키호테의 노래인데요. 〈맨 오브 라만차〉를 처음 보는 관객에게는 벅찬 감동을 주는, 여러 번 봤던 관객에게는 성스러운 의식과도 같은 곡이랄까요! 실제로 미국에서 〈맨 오브 라만차〉가 초연된 이후 성악가 플라시도 도밍고를 비롯해 엘비스 프레슬리, 프랭크 시나트라, 페리 코모 등 수많은 인기 아티스트에 의해 불리고 연주되었는데요. 1996년 개봉한 영화《업 클로즈 앤 퍼스널》에서는 여주인공 미셸 파이퍼가 미식 축구장에서 이 노래를 부르기도 합니다. 배우들에게 돈키호테와 알돈자가 꿈의 캐릭터라면 'The Impossible Dream'은 일상에서 이룰 수 없는 꿈을 꾸는 수많은 관객에게 무엇보다 큰 위로와 희망을 주는, 사랑할 수밖에 없는 넘버랍니다!

동물을 캐스팅한 뮤지컬

〈라이온 킹 The Lion King〉 & 〈캣츠 Cats〉

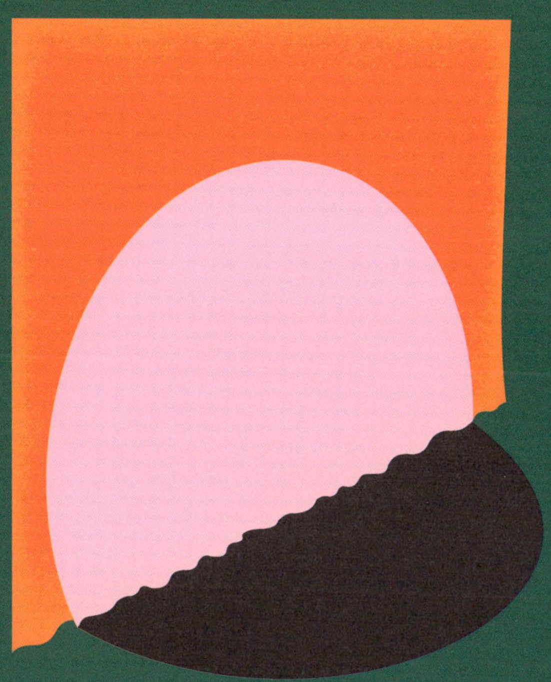

무대나 스크린에서는 사람 아닌 '무엇'이 주·조연이 될 때가 꽤 있습니다. '낫닝겐(NOT+사람을 뜻하는 일본어 '닝겐')'이라는 표현처럼 뱀파이어, 정령, 애니메이션에 등장하는 수많은 동물 캐릭터가 대표적이죠. 이 대목에서 공연과 영화역시 다른 길을 걷게 되는데요. 무대에서는 이들 캐릭터마저 훈련된 동물이나 컴퓨터그래픽이 아니라 모두 사람이구현해야 합니다. 그런데 시공간의 제약이 많은 무대에서배우가 그 '낫닝겐 캐릭터'를 완벽하게 표현해 낸다면 어떨까요? 그래서 이들 뮤지컬은 원작보다 많은 사랑을 받는지도 모릅니다. 등장 캐릭터가 모두 동물인 뮤지컬 〈라이온킹〉과 〈캣츠〉 말입니다.

20년간 전 세계를
사로잡은 사바나 동물들
〈라이온 킹〉

"정글을 누비는 다양한 동물을

무대만의 언어로

완벽하게 표현해 낸 점이

뮤지컬 〈라이온 킹〉의

흥행 비결"

<table>
<tr><td rowspan="4">창작진
Original
Creative
Team</td><td>극작</td><td>로저 앨러스^{Roger Allers}, 아이린 매치^{Irene Mecchi}</td></tr>
<tr><td>작곡</td><td>엘튼 존^{Elton John}</td></tr>
<tr><td>작사</td><td>팀 라이스^{Tim Rice}</td></tr>
<tr><td>연출</td><td>줄리 테이머^{Julie Taymor}</td></tr>
</table>

등장인물
Characters

라피키Rafiki

개코원숭이 라피키는 주술사이자 내레이터, 신비한 힘으로 심바를 올바른 길로 인도한다.

심바Simba

철없는 어린 시절을 지나 시련과 도전을 통해 '생명의 순환'에서 자신의 역할을 받아들인다.

무파사Mufasa

심바의 아버지, 위대한 전사이자 사바나의 왕이다.

자주Zazu

코뿔새 자주는 왕의 집사이자 신뢰할 수 있는 조언자로 항상 자신감에 가득 차 있다.

사라비Sarabi

사바나의 여왕이자 심바의 엄마

날라Nala

암사자인 날라는 아기 사자 때부터 심바와 동무였다.

스카Scar

무파사의 남동생으로 왕좌를 탈환하려는 야욕에 사로잡혀 있다.

티몬Timon

작고 용감한 수다쟁이 미어캣

품바Pumbaa

큰 몸만큼 따뜻한 마음을 지닌 멧돼지

반자이Banzai

수컷 하이에나, 스카의 심복

쉔지Shenzi

암컷 하이에나

에드Ed

멍청한 하이에나

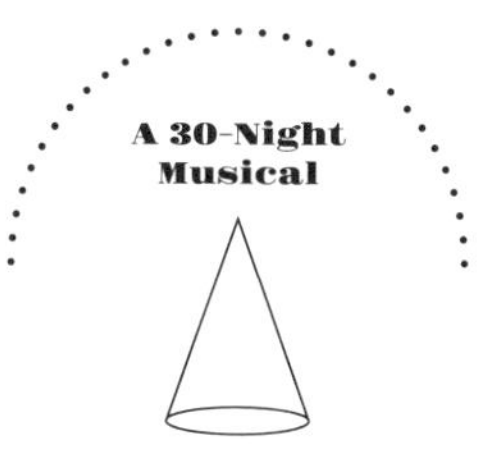

1994년 개봉한 동명의 월트디즈니 애니메이션을 무대에 옮긴 〈라이온 킹〉은 1997년 11월 뉴욕 브로드웨이에서 초연됐습니다. 화면에 담긴 광활한 아프리카 대륙과 다양한 동물을 무대언어로 완벽하게 구현한 뮤지컬 〈라이온 킹〉은 1998년 토니 어워즈에서 최우수작품상, 연출상, 안무상, 무대미술상 등을 휩쓸며 공연예술의 한계를 확장했고, 이후 2025년 기준 20여 개 나라, 100여 개 도시에서 27개 프로덕션에 의해 공연되며 전 세계 1억 천만 명의 관객들과 감동을 나누고 있습니다. 국내에서는 지난 2006년 뮤지컬 전용극장인 샤롯데씨어터 개관작으로 일본 샤기 극단이 첫선을 보였고, 2018~2019년에는 20주년 기념 인터내셔널 투어 팀이 대구, 서울, 부산에서 처음으로 원어 공연을 진행했습니다.

생각해 보니 10여 년간 공연을 취재하며 객석에서 연예인을 가장 많이 봤던 뮤지컬이기도 하네요. 그야말로 남녀노소 모두가 좋아하는 뮤지컬, 그 비결이 무엇일까요?

뮤지컬 〈라이온 킹〉의 흥행은 단순히 온 가족이 함께 볼 수 있는 애니

메이션을 무대에 옮긴 것만으로는 설명하기 힘듭니다. 여느 '무비컬movical'●
과 달리 〈라이온 킹〉의 캐릭터는 동물, 배경은 아프리카잖아요. 결국 애니
메이션 속 광활한 사바나 정글과 그 정글을 누비는 얼룩말, 사슴, 코뿔소,
하이에나, 코끼리 등 다양한 동물을 컴퓨터그래픽이 아니라 사람이 무대
만의 언어로 완벽하게 표현해 낸 점이 뮤지컬 〈라이온 킹〉[1]의 흥행 비결입
니다.

사람과 동물을 하나로
'더블 이벤트Double Event'

무대 위에서 펼쳐지는 스토리는 스크린과 크게 다르지 않습니다. 사바나
에 해가 떠오르고 동물들은 왕 무파사와 왕비 사라비의 아들 심바를 보기
위해 프라이드 록에 모여듭니다. 무파사는 철없는 아기 사자 심바를 훗날
다스려야 할 왕국인 '태양의 땅' 정상에 데려가 모두 조화롭게 사는 '생명
의 순환'에 대해 가르치는데요. 한편, 왕국을 지배하려는 야욕을 품은 사악

● 무비컬 – 무비movie와 뮤지컬musical의 합성어로, 영화를 원작으로 한 뮤지
   컬을 말한다. 영화에서 검증된 흥행성을 바탕으로 하는 만큼 위험부담이
   적고 홍보 면에서도 용이하다는 장점이 있다. <빌리 엘리어트>, <마틸다
   >, <스쿨 오브 락> 등이 대표적이다. 반면 영화《오페라의 유령》,《맘마
   미아》,《김종욱 찾기》,《영웅》등은 동명의 뮤지컬을 원작으로 한다.

1  사람과 동물이 혼연일체가 된 모습을 확인할 수 있는 트레
   일러

한 스카는 무파사를 누(소과 포유류) 떼가 질주하는 협곡으로 유인해 죽게 하죠. 그리고 모든 책임을 심바에게 떠넘긴 뒤 태양의 땅을 떠나 다시 돌아 오지 말라고 말합니다. 심바는 티몬과 품바를 만나 정글을 여행하며 어느 덧 어른 사자가 되고, 그 사이 스카의 폭정으로 태양의 땅은 메마르고 활기 를 잃어갑니다. 우연히 어릴 적 동무인 날라를 만나 이 모든 사정을 듣게 된 심바는 프라이드 록으로 돌아가 스카와의 결투 끝에 왕위를 되찾고, 라 피키는 생명의 순환이 계속되는 것을 기뻐하며 갓 태어난 아기 사자를 안 아 들어 올립니다.

그런데 정글의 동물들은 무대 위에 어떻게 구현됐을까요? 뮤지컬 〈라 이온 킹〉의 흥행에는 무대 연출과 디자인, 영화감독, 시나리오 작가 등으로 활동한 줄리 테이머의 역할이 절대적입니다. 아이러니하게도 〈라이온 킹〉 연출을 맡기 전까지 줄리 테이머는 브로드웨이를 중심으로 펼쳐지는 상 업적인 공연은 작업한 경험이 없었습니다. 처음 월트디즈니에서 '《라이온 킹》을 무대에 올릴 텐데 작업할 생각이 있느냐'고 물었을 때도 그해 가장 인기 있는 애니메이션이었던 《라이온 킹》조차 몰랐다고 해요. 덕분에 그녀 는 기존의 틀에서 벗어나 전혀 다른 해석과 색다른 아이디어를 구현했고, 브로드웨이 역사상 최초로 토니 어워즈 연출상을 거머쥔 여성 연출가가 됐습니다.

줄리 테이머가 〈라이온 킹〉을 바라본 핵심은 '동물이 아니라 인간의 이 야기'라는 데 있습니다. 그래서 무대 위 배우가 완벽하게 동물로 보이기 위 해 탈을 쓰거나 숨는 것이 아니라 전면에 나서는데요. 이 파격적인 실험은 아시아 전통극에 관심이 많아 인도네시아에서 가면극과 인형극을 배운 그 녀의 특별한 경험에서 출발합니다. 예를 들어 아프리카에서 마스크는 영혼을 담는다고 해서 '영혼의 덫'으로도 불리는데요. 얼굴을 가리는 대신 머리 위에 쓰도록 만들어진다고 합니다. 또 일본의 전통 인형극인 '분라쿠'에서는 대형 퍼펫puppet(인형극에 쓰는 인형, 꼭두각시)의 경우 가장 숙련된 퍼펫사가 관객들에게 자신의 얼굴을 보여주는데요. 관객들은 퍼펫과 조종하는 배우를 함께 보면서 상상력을 더해 스토리에 더욱 집중하게 되는 방식입니다.

뮤지컬 〈라이온 킹〉에서도 배우들은 얼굴을 가리는 대신 마스크를 머리 위에 쓰고, 퍼펫을 조종하는 모습 역시 모두 노출합니다. 기린 가면을 쓴 배우의 얼굴은 가려지지 않지만 대신 긴 목과 긴 다리로 기린의 형태를 구현하고요. 배우가 모습을 드러낸 채 수레를 밀면 바퀴에 달린 가젤이 위아래로 움직이면서 평원을 뛰노는 것처럼 보이게 하는 겁니다. 이처럼 사람과 동물이 혼연일체가 되고, 마스크나 퍼펫 역시 하나의 캐릭터로 만들어내는 것이 줄리 테이머가 말하는 '더블 이벤트'입니다. 뮤지컬 〈라이온 킹〉에는 이 개념으로 200여 개의 퍼펫과 마스크가 사용되는데, 수작업으로 만 7천 시간 제작됐다고 합니다. 마스크는 무거워 보이지만 항공기 등에 사용되는 탄소 섬유로 제작돼 스카의 마스크는 190그램, 무파사의 마스크는 300그램에 불과합니다.

사람에서 동물로
변신하기까지

〈라이온 킹〉은 부산의 뮤지컬 전용극장 드림씨어터의 개관작이기도 한데

　동물을 캐스팅한 뮤지컬

요. 덕분에 2019년 당시 기자들을 대상으로 한 백스테이지 투어에 참여해 그야말로 어마어마한 의상과 소품 등을 확인할 수 있었습니다. 공연이 진행되는 2시간 30분 동안 300번 정도 의상이 교체된다고 하니, 배우들의 동선과 장면에 맞는 의상을 맞추는 것만도 엄청난 작업이 아닐 수 없습니다. 정글을 누비는 동물들이 주인공인 만큼 움직임 많은 배우의 의상을 일일이 손으로 보수하는 것 역시 공연 기간에는 중요한 일과라고 하네요.

물론 여느 뮤지컬과 달리 배우들은 특별한 신체훈련도 받습니다. 퍼펫은 인간과 동물의 신체적인 특성을 고려해 제작됐는데요. 치타는 퍼펫 중간에 사람이 들어가서 배우의 팔 움직임대로 우아한 걸음걸이를 뽐내는가 하면 얼룩말은 배우의 다리가 앞다리가 되어 정글을 누빕니다. 긴 대나무 위에 지팡이를 짚은 할아버지처럼 서 있는 이들의 팔은 길게 이어져 기린의 앞다리, 다리는 뒷다리가 되고, 네 사람이 각각의 다리에 들어가 커다란 코끼리를 구현하기도 합니다. 이렇게 다양한 동물의 움직임을 좀 더 사실적이고 섬세하게 표현하기 위해 배우들은 단체 트레이닝도 받고, 안무도 익히고, 각자 많은 실험과 연습을 합니다. 지난 내한공연 때 인터뷰한 집사 코뿔새 '자주' 역의 앙드레 쥬슨André Jewson 배우도 거울 앞에서 굉장히 많이 연습했다고 합니다. 자주가 하늘을 날 때 배우도 날아다니는 새처럼 표현되도록 많은 실험을 했고, 날개나 꼬리를 움직일 때도 이마에 달린 마이크를 치지 않도록 각도를 계산해야 한다고요. 공연을 보면 배우와 자주가 정말 한 몸처럼 보이는데, 사람이 코뿔새가 되기 위해 얼마나 많은 연습을 한 걸까요!

〈라이온 킹〉

광활한 아프리카,
누 떼 협곡 질주까지 무대로

뮤지컬 〈라이온 킹〉은 영화로 치자면 블록버스터급입니다. 아프리카 정글이 배경인 테다 등장하는 캐릭터도 많죠. 멈춤도 편집도 없는 무대에서 도대체 어떻게 구현할 수 있을까요?

무대 디자이너 리처드 허드슨Richard Hudson은 18세까지 아프리카 짐바브웨에서 살았던 경험을 토대로 무대를 디자인했는데요. 상징적인 세트가 바로 '프라이드 록'과 '코끼리 무덤'입니다. 펼쳤을 때 약 6미터 폭의 원형 계단 세트인 '프라이드 록'은 심바의 탄생을 알리는 장소로 '생명'을 상징합니다. 반면 코끼리 뼈로 연속된 나선형 계단 세트인 '코끼리 무덤'은 '죽음과 위험'을 표현합니다. 두 세트는 회전 각도와 조명에 따라 자유롭게 연출되며, 모두 회전형 계단이라는 동일 디자인으로 생명과 죽음이 연결돼 있음을, 〈라이온 킹〉의 세계관인 '생명의 순환'을 드러내죠. 700여 개의 조명 장치를 통해 정글의 다양한 모습 또한 연출합니다.

〈라이온 킹〉에서 가장 극적인 장면은 무파사의 죽음을 몰고 오는 수천 마리 야생 누 떼의 협곡 질주 장면인데요. 객석에 앉아 있으면 누 떼가 심바는 물론 관객들을 향해서도 돌진할 것처럼 보입니다. 영화적 기법을 공연에 활용한 것으로, 먼저 여러 겹의 붉은 문이 무대 양쪽에서 미끄러지듯 나와 겹치면서 점점 깊어지는 붉은 협곡을 착시현상으로 연출합니다. 누 떼의 질주 장면은 캔버스 스크롤과 여러 개의 대형 롤러로 표현했는데요. 스크롤에 그려진 누 떼와 대형 롤러에 부착돼 움직이는 누 떼는 관객과 가까워지며 점점 커집니다. 또 배우들은 얼굴과 양손에 모두 세 마리의 누 마

　　　　　동물을 캐스팅한 뮤지컬

스크를 쓰고 리드미컬하게 움직여 마치 앞으로 돌진하는 듯한 원근 효과를 주는데요. 극적인 장면 연출을 위해 무대와 배우의 연기가 정확히 계산된 장면입니다.

<h2 align="center">다양한 문화가 더해진
뮤지컬 〈라이온 킹〉</h2>

'라이온 킹'을 무대에 구현하는 데 있어 시각적인 요소 외에 청각적인 부분도 중요했습니다. 아프리카적인 요소를 얼마나 잘 보여주느냐가 공연의 핵심이기 때문인데요. 이를 위해 모든 프로덕션에서는 남아프리카 공화국 출신 배우를 캐스팅해서 '아프리카적인 소울'을 전달하려고 노력했습니다. 내레이터 역할을 하는 라피키는 영화와 달리 여성으로 설정을 바꾸고 6개의 아프리카 언어를 표현함으로써 전체적으로 아프리카의 이미지를 구현했는데요. 뮤지컬에서 빼놓을 수 없는 음악에서도 아프리카적인 요소가 곳곳에 배치됩니다.[2] 엘튼 존과 팀 라이스의 협업으로 아카데미상까지 받은 애니메이션의 원곡이 메인 넘버[3]지만, 캐릭터와 스토리가 심화된 뮤지컬을 위해서는 훨씬 많은 음악이 필요합니다. 뮤지컬 〈라이온 킹〉의 전체적인 음악 흐름은 역시 남아프리카 공화국 출신의 레보 엠[LEBO M.]이 담당했

2,3 뮤지컬 〈라이온 킹〉 하면 바로 떠오르는 멜로디 'Circle of Life'와 애니메이션 OST로도 익숙한 엘튼 존과 팀 라이스의 'Can You Feel the Love Tonight?', 레보 엠의 'He Lives in You'

는데요. 무대에서 만나는 깊고 감동적인 아프리카 리듬과 멜로디는 그의 작품입니다.

결국 뮤지컬 〈라이온 킹〉이 무대 위에 구현돼 전 세계적으로 흥행할 수 있었던 것은 연출부터 무대 디자인, 음악, 배우까지 다양한 문화에서 활동했던 사람들의 다채로운 경험이 더해졌기에 가능했던 셈입니다.

 동물을 캐스팅한 뮤지컬

세상에서 가장
오래 살고 있는 고양이들
⟨캣츠⟩

"고양이의 움직임을

이만큼 완벽하게 표현한

작품은 없을 것"

창작진 **Original** **Creative** **Team**	원작	T.S. 엘리엇 T.S.Eliot
	작곡	앤드루 로이드 웨버 Andrew Lloyd Webber
	안무	질리언 린 Gillian Lynne
	연출	트레버 넌 Trevor Nunn

등장인물
Characters

멍커스트랩 Munkustrap
사회자 고양이, 젤리클 멤버들을 보호하고 챙겨주는 고양이

올드 듀터러노미 Old Deuteronomy
선지자 고양이, 매년 젤리클 축제에서 한 고양이를 선택해 새로운 삶을 살게 한다.

그리자벨라 Grizabella
매혹적인 고양이, 한때 아름다웠으나 지금은 늙고 초라해 다른 고양이들에게 외면당한다.

럼 텀 터거 Rum Tum Tugger
반항아 고양이, 젤리클 멤버 중 최고의 인기남으로 청개구리처럼 무슨 일이든 반대로 한다.

미스터 미스토펠리스 Mr. Mistoffelees
마법사 고양이, 마술사 고양이로 승부욕이 강하다.

몽고메리 Mungojerrie **&럼플티저** Rumpleteazer
도둑 고양이 커플, 장난기 많고 능청스럽고 항상 붙어 다니며 말썽을 피운다.

스킴블샹스 Skimbleshanks
기차 고양이, 철도역에 사는 고양이로 질서정연하고 이야기꾼이다.

거스 Gus
극장 고양이, 젊은 시절 유명한 배우였지만 지금은 중풍을 앓고 있다.

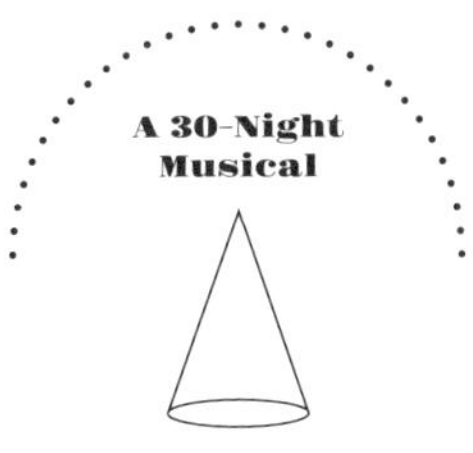

등장 캐릭터가 동물인 뮤지컬로 〈캣츠〉를 빼놓을 수 있을까요! 〈라이온 킹〉에 훨씬 앞서 1981년 런던 웨스트엔드에서 초연된 〈캣츠〉는 지금까지 30여 개 나라, 300개가 넘는 도시에서 공연되고 있으니 그야말로 세상에서 가장 오래 살고 있는 고양이들입니다. 흥미로운 점은 전 세계 다양한 언어로 공연되면서도 타이틀 〈Cats〉만은 단 한 번도 현지 언어로 번역된 적이 없다고 하네요(국내에서도 〈고양이들〉이라고 공연된 적은 없다).

초연과 함께 그해 로렌스 올리비에 어워즈 올해의 뮤지컬상과 최우수 안무상을 받은 〈캣츠〉는 1982년 뉴욕 브로드웨이로 진출해 이듬해 토니 어워즈 최우수 작품상, 극작상, 음악상, 연출상, 여우조연상, 의상상, 조명상 등을 휩쓸었습니다. 같은 시기 그래미 어워즈에서는 〈캣츠〉의 오리지널 런던 캐스트 음반이 최우수 음반의 영예를 안았고, 이후 오리지널 브로드웨이 캐스트 음반도 같은 상을 받았는데요. 〈캣츠〉 하면 바로 떠오르는 넘버 '메모리Memory'는 바브라 스트라이샌드, 조니 마티스, 배니 매닐로우 등 유명 아티스트 150여 명의 음반에 수록됐고, 미국에서만 라디오와 TV 매체에 100만 번 넘게 방송되는 등 세계적인 사랑을 받았습니다. 뮤지컬 〈캣츠〉의 내용을 전혀 몰라도 '메모리'의 멜로디는 누구나 익숙한 이유일 겁니다. 우리나라에서도 〈캣츠〉의 인기는 대단합니다. 지난 2003년 내한공연으로 첫선을 보였고, 이후 내한과 라이선스 무대를 번갈아 공연하며 한국 뮤지컬 역사상 최초로 200만 관객을 돌파하기도 했습니다.

배우도 관객도 고양이가 되는
특별한 순간

1년에 한 번 열리는 젤리클 고양이들의 축제. 사회자 멍커스트랩은 '오늘 축제에서 선지자 고양이 올드 듀터러노미가 선택한 고양이는 새로운 삶을 얻게 될 것'이라고 설명합니다. 고양이들은 돌아가며 자신을 소개하는데요. 하루 종일 잠을 자는 제니 애니닷, 암고양이에게 인기가 많은 럼 텀 터거 등의 인사가 이어집니다. 이후 한때는 아름다웠으나 지금은 늙고 지친 그리자벨라가 등장하지만 고양이들은 그녀를 경멸하는데요. 올드 듀터러노미가 올해의 젤리클 고양이를 선발하려는 순간 그리자벨라는 '메모리'를 부르며 새로운 시작을 꿈꾸고, 그녀에게 등을 돌렸던 다른 고양이들도 그녀를 받아들입니다. 마침내 올드 듀터러노미는 그리자벨라를 고양이들의 천국, 헤비사이드 레이어로 올라가 다시 태어날 고양이로 선택하죠.

T.S. 엘리엇[1888~1965]의 「지혜로운 고양이가 되기 위한 지침서^{The Old Possum's Book of Practical Cats}」를 토대로 웨버가 만든 뮤지컬 〈캣츠〉는 철저히 고양이들의 시선에서 펼쳐지는 공연입니다. 일단 무대를 유심히 보면 알록달록, 아기

   동물을 캐스팅한 뮤지컬

자기하게 펼쳐진 것들이 실은 세탁기, 치약 튜브, 티스푼, 폐타이어 등 각종 쓰레기라는 것을 확인할 수 있는데요. 물론 사람만큼 커진 고양이에 맞춰 각종 쓰레기도 10배 정도 그 몸집을 불렸습니다. 오프닝과 함께 30여 마리의 고양이가 '젤리클 고양이들의 젤리클 노래'[1]를 부르며 춤출 때 어디선가 커다란 신발 한 짝이 날아오자 고양이들이 일제히 멈칫하는 장면이 있는데요. 객석에서는 그때라도 시선을 사람이 아닌 고양이에 맞춰야 합니다.

〈캣츠〉는 따로 퍼펫을 사용하지는 않습니다. 의상과 분장, 동작을 통해 사람이 완벽하게 고양이로 변신하는데요. 즉, 배우들은 고양이가 되어가는 특별한 과정[2]을 거쳐야 합니다. 내한공연 당시 그리자벨라 역을 맡은 에린 코넬Erin Cornell 배우를 인터뷰한 적이 있는데, 완벽한 고양이가 되기 위해 처음 2주 동안은 연습실에서 서 있는 것도 허용되지 않는다고 하더군요. 모든 배우가 일단 기어다니면서 고양이의 움직임을 배우고, 그 과정을 제대로 마쳐야만 서서 움직일 수 있다는 겁니다.

〈캣츠〉는 배우들이 직접 분장하는 것으로도 유명합니다. 몇 명의 분장사가 한정된 시간 안에 30명을 일일이 고양이로 변신시키는 것이 불가능해서 배우가 직접 메이크업에 나서기 시작했지만, 〈캣츠〉를 연기하는 배우들에게 그 과정은 하나의 의식과도 같습니다. 세밀한 가이드라인에 맞춰 스스로 분장을 하며 '사람에서 고양이로' 변해가는 겁니다. 특히 〈캣츠〉는

1  'Jellicle Songs for Jellicle Cats', 1998년 버전이다.

2 클레어 리카드Clare Rickard 댄스 캡틴이 '고양이 되는 법'을 소개하고 있다.

1981년 초연 이래 '모든 고양이 캐릭터는 세계 어디에서나 같은 모습이어야 한다'는 원칙을 고수하고 있는데요. 고양이의 체취가 다양하듯 멀리서도 냄새로 캐릭터를 구분할 수 있도록 〈캣츠〉 배우들은 향수도 캐릭터별로 지정된 것만 사용할 정도랍니다.

뮤지컬 〈캣츠〉를 즐기는
색다른 관람 포인트

하지만 그 명성과 달리 〈캣츠〉를 접한 뒤 큰 재미를 느끼지 못하거나 전체적인 이야기를 이해하지 못하는 관객도 있을 겁니다. 원작자인 엘리엇에게는 고양이를 좋아하는 손주들이 있어서 고양이를 소재로 시를 썼다고 하는데요. 그 시를 모아 시집을 발간했고, 그 시집에 곡과 안무를 붙인 작품이 〈캣츠〉입니다. 우리가 흔히 생각하는 뮤지컬의 스토리라인을 기대할 수 없는 이유입니다.

　젤리클 고양이들은 1년에 한 번 축제를 열고, 그곳에서 다시 환생할 수 있는 한 마리의 고양이를 찾죠. 이 축제에 참가한 고양이들이 저마다의 삶을 펼쳐 보이는데, 사람처럼 이름이 있고, 직업이 있고, 다양한 성격과 그만큼 파란만장한 삶의 경험도 있습니다. 사회자 고양이 멍커스트랩, 선지자 고양이 올드 듀터러노미, 매혹적인 고양이 그리자벨라, 반항아 고양이 럼 텀 터거, 마법사 고양이 미스터 미스토펠리스, 기차 고양이 스킴블샹스, 극장 고양이 거스 등 캐릭터가 확실한 고양이만 20마리가 넘습니다. '도대체 본격적인 이야기는 언제 시작하나?' 기다리겠지만, 1막과 2막에 걸쳐 고양이와 그들의 삶을 소개하는 게 〈캣츠〉의 주요 내용입니다. 그 이야기를 다 듣고 마지막에 환생할 고양이를 뽑는데, '메모리'[3]를 부르는 그리자벨라가 선택되는 겁니다. 객석에서 '메모리'가 더욱 감동적으로 들리는 이유는 아름다운 가사와 멜로디가 갖는 힘에, 도무지 모르겠는 스토리 전개에 정처 없이 떠돌다 드디어 '아는 노래'를 만난 반가움이 더해져서일 수도 있습니다(웃음).

이렇게 3시간에 걸쳐 고양이만 소개하는 〈캣츠〉가 어떤 면에서 재미있느냐고 반문할 수도 있는데요. 볼거리 많고 음악도 좋고 화려하지만, 계속 고양이만 소개하는 데다 이름도 낯설고 자막도 봐야 하니 사실 무대를 좇아가기도 벅찬 작품이긴 합니다. 하지만 중심을 무대 연출이나 의상, 배우들의 움직임이나 동선, 노래나 안무에 두고, 스토리는 그 위에 살포시 얹어보면 어떨까요? 발레나 피겨스케이팅 무대를 볼 때처럼 말입니다. 그럼 다른 뮤지컬에서는 보기 힘든 참신함과 기발함이 보일 겁니다.

일단 이렇게 많은 배우가 동시에 주인공인 작품은 그 어디에도 없습니다. 모든 캐릭터가 최고의 연기와 가창력, 안무 실력을 자랑하는데요. 국내에서도 '메모리'를 부르는 그리자벨라뿐만 아니라 섹시하고 화려한 몸짓을 선보이는 럼 텀 터거, 고난도의 안무를 자랑하는 미스터 미스토펠리스의 인기가 대단합니다. 그런가 하면 각 고양이의 습성에 맞게 노래와 춤은 또 얼마나 멋진 하모니를 이루는지. 무엇보다 고양이의 움직임을 이만큼 완벽하게 표현한 작품은 없을 겁니다. 배우들은 공연 중에도, 인터미션 때도 수시

[3] 일레인 페이지Elaine Page가 1998년에 연기한 그리자벨라다. 25년도 지난 동영상이지만 '메모리'는 그 노래가 갖는 의미처럼 처연하면서도 아름답다.

로 객석을 누비며 관객들과 접촉하는데요. 가까이에서 본 그들의 의상과 분장, 움직임이 얼마나 실제 고양이 같은지 확인하는 재미도 남다르죠.

뮤지컬 〈라이온 킹〉과 〈캣츠〉의
화려한 볼거리 속 진지한 감동

뮤지컬 〈라이온 킹〉과 〈캣츠〉의 가장 큰 재미는 확실합니다. 무대 위 사람들이 모두 동물처럼 보인다는 점! '어떻게? 과연?'이 '우와!'로 바뀌는 순간 이들 공연은 스크린과 지면으로 표현된 원작보다 더 큰 감동을 줄 수밖에 없습니다. 무대의 한계를 뛰어넘었고 관객들의 상상력을 확장했기 때문이죠. 하지만 그 화려한 무대 위 동물들의 이야기는 결국 사람이 살아가는 모습과 닮아 있는데요. 철부지에서 시련을 이겨내고 성장한 심바나 한때 매혹적이었지만 나이 들어 볼품없어진 그리자벨라나 모두 우리의 삶을 이야기합니다. 그래서 두 작품 모두 재밌는 요소가 많지만, 결코 코믹한 뮤지컬은 아닙니다. 그보다는 인생을 관통하는 굉장히 철학적인 작품에 가깝죠. 그렇다고 심각해질 필요는 없습니다. 남녀노소 각각의 관객에게 저마다 어울리는 재미와 메시지를 전달하는 묘한 힘이 있는 작품이니까요. 덕분에 이렇게 20년이 지나고, 40년이 넘도록 인기리에 공연되는 게 아닐까요. 사람도 아니고 동물이 등장하는데 말입니다!

어쨌든 전반적으로 더 쉽게 볼 수 있는 작품은 〈라이온 킹〉입니다. 솔직히 지금까지 〈캣츠〉를 함께 본 사람 중에 아주 재밌다고 얘기한 동행인은 없었습니다(웃음).

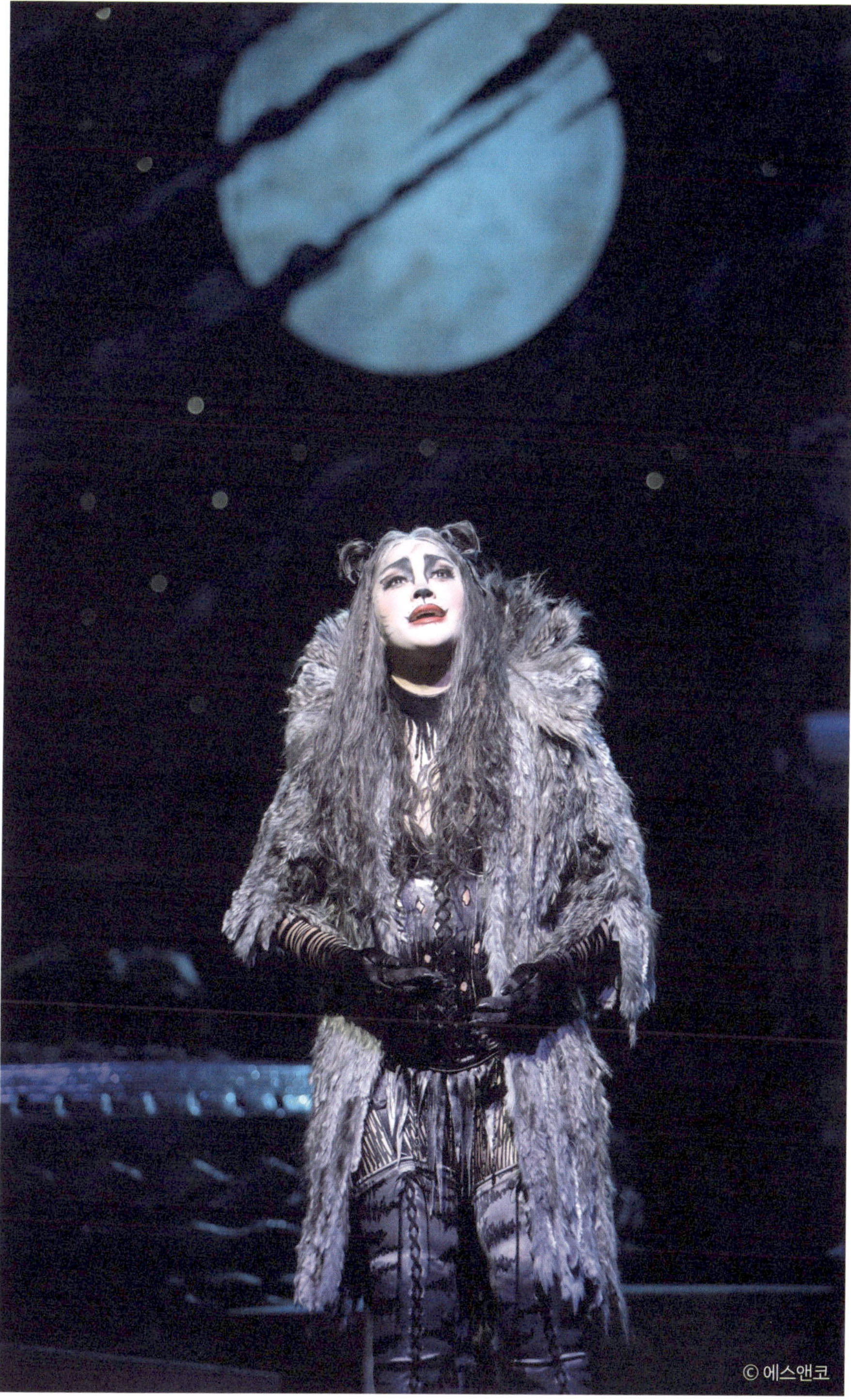
ⓒ 에스앤코

성인은 거들 뿐
어린이 배우가 일등공신

〈마틸다Matilda〉 & 〈빌리 엘리어트Billy Elliot〉

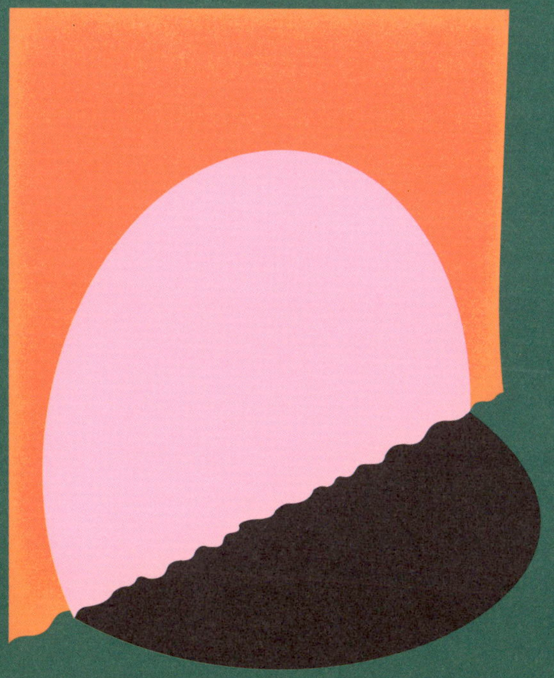

수많은 공연을 봐왔지만 객석에서 가장 조마조마한 순간은 무대에 아이들이 등장할 때입니다. 그건 무대에 함께 서는 성인 배우나 무대 뒤편에 있는 제작진도 마찬가지일 텐데요. 아역 배우도 분명히 오랜 시간 연습을 했겠지만 '어린이는 어디로 튈지 모른다'는 고정관념이 그 불안감의 뒤편에 자리하고 있는 것 같습니다. 그런데 어린이 배우가 잠깐 등장하는 조연이 아니라 극을 이끌어가는 주연이라면 어떨까요? 게다가 연기뿐만 아니라 노래와 춤까지 선보여야 한다면… 아마 선뜻 나서는 제작사가 없을 겁니다. 그래서 이들 작품은 특히 우리나라에서는 접하기 쉽지 않은 반면 한번 무대에 오르면 엄청난 인기를 얻나 봅니다. 주·조연의 수많은 어린이 배우가 등장하는 뮤지컬 〈마틸다〉, 그리고 〈빌리 엘리어트〉 애기입니다.

Day 7

〈마틸다〉
동화에서
뮤지컬로

"성인 배우와 어린이 배우가
개성 넘치는 연기는 물론이고
똑같은 난이도의 안무로
칼군무를 선보이는 보기 드문 작품"

창작진 **Original** **Creative** **Team**	**극작** **작곡/작사** **연출**	대니스 켈리Dennis Kelly 팀 민친Tim Minchin 매튜 와처스Matthew Warchus

---

등장인물
Characters

마틸다Matild
총명하고 대담하고 똑똑하고 용감한 소녀, 책을 좋아하고 특별한 재능을 지녔다.

트런치불Trunchbull
어린이를 혐오하는 냉혹한 초등학교 교장

미스 허니 Miss Honey
마틸다의 특별함과 재능을 인정해 주는 따뜻하고 선한 선생님

미세스 웜우드 Mrs Wormwood
춤에 빠진 마틸다의 엄마, 육아에는 전혀 관심이 없다.

미스터 웜우드 Mr Wormwood
사기꾼에 가까운 마틸다의 아빠, 책을 혐오한다.

미세스 펠프스 Mrs Phelps
도서관 사서, 마틸다가 들려주는 환상적인 이야기를 좋아한다.

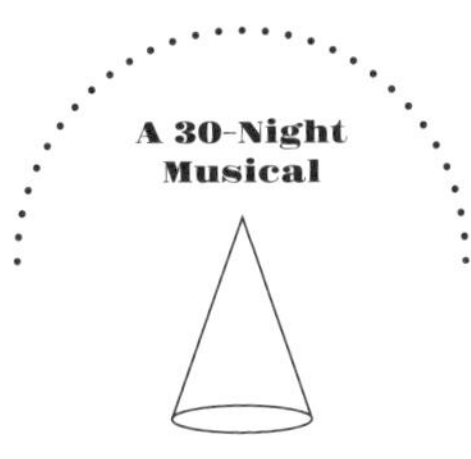

뮤지컬 〈마틸다〉의 원작은 책입니다. 영국의 동화작가 로알드 달Roald Dahl, 1916~1990의 책을 바탕으로 로열 셰익스피어 컴퍼니가 제작해 지난 2010년 셰익스피어의 탄생지인 스트라트포드 어폰 에이본Stratford-upon-Avon에서 처음으로 무대에 올렸는데요. 1996년 개봉한 영화를 비롯해 오디오 북, 라디오 프로그램 등으로 변주된 '마틸다'지만 무대화가 쉽지는 않았습니다. 무려 7년이 걸렸다고 하네요. 소설을 극화해야 했고, 뮤지컬이니 음악도 필요했으며, 인물을 연기할 어린이 배우와 그들의 빈틈없는 연습도 절실했습니다.

오랜 준비 끝에 마틸다를 연기할 세 명의 어린이 배우와 함께 막을 연 뮤지컬 〈마틸다〉는 큰 인기를 얻었습니다. 2011년에는 런던 캠브리지 극장으로 무대를 옮겨 2012년 로렌스 올리비에 어워즈 최우수 뮤지컬상을 비롯해 최우수 남우주연상, 여우주연상, 연출상, 안무상, 무대디자인상, 음향디자인상 등 7개 부문을 휩쓸며 역대 최다 수상의 영예를 안았죠. 그리고 1년 뒤 뉴욕에서도 토니 어워즈 최우수 극본상 등 4개 부문을 수상했고, 호주, 뉴질랜드, 아일랜드, 한국 등에서 공연되며 전 세계 700만 명 이상이 공연장을 다녀가게 했습니다.

상상력 넘치는
따뜻한 동화가 무대로

웨스트엔드나 브로드웨이의 신작을 기다리는 이유는 바로 '새로움'이 아닐까 합니다. 해마다 수많은 신작이 쏟아지긴 하지만, 솔직히 어디선가 들어본 것 같은, 본듯한 것들의 조합일 때가 많아 다소 식상한 면도 있는데요. 〈마틸다〉 역시 동화를 원작으로 했으니 스토리의 새로움을 기대하기는 힘들었습니다. 하지만 공연을 보고 있노라면 '도대체 어떻게 저런 무대 연출을 할 수 있을까, 어떻게 저런 안무를 짰을까?'를 무한 반복하게 됩니다. 어찌 보면 21세기에 가장 아날로그적인 장르이고 그런 점이 좋아 공연장을 찾겠지만, 그 안에서도 분명히 '신선함'을 기대하나 봅니다.

육아에는 관심 없는 댄서 출신 엄마와 사기꾼에 가까운 아빠, 하지만 그들의 유전자를 받았다고는 믿기 어려운 딸 마틸다는 독서를 좋아하는 영특하고 사랑스러운 소녀죠. 시간이 날 때마다 도서관에 가서 책을 빌려 보고, 사서에게 재밌는 이야기도 들려줍니다. 마틸다의 비범함을 알아본 담임 허니 선생님과 달리, 어린이를 끔찍하게 혐오하는 트런치불 교장은 마틸다를 포함해 모든 학생들을 구더기라 칭하며 괴롭히는데요.

2012년 런던에서 어렵게 티켓을 구해 관람한 〈마틸다〉는 신세계 그 자체였습니다. 일단 천장까지 알록달록하게 쌓인 알파벳 블록은 무대와 객

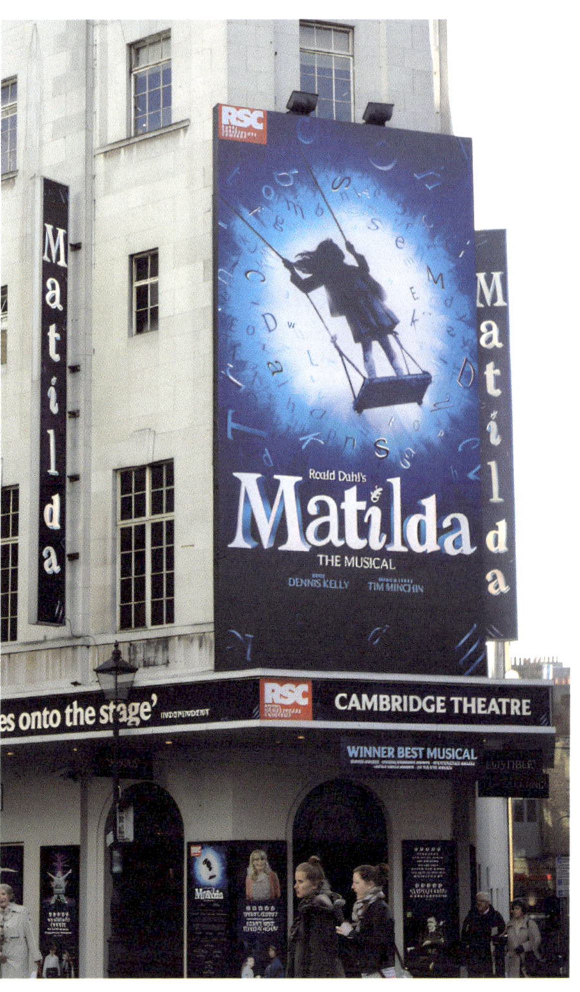
RSC
Matilda
Roald Dahl's
Matilda
THE MUSICAL
DENNIS KELLY
TIM MINCHIN
es onto the stage' INDEPENDENT
RSC
CAMBRIDGE THEATRE
WINNER BEST MUSICAL

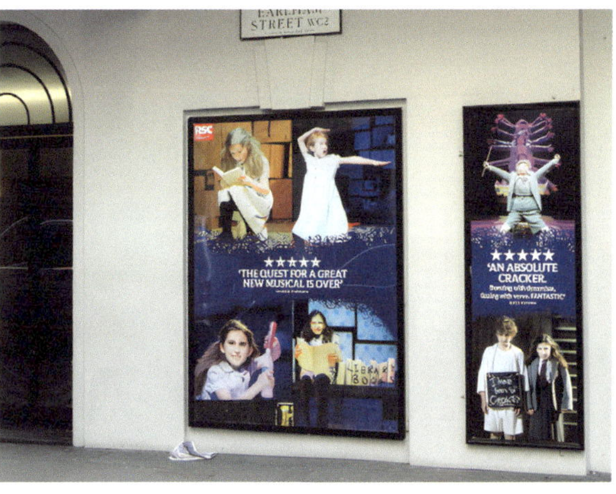
EARLHAM
STREET WC2
RSC
'THE QUEST FOR A GREAT
NEW MUSICAL IS OVER'
'AN ABSOLUTE
CRACKER.'

석을 사진틀처럼 구분하는 프로시니엄proscenium(액자무대) 형식으로, 책을 좋아하는 마틸다의 상상 속 세계처럼 환상적입니다. 그에 걸맞은 극적인 색감의 조명, 웜우드 부부에서 트런치불 교장으로 이어지는 부조리한 어른들의 캐릭터를 드러내는 기괴하고 요상한 의상과 분장도 무척 흥미로운데요. 공연 초반 웨스트엔드에서는 이들 배역의 분장하는 모습이 담긴 동영상[1,2]도 화제였습니다.

원작과 영화에서는 여성인 트런치불 역을 뮤지컬에서는 남자배우가 연기하는 재미도 남다릅니다. 국내에서는 지난 2018년 처음으로 〈마틸다〉가 무대에 올랐는데요. 요즘 드라마와 무대를 오가며 많은 인기를 얻고 있는 최재림 씨가 당시 트런치불을 맡아 "지금껏 맡았던 캐릭터 중 가장 특이한 인물"이라며 "어린이들을 괴롭힐 생각을 하니 무척 흥분된다"고 말했던 기억이 납니다(웃음).

그뿐인가요, 뮤지컬 〈마틸다〉는 처음 들었는데도 귀에 착착 감기는 노래와 그 음악에 딱딱 들어맞는 독창적인 안무 덕분에 제작진에 대한 존경심이 생겨날 정도입니다. 넘버는 동요의 단순한 멜로디부터 팝, 소울, 살사까지 실로 다양한 장르인데요. 한 곡 안에서도 다채로운 음악적 변화가 있어 잠시도 지루할 틈이 없습니다. 이 풍성한 음악이 지금껏 본 적 없는 안

1 데이빗 레너드David Leonard 배우가 트런치불 메이크업을 하고 의상을 갈아입으며 캐릭터에 대해 얘기하고 있다.

2 2018-2019 인터내셔널 투어 때 트런치불 교장을 연기한 라이언 드 빌리어스Ryan de Villiers 배우가 분장하는 모습을 동영상으로 담았다.

 성인은 거들 뿐 어린이 배우가 일등공신

무들과 결합되고, 그 노래와 춤을 개성 강한 캐릭터들이 선보이는 재미는 어느 판타지 동화에도 뒤지지 않습니다.

일단, 선배들이 학교생활의 '고충'에 대해 알려주는 'School Song'은 알파벳 블록을 쌓으며 점점 화려한 안무를 선보이는데요. 안무에 맞게 노랫말에 알파벳 A부터 Z까지 순차적으로 등장하는 점이 흥미롭고도 새롭습니다(한국어 공연에서도 가나다라~로 구현한다). 그런가 하면 어린이들이 어른이 됐을 때의 꿈과 사랑을 노래하는 'When I grow up'[3]은 그네를 타고 객석으로 뛰어오르는 모습에 저절로 입이 떡 벌어질 정도입니다. 또 'Revolting Children'[4]에서는 마틸다와 친구들이 폭력적이고 무자비한 트런치불 교장에게 맞서기로 다짐하며 성인 배우와 어린이 배우가 같은 수준의 칼군무로 극중 클라이맥스를 완성하죠.

결국 뮤지컬 〈마틸다〉는 동화 속에 담긴 상상력 가득한 이야기와 생동감 넘치는 문체, 속도감 있는 전개와 독특하고 기괴한 캐릭터, 유머러스한 풍자와 꼬집기를 무대만의 화법으로 펼쳐 보이며 또 한 편의 새로운 작품으로 탄생한 셈입니다.

[3]  로열 버라이어티 자선단체 기금 마련을 위해 매년 영국에서 진행되는 TV쇼 《Royal Variety Performance》에서 2012년의 꽃은 〈마틸다〉였다.

[4]  영국 TV쇼 《Britain's Got Talent》의 준결승 축하 무대로 공연한 뮤지컬 〈마틸다〉 팀의 'Revolting Children'

극의 중심에 선
어린이 배우들

〈마틸다〉를 무대에 올릴 때 가장 어려운 점은 무엇일까요? 기술적인 문제들은 여느 작품에서도 겪는 어려움일 테니, 〈마틸다〉만의 고충이라면 역시 다수의 어린이가 극의 중심에 선다는 점을 꼽을 수 있을 겁니다. 어디로 튈지 모르는 바로 그 어린이들이! 오죽하면 영국에서 공연을 준비할 당시 마틸다를 제외한 모든 배역을 성인 배우가 연기했을까요.

2018년 한국 초연 때는 아시아 최초, 비영어권 최초의 무대로 더욱 주목받았습니다. 〈마틸다〉는 성인 배우와 어린이 배우가 개성 넘치는 연기는 물론이고 똑같은 난이도의 안무로 칼군무를 선보이는 보기 드문 작품인데요. 10년 넘게 무대를 이어가고 있는 웨스트엔드나 브로드웨이에서는 꾸준히 오디션을 통해 배우들을 선발하고 있지만, 장기 공연이 자리 잡히지 않은 우리나라에서 어린이 배우를 대거 무대에 올리는 작업은 도전에 가까웠습니다.

〈마틸다〉 한국 공연을 위해 8개월간 오디션이 진행됐고, 총 1800여 명의 지원자 가운데 46명이 선발됐는데요. 특히 마틸다는 A4 1페이지가 넘는 긴 독백을 연기력으로 소화할 수 있고, 또렷한 발성과 빼어난 음감, 안무 소화력 등을 지닌 키 130센티미터 내외의 소녀만 참여할 수 있었습니다. 모두 약 600명이 경쟁에 나서 4명이 최종적으로 선택됐는데요. 이들은 10주간의 연습실 연습과 5주간의 무대 리허설, 9회의 프리뷰 등을 거쳐 무대에 올랐습니다. 그렇게 탄탄하게 다져진 어린이 배우들은 어디로 튀어도 돋보일 만큼 완벽한 뮤지컬 〈마틸다〉를 선보였죠.

    성인은 거들 뿐 어린이 배우가 일등공신

〈빌리 엘리어트〉
영화에서
뮤지컬로

"우리는 빌리가 무대에서
멋지게 도약하는 모습을 상상한다.
그 상상 안에는
자신도 날아오르고 싶은
욕망이 숨어 있을 것"

창작진 Original Creative Team	극작/작사	리 홀 Lee Hall
	작곡	엘튼 존 Elton John
	안무	피터 달링 Peter Darling
	연출	스테판 달드리 Stephen Daldry

등장인물
Characters

빌리 Billy
가난한 탄광촌에서 발레와 사랑에 빠져 날아오른 소년

아빠 Dad
겉보기에는 투박하지만 누구보다 가족을 사랑하고 정이 많다.

미세스 윌킨슨 Mrs Wilkinson
빌리의 재능을 발견하고 더 나은 길로 이끈다. 말투와 행동은 거칠지만
속정이 깊다.

할머니 Grandma
치매 증상이 있지만 친절하고 유머 감각이 뛰어나다.

마이클 Michael
개성 있고 웃긴 빌리의 절친

데비 Debbie
윌킨슨의 딸, 엉뚱하고 당돌하다.

토니 Tony
빌리의 형, 탄광 파업과 관련해 자신의 소신을 굽히지 않는다.

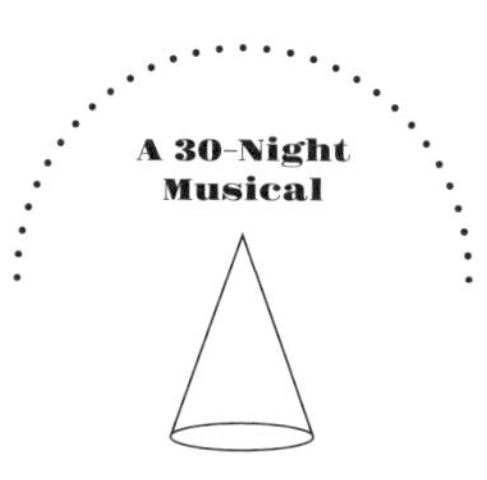

어린이 배우를 무대 중심에 세워 전 세계적으로 흥행한 또 한 편의 뮤지컬은 바로 〈빌리 엘리어트〉입니다. 복싱 수업 중 우연히 접하게 된 발레를 통해 자신의 재능을 발견하고 발레리노라는 꿈을 찾아 나서는 12세 소년 빌리의 여정을 담은 〈빌리 엘리어트〉는 2000년에 개봉한 동명의 영화가 원작인데요. 엘튼 존이 영화를 보고 스테판 달드리 감독에게 뮤지컬로 각색하자는 아이디어를 냈고, 공연은 2005년 런던 빅토리아 팰리스 극장에서 첫선을 보였습니다.

발레를 배우는 소년이 주인공이지만 그를 둘러싼 환경은 밝지 않은데요. 영국 정부의 탄광산업 민영화에 맞서 광부들이 대대적인 투쟁을 진행한 1984년이 배경입니다. 영국 근대사에서 가장 암울한 시기로 손꼽히는 무대에서 소년 빌리가 발레리노를 꿈꾸며 지핀 희망의 불씨를 창작진이 솜씨 좋게 버무렸는데요. 덕분에 2006년 로렌스 올리비에 어워즈 최우수 뮤지컬상, 남우주연상, 안무상 등을 휩쓸며 이후 런던에서만 520여 만 명이 관람했고, 2008년에는 미국 뉴욕에서도 토니 어워즈 최우수 뮤지컬상,

남우주연상, 안무상 등을 독식하며 전 세계 1100만여 명의 관객과 감동을 나눴습니다.

춤추는 소년
빌리를 찾아라!

전 세계적으로 사랑받는 뮤지컬의 기본적인 요소라면 잘 짜인 극본과 좋은 음악, 배우들의 호연일 겁니다. 하지만 〈빌리 엘리어트〉는 한 가지가 더 필요한데요. 바로 춤추는 소년 배우입니다. 몸을 쓰는 춤은 단기간에 연습으로 만들어내는 데 한계가 있고, 선천적인 재능을 무시할 수 없기 때문이죠. 그래서인지 〈빌리 엘리어트〉의 경우 한국어 버전으로 지난 2010년 국내 초연됐고, 2017년에야 두 번째 무대를 마련할 수 있었습니다.

빌리를 찾는 여정은 쉽지 않았습니다. 어린 소년이 무대를 끌고 가야 하는 만큼 2시간 40분의 공연을 버틸 체력과 끈기, 성장 가능성 등을 확인해야만 했는데요. 특히 빌리 이미지에 맞는 신체 조건과 다양한 장르의 춤을 소화할 수 있는 재능은 물론 힘든 트레이닝 과정을 견딜 수 있는 열정 또한 필요했습니다. 8개월간 진행된 오디션에는 약 200명의 어린이가 빌리 역에 지원했다고 합니다. 그 가운데 '12세 이하, 키 150센티미터 이하, 변성기가 오지 않고 탭댄스, 발레, 아크로배틱 등 춤에 재능이 있는 소년'이라는 조건을 만족한 후보들이 오랜 기간 체력 단련을 하며 다양한 춤과 노래를 배웠는데요. 이 과정에서 빌리로 남은 어린이가 있는가 하면 빌리의 친구 마이클로 포지션이 바뀌기도 했습니다.

하지만 오디션은 시작일 뿐 체계적인 '빌리 스쿨'이 본격적으로 출발하는데요. 빌리로 뽑힌 5명의 어린이 배우들은 방과 후 주 6회에 걸쳐 매일 6시간씩 체력 강화를 위한 필라테스, 발레, 현대무용, 아크로배틱, 탭댄스, 스트리트댄스, 보컬 등의 수업을 받았고, 이 과정은 일주일에 한 번씩 영상에 담겨 영국 현지 스태프에게 전해졌습니다. 성인도 감당하기 힘든 오랜 시간의 트레이닝과 변화를 견뎌내고 무대에 설 수 있었던 겁니다.

그래서일까요, 2대 빌리들의 이야기를 기사로 쓰며 문득 초연 때 만났던 빌리들이 어떻게 지내는지 궁금했는데요. 국내 초연이 2010년, 1대 빌리들은 어느덧 20대가 됐더군요. 김세용, 임선우 군은 국내외 콩쿠르에서 수상하며 진정한 발레리노로 성장했고, 박준형 군은 〈뉴시즈〉, 〈그리스〉, 〈웨스트 사이드 스토리〉 등에 참여하며 어엿한 뮤지컬배우로 활동하고 있습니다. 뮤지컬 한 편을 통해 될성부른 나무의 떡잎을 확인한 셈이죠. 참, 발레리노 김기민 씨에 이어 한국인으로는 두 번째로 2025년 러시아 마린스키 발레단에 입단한 전민철 씨도 〈빌리 엘리어트〉와 인연이 있는데요. 2대 빌리에 도전했다 키가 너무 커서 최종에서 탈락했다고 합니다. 당시에 발레를 중단하기까지 했다는데요. 꿈을 포기하지 않고 더 크게 도약했네요!

뮤지컬 〈빌리 엘리어트〉가 말하는
꿈과 희망

전문 배우가 아닌 어린이들이 오랜 트레이닝을 통해 2시간 40분의 공연

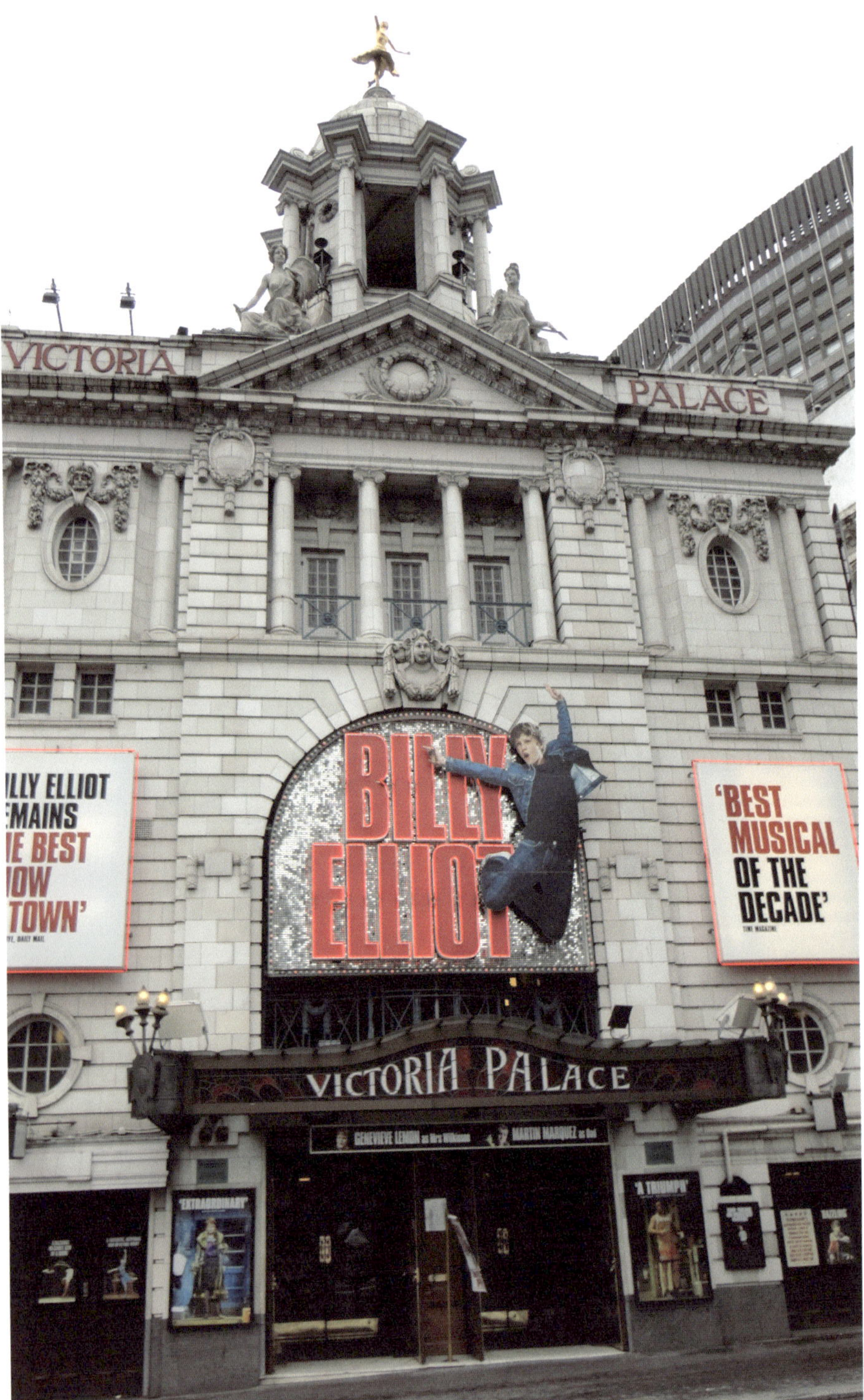

VICTORIA
PALACE
BILLY ELLIOT
BILLY ELLIOT REMAINS THE BEST SHOW IN TOWN'
'BEST MUSICAL OF THE DECADE'
VICTORIA PALACE
EXTRAORDINARY
'A TRIUMPH'

을, 그것도 고난도 춤이 있는 라이브 무대를 완벽하게 소화하는 모습만으로도 객석에서는 큰 박수를 보낼 겁니다. 여기에 이야기 전반에 깔린 묵직한 울림은 뮤지컬 〈빌리 엘리어트〉의 작품성을 한층 끌어올리는데요.

극을 쓴 리 홀은 "〈빌리 엘리어트〉가 어떤 메시지를 줄 수 있다면 주어진 운명에 맞서 저항할 수 있고, 스스로가 어디로부터 왔는지 잊지 않고 앞으로 나아갈 수 있다는 희망이기를 바란다"고 전했습니다. 그는 영화《별이 내려다본다(1939)》에서 광부의 아들이 현실적인 어려움과 싸워가며 정치에 입문하는 이야기와 실존 인물인 영국 로열발레단의 무용수 필립 모슬리Philip Mosley의 성장담에서 영감을 얻어 이 작품을 썼는데요. 남자가 춤추는 것 자체를 사회적으로 받아들이지 못했던 시절, 영국 북부 탄광촌 반슬리Barnsley 출신의 필립 모슬리가 묵직한 현실을 딛고 세계적인 로열발레단의 단원으로 날아오른 것처럼 우리는 빌리 역시 무대에서 멋지게 도약하는 모습을 상상합니다. 그 상상 안에는 자신도 날아오르고 싶은 욕망이 숨어 있을 겁니다.

이 작품의 포스터 역시 빌리가 날아오르는 모습인데요. 흔히 발레를 중력에 반하는 예술이라고 합니다. 중력이라는 세상의 이치에 역행하는 움직임은 타고난 재능과 피나는 연습이 있어야만 가능한데요. 하지만 제아무리 유능한 무용수라도 점프 다음에는 다시 떨어질 수밖에 없죠. 꿈과 현실이 맞물려 있는 것처럼 말입니다.

그러나 무대 위 빌리의 현실은 '꿈'이라는 단어와는 한참이나 멀어 보입니다. 영국 북부의 작은 탄광마을에서 할머니와 아빠, 형과 함께 살고 있는 빌리. 생산성이 떨어진 탄광을 폐쇄하고 인력을 감축하는 정부 정책에 반대해 사실상 마을의 모든 남자가 파업에 참여하면서 대다수 가정이 경제적인 어려움에 직면합니다.

그러나 빌리는 누구보다 높게 뛰어오르는데요. 빌리의 재능을 알아보고 더 나은 세계로 안내해 준 미세스 윌킨슨과 홀로 남겨진 체육관에서 멋지게 춤추는 아들을 뒤늦게나마 믿어준 아버지가 있었기에 가능한 일이었습니다. 현실적인 문제로 발레스쿨 오디션 참가가 좌절되자 응축된 감정을 춤으로 폭발하는 'Angry Dance'[1] 장면과, 가까스로 참가한 오디션에서 '춤을 출 때 어떤 기분이 드느냐'는 질문에 '뭔지 몰라도 그 순간 나는 완전해진다, 음악을 따라가다 보면 더 이상 숨길 수 없는 내 안의 내 모습, 전기가 흘러 자유를 얻는다'며 꿈과 희망을 발산하는 'Electricity'[2] 장면이 각각 1, 2막의 클라이맥스로 팽팽한 대치를 이루는 이유도 비슷합니다.

하지만 이 작품은 무조건적으로 꿈만을 예찬하지는 않습니다. 빌리의 오디션 비용을 마련하기 위해 아버지는 배신자 소리를 들으며 파업을 포기해야 했고, 발레스쿨에 합격한 빌리가 런던으로 떠나는 날 아버지와 형은 원하는 것을 얻지 못한 채 다시 사그라드는 지하 갱도로 내려갑니다.

작품은 여기에서 끝납니다. 우리는 빌리가 얼마나 높게 날아올랐는지, 또는 바꿀 수 없는 현실이 힘찬 비상을 짓눌렀는지 알 수 없습니다. 하지만 지금 시대의 '해피엔딩'은 성공이라는 절대적인 결과물이 아니라 이루어

1 2014년 제작된 <빌리 엘리어트 뮤지컬 라이브> 버전에서 엘리엇 한나Elliott Hanna 배우가 빌리를 연기하고 있다.

2 엘리엇 한나의 'Electricity'. 빌리를 연기할 당시 그는 11세였다.

 성인은 거들 뿐 어린이 배우가 일등공신

가는 상대적인 과정인 듯합니다. 설혹 세계적인 발레리노가 되지는 않았더라도, 불가능에 가까운 현실 속에서 무용수라는 꿈을 꾸고, 그 희망에 도전하고, 한때는 무거운 현실이었던 가족과 주변인들도 응원과 지지로 작은 발판이 되어주는 모습은 모두를 미소 짓게 하죠. 열정과 노력으로 거대한 현실을 조금이라도 움직일 수 있다면, 그렇게 스스로 변화했다면 충분히 해피엔딩 아닐까요!

<빌리 엘리어트>

남다른 매력의
프랑스 뮤지컬

〈노트르담 드 파리Notre-Dame de Paris〉 & 〈로미오 앤 줄리엣Romeo and Juliet〉

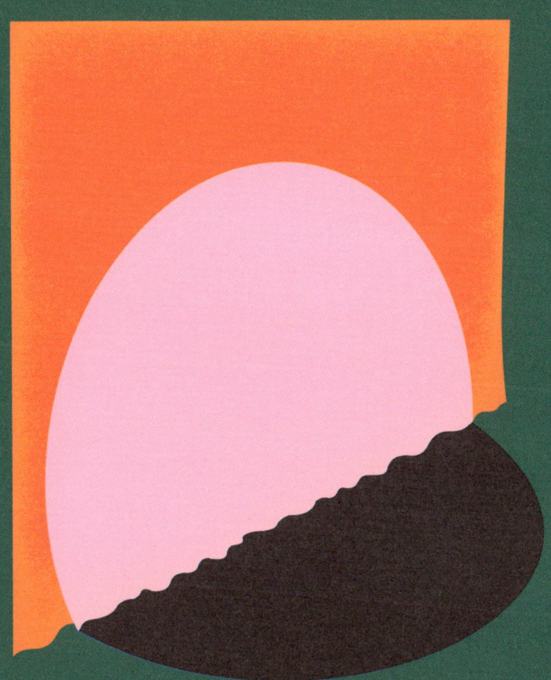

뮤지컬을 관심 있게 지켜보면 '프랑스 뮤지컬'이라는 수식어를 달고 있는 작품들을 만나곤 합니다. 오리지널 언어로 공연하는 팀이 내한하거나 한국 배우들이 라이선스 공연을 선보일 경우 대부분 웨스트엔드와 브로드웨이, 즉 영어권 작품인데요. 반면 '프랑스 뮤지컬'은 말 그대로 프랑스에서 제작된, 프랑스어가 원어인 공연입니다. 〈십계〉를 시작으로 2000년대 중반 〈노트르담 드 파리〉, 〈로미오 앤 줄리엣〉, 〈돈주앙〉 등의 내한공연이 잇따르면서 뮤지컬 팬들은 문화적인 충격에 휩싸였습니다. 프랑스 뮤지컬은 좀 달랐기 때문입니다!

빅토르 위고의 소설이
뮤지컬 무대로
〈노트르담 드 파리〉

"대표적인 성 스루 뮤지컬
〈노트르담 드 파리〉가 세계적으로
성공할 수 있었던 가장 큰 매력 역시
음악에서 찾을 수 있다."

창작진
Original
Creative
Team

극작/작사	뤽 플라몽동 Luc Plamondon
작곡	리카르도 코치안테 Riccardo Cocciante
연출	질 마으 Gilles Maheu

등장인물
Characters

콰지모도 Quasimodo

파리 노트르담 대성당의 종지기, 추한 외모의 꼽추지만 맑고 아름다운 영혼을 지녔다.

에스메랄다 Esmeralda

자유로운 영혼을 지닌 아름답고 매력적인 집시 여인

그랭구와르 Gringoire

거리의 음유시인, 이야기의 해설자

프롤로 Frollo

노트르담 대성당의 주교. 에스메랄다를 사랑하게 되면서 종교적인 신념이 흔들린다.

페뷔스 Phoebus

파리의 근위대장, 에스메랄다에게 빠져 약혼녀를 배신한다.

클로팽 Clopin

집시들의 대장이며 에스메랄다의 보호자.

플뢰르 드 리스 Fleur de Lys

페뷔스의 약혼녀

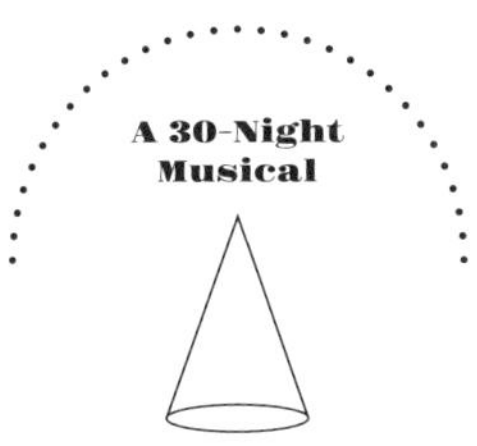

프랑스 뮤지컬의 대표 주자는 〈노트르담 드 파리〉입니다. 빅토르 위고가 1831년에 쓴 동명의 장편소설 「노트르담 드 파리Notre-Dame de Paris」를 무대화한 작품으로, 지난 1998년 파리에서 초연됐는데요. 영미권 뮤지컬이 주를 이루던 시절 흥행에 성공하며 프랑스 국민 뮤지컬로 자리매김했습니다. 파리 노트르담 대성당 주변에 진을 치고 있는 매혹적인 집시 여인 에스메랄다와 그녀를 사랑한 세 남자, 꼽추 종지기 콰지모도, 근위대장 페뷔스, 성직자 프롤로의 사랑 이야기면서 동시에 종교가 모든 것의 중심이며 이른바 마녀사냥이 성행했던 당시 혼란스러운 사회상을 담고 있습니다.

우리나라에는 2005년 내한공연으로 첫선을 보였고, 이후 해외 팀과 한국어 공연이 번갈아 마련되며 꾸준한 사랑을 받고 있는데요. 전 세계적으로는 2025년 기준 23개 나라에서 1500만 명 이상의 관객을 만나왔습니다.

프랑스 뮤지컬은
좀 달랐다

네, 이른바 프랑스 뮤지컬의 국내 초연을 모두 관람한 입장에서 프랑스 뮤지컬은 좀 달랐습니다. 지금이야 대극장 공연의 웅장한 무대가 당연하다 못해 오히려 미니멀한 연출이 신선하게 느껴질 정도지만, 2000년대 중반까지만 해도 프랑스에서 들어온 입체적인 초대형 무대 세트는 압도적이었습니다. 세트가 복층 구조물이더라도 배우들이 단층에서만 움직이는 공연에 익숙했던 관객들은 낯선 이국 배우들이 2~3층까지 올라가 연기하는 모습을 보고 놀라지 않을 수 없었죠.

감각적인 음악도 빼놓을 수 없는데요. 모든 뮤지컬의 관건은 귀에 감기는 음악이겠지만, 그중에서도 프랑스 작품은 노래의 비중이 훨씬 높습니다. 대사 없이 노래로만 이어지는 '성 스루Sung-Through' 뮤지컬●이 많고, 대사가 있더라도 극히 제한적인 만큼 음악의 중요성은 더욱 커지게 마련이죠. 특이한 것은 프랑스 뮤지컬의 넘버들이 노랫말은 무척 시적인데 멜로디 라인은 아주 대중적이라는 점입니다. 대표적인 성 스루 뮤지컬 〈노트르담 드 파리〉가 세계적으로 성공할 수 있었던 가장 큰 매력 역시 음악에서 찾을 수 있는데요. 노랫말은 함축적인 반면 멜로디는 무척 팝적입니

● 성 스루 뮤지컬 – 뮤지컬에서 노래는 대사의 일부라고 할 수 있다. 극적인, 또는 감성적인 부분에서 대사에 멜로디를 입혀 감동을 더하는 것이다. 그런데 '성 스루 뮤지컬'은 일반적인 대사가 아예 없거나 극단적으로 제한된다. 배우가 내뱉는 모든 말에 멜로디가 있다고 생각하면 된다. <노트르담 드 파리>를 비롯해 <벽을 뚫는 남자>, <레미제라블>, <캣츠>, <지저스 크라이스트 슈퍼스타> 등이 해당한다.

다. 이탈리아 출신 작곡가 코치안테는 이 작품을 'People Opera'로 소개했
는데요. '대중적인 오페라'를 기초로 영미권 뮤지컬과 차별화에 힘썼습니
다. 그 결과 〈노트르담 드 파리〉의 오리지널 캐스트 앨범은 발매와 동시에
17주 동안 프랑스 음악 차트에서 1위를 차지하며 천만 장 이상의 판매량
을 기록했고, 에스메랄다를 향한 세 남자의 사랑을 표현한 넘버 'Belle(아
름답다)'[1]는 44주간 1위를 차지했습니다. 또 웅장한 오프닝 곡 'Le Temps
des Cathedrals(대성당들의 시대)'[2], 콰지모도가 부르는 엔딩곡 'Danse mon
Esmeralda(춤을 춰요, 나의 에스메랄다)' 등 다른 넘버들도 연속극 OST처럼
귀에 착착 감길 겁니다.

프랑스 뮤지컬의 매력, 마지막으로 현란한 고난도 군무를 꼽을 수 있는
데요. 프랑스 뮤지컬이 이렇게 음악과 춤을 각각 강조할 수 있는 것은 여느
뮤지컬과 달리 노래를 부르는 배우와 춤을 추는 무용수를 구분했기 때문
입니다. 대부분 가수 출신으로 구성된 배우들은 뛰어난 가창력과 감성으
로 넓은 음역과 다양한 분위기의 노래를 소화하고, 우월한 기럭지에 멋진
근육을 장착한 전문 무용수들은 장면과 인물의 감성을 발레에서 현대무
용, 아크로배틱까지 이용해 표현합니다.

〈노트르담 드 파리〉는 배우들에게 벅차면서도 고된 작품입니다. 일단

1 프랑스 초연 오리지널 캐스트인 프롤로 역의 다니엘 라부
아Daniel Lavoie, 콰지모도 역의 가로우Garou, 페뷔스 역의 패트
릭 피오리Patrick Fiori가 함께한 버전이다.

2 프랑스 초연 오리지널 캐스트인 그랭구와르 역의 브루노
펠티에Bruno pelletier 버전이다.

저음부터 고음까지 음역이 넓고, 연기적으로도 함축적인 이미지로 표현해야 하는 부분이 많거든요. 특히 맷 로랑을 비롯해 김법래, 윤형렬 씨 등 지금껏 콰지모도를 맡은 국내외 배우들을 만나보면 이른바 '콰지 스텝'이라고 꼽추인 콰지모도의 걸음걸이를 유지하면서 연기와 노래를 하는 게 가장 힘들다고 호소합니다. 특수 제작된 콰지모도 의상은 무게만 10킬로그램에 달하는데, 무거운 의상에 불편한 몸을 이끌고 9미터 높이의 성당 벽을 타고 바퀴에 묶여 굴러다니다 보면 어깨도 아프고 허리도 아프고 성한 곳이 없다고요. 덕분에 가장 사랑받는 배역이기도 합니다.

어느덧 스무 살 넘긴
〈노트르담 드 파리〉

뮤지컬 〈노트르담 드 파리〉를 보기 위해 공연장에 들어서면 대성당을 상징하는 무대 전면에 들어찬 세트에 압도당할 겁니다. 무려 길이 20미터, 높이 10미터에 달하는 구조물인데요. 거기에 100킬로그램이 넘는 거대한 종이며 감옥을 표현하는 쇠창살 등도 이 작품의 규모를 가늠케 합니다.

하지만 극이 전개되면서 펼쳐지는 무대는 오히려 단순하게 느껴질 수 있는데요. 저 역시 초연 때 받은 거대하고 복합적인 감동이 지금은 다소 사그라들었습니다.

물론 공연을 보는 것이 일이다 보니 감동을 받는 역치 자체가 높아진 까닭도 있겠죠. 그런데 그보다 큰 이유는 지난 10여 년간 국내 뮤지컬 시장이 급속도로 성장했기 때문일 겁니다. 라이선스 작품이든 창작이든, 그

것을 국내에서 공연할 수 있는 여건이 갖춰졌고, 훨씬 웅장하고 정교한 무대기술이 가능해졌거든요. 작품을 소화해 낼 수 있는 배우들의 숫자와 기량도 늘었고, 관객들 역시 세계적인 작품에 많이 노출되면서 공연을 보는 눈이 높아진 겁니다.

공연예술이 계속 진화해야 하는 이유이기도 한데요. 고전이 주는 불멸의 가치가 분명히 있지만, 그것 역시 지금 시대, 또 세대와 소통할 수 있는 형태로 바뀌어야 합니다. 뮤지컬 〈노트르담 드 파리〉 역시 초연된 지 어느덧 스무 해가 지났습니다. 다행히 〈노트르담 드 파리〉는 20주년을 기념해 새로운 프로덕션을 꾸려 다시 전 세계 관객들을 만나고 있는데요. 부디 이 작품의 가치가 지금의 관객들에게도 빛을 발하길 희망해 봅니다.

파리 노트르담 대성당

〈노트르담 드 파리〉의 배경이 된 노트르담 대성당은 파리를 관통하는 센 강에 떠 있는 시테섬에 자리하고 있습니다. '노트르담^{Notre Dame}'은 '성모 마리아'를 뜻합니다. 프랑스어권 곳곳에서 같은 이름의 성당을 발견할 수 있는데요. 뒤에 지역명을 붙여 구분합니다. 파리에 있는 노트르담 대성당은 12세기(1163년 초석이 놓임)에 공사가 시작돼 14세기에야 마무리됐습니다.

종교 중심의 사회였던 당대에는 높고 뾰족한 고딕 양식 건축물을 통해 하늘에 닿으려는 신앙적인 마음을 담았는데요. 앞선 로마네스크 양식의 건축물이 안전을 생각해 낮고 벽체가 두꺼웠다면 고딕 양식에서는 높고 긴 건물을 지탱하기 위해 리브 볼트 구조의 천장으로 벽체에 전해지는 무게를 분산했고, 플라잉 버트레스라는 외부 버팀목으로 하중을 버티게 했습니다. 건물을 지탱하는 역할에서 좀 더 자유로워진 벽면에는 장미창 같은 거대하고 화려한 창문을 낼 수 있었죠. 그 고딕 양식을 대표하는 건축물이 바로 파리 노트르담 대성당입니다.

파리 노트르담 대성당 내외부에는 유난히 조각상과 부조, 그림, 모자이크가 많은데요. 중세시대에는 왕족이나 귀족, 성직자만 글을 읽을 줄 알았기 때문에 서민들에게 이렇게 그림과 조각으로 성경 내용을 전달했습니다. 정면 파사드에 있는 엄청난 수의 조각도 성경 속 이야기를 묘사한 겁니다. 입구에 있는 세 개의 문을 가장 많이 접하게 될 텐데요. 중앙이 '최후의 심판문', 그 좌측이 '성모 마리아의 문', 오른쪽이 '성녀 안나의 문'입니다. 좌우 문 위로는 각각 69미터 높이의 종탑이 시원하게 뻗어 있는데요. 오른쪽에 극중 콰지모도가 담당했던 '임마누엘Emmanuel'이라는 종이 있습니다. 무게가 무려 13톤에 달하는데요. 유독 맑고 깨끗한 종소리는 17세기에 다시 주조할 때 파리의 귀부인들이 보석과 은을 던진 데 기인한다고 합니다.

파리 노트르담 대성당은 지금껏 프랑스의 주요 역사와 함께했습니다. 2019년 4월 화재로 크게 훼손됐다 2024년 12월 재개관하기도 했는데요. 노트르담 대성당이 위기를 맞은 건 처음이 아닙니다. 18세기 유럽을 뒤흔든 계몽주의로 종교보다 이성이 중시되며 대성당의 종과 조각이 파괴되고, 스테인드글라스도 무색 유리로 대체됐죠. 대성당 정면의 조각상들도 13세기 제작 당시에는 지금과 달리 다양하게 채색되어 있었습니다.

이후에도 성당은 창고로 쓰이는 등 크게 파손돼 철거까지 거론됐는데요. 그때 성당을 살린 인물이 바로 프랑스의 대문호 빅토르 위고입니다. 그는 시대와 사회를 고발하는 소설 「노트르담 드 파리」의 전체적인 내용과 별도로, 책의 3부에 대성당의 건축적인 의미에 대해 상세히 기술하고 있습니다. 세월과 정치·종교 혁명, 건축양식의 유행에 의해 성당이 크게 훼손된 것을 지적한 뒤, 이 성당과 도시 파리의 상호적인 아름다움, 나아가 인류 문화의 발전 과정에서 중세의 건축물이 차지하는 위상을 설명하는데요. 이러한 호소를 문학에 삽입함으로써 대중의 마음을 움직였습니다. 소설의 인기로 재조명된 노트르담 대성당은 대대적인 모금 운동을 거쳐 건축가 외젠 비올레 르 뒤크^{Eugene Viollet-le-Duc}에 의해 우리가 알고 있는 모습으로 복원된 겁니다.

〈레미제라블〉과는 결이 다른 〈노트르담 드 파리〉

두 작품은 모두 빅토르 위고의 손에서 태어났습니다. 〈노트르담 드 파리〉에 프롤로 주교가 주요 인물로 출연한다면 앞서 살펴본 것처럼 〈레미제라블〉에는 미리엘 주교가 특급 조연으로 등장하죠. 하지만 두 주교가 작품에 미치는 영향은 결이 전혀 다릅니다. 〈노트르담 드 파리〉의 웅장한 오프닝 곡 '대성당들의 시대'와 〈레미제라블〉의 끝자락에 위치한 '그를 집으로 인도하소서'도 비교해서 살펴볼 만한데요. 종교 중심의 사회를 대변하는 '대성당들의 시대'는 아이러니하게도 "하늘 끝에 닿고 싶은 인간은 유리와 돌 위에 그들의 역사를 쓰지"라는 가사로 시대의 변화를 예고합니다. 반면 '그를 집으로 인도하소서'에서는 나이 든 장발장이 혁명에 가담해 총에 맞은 청년 마리우스를 안고 살려 달라 기도하죠.

위고는 서른 살을 앞두고 「노트르담 드 파리」를, 예순 살을 앞두고 「레미제라블」을 썼습니다. 전작에서 사회의 부조리를 꼬집고 세상을 바꾸고자 하는 청년의 기상이 엿보인다면, 「레미제라블」에서는 장발장처럼 모든 것을 하느님께 의탁하는 모습이 느껴지는 듯합니다.

프랑스에서 뮤지컬로
다시 태어난
〈로미오 앤 줄리엣〉

"지난 400년간 연출된

수많은 장르의

'로미오와 줄리엣' 가운데

뮤지컬이 가장 역동적일 것"

창작진
Original
Creative
Team

극작/작사/작곡 제라르 프레스귀르빅Gerard Presgurvic

연출/안무 레다Redha

등장인물
Characters

로미오Romeo

몬테규가의 외아들, 진실한 사랑을 찾는 로맨티스트다.

줄리엣Juliette

캐플렛가의 외동딸, 자신이 사랑하는 남자와의 결혼을 꿈꾸는 낭만적인 소녀다.

벤볼리오Benvolio

로미오의 친구, 줄리엣이 죽었다는 소식을 로미오에게 전한다.

머큐시오Mercutio

로미오의 가장 친한 친구, 티볼트에게 죽임을 당한다.

티볼트Tybalt

줄리엣의 사촌 오빠로 몬테규가에 대한 증오가 가득하다.

로렌스 신부 Frere Laurent

로미오와 줄리엣을 통해 두 집안이 화해할 수 있다 여기고 줄리엣에게 가짜 독약을 건넨다.

유모La nurse

줄리엣을 극진히 사랑한다. 마지막 순간까지 로미오와 줄리엣의 사랑을 지켜주려 한다.

죽음La mort

운명의 여신, 로미오와 줄리엣의 사랑을 질투해 두 연인의 죽음을 초래한다.

창작진
Original
Creative
Team

극작/작사/작곡

연출/안무

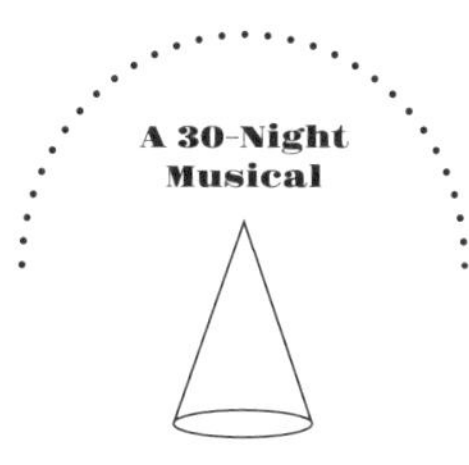

빅토르 위고의 원작을 아름다운 멜로디와 역동적인 안무로 담아낸 뮤지컬 〈노트르담 드 파리〉의 성공 이후 프랑스에서는 고전을 바탕으로 한 뮤지컬 제작에 관심이 높아졌습니다. 그렇게 2001년 파리 팔레 드 콩그레 극장에서 뮤지컬 〈로미오 앤 줄리엣〉도 초연되는데요. 가스통 르루의 인기 소설 「오페라의 유령」을 영국에서 먼저 뮤지컬로 제작했다면 셰익스피어 William Shakespeare, 1564~1616의 「로미오와 줄리엣Romeo and Juliet」은 프랑스에서 선점한 셈입니다.

셰익스피어 이후 400년간 수많은 장르로 변주된 '로미오와 줄리엣'이건만, 뮤지컬은 또 다른 큰 인기를 얻었습니다. 영화음악과 유명 가수들의 히트곡을 만들어온 제라르 프레스귀르빅은 공연에 앞서 싱글 'Aimer(사랑한다는 것)'[1]와 뮤직비디오 'Les Rois du Monde(세상의 왕들)'[2]를 선보였는데요. 당시 프랑스 대중음악 차트 1위에 오르며 200만 장 이상의 판매량을 기록했고, 덕분에 공연은 시작하기도 전에 초반 3개월치 티켓이 모두 매진됐습니다.

특히 초연 당시에는 원작에서 두 주인공과 나이가 비슷한 다미앙 사르그^{Damien Sargue}(19세)가 로미오로, 세실리아 카라^{Cecilia Cara}(16세)가 줄리엣 역에 캐스팅돼 기존 관객들은 물론이고 청소년들까지 공연장으로 불러들이며 프랑스 창작뮤지컬 대중화에 기폭제 역할을 했습니다. 이후 프랑스에서는 상연하는 극장마다 매진을 뜻하는 '콩플레^{Complet}'가 가장 오랫동안 붙어 있던 작품이고, 한국에서도 2007년 내한공연으로 첫선을 보이며 큰 사랑을 받았습니다.

역대 로미오와 줄리엣 중
가장 역동적인 작품

아름다운 베로나, 하지만 그 안에서는 몬테규가와 캐플렛가의 갈등으로 하루가 멀다 하고 혈투가 벌어지죠. 캐플렛은 자신의 딸 줄리엣을 영주의 조카에게 시집보내기 위해 무도회를 여는데요. 이 무도회에 초대받지 않은 몬테규가의 로미오가 참석하고, 로미오와 줄리엣은 첫눈에 반합니다. 남몰래 사랑을 키워가던 두 사람은 로렌스 신부를 찾아가 비밀 결혼식까지 올리죠. 하지만 이 소식을 들은 줄리엣의 사촌 티볼트는 로미오에게 결

1  비밀 결혼식에서 함께 부르는 로미오와 줄리엣의 대표 러브 테마곡이다. 프랑스 초연 오리지널 캐스트인 로미오 역의 다미앙 사르그와 줄리엣 역의 세실리아 카라 버전이다.

2  풋풋한 세 청년 로미오, 벤볼리오, 머큐시오가 우정과 삶에 대해 노래한다. 웅장하면서도 빠른 비트로 계속 흥얼거리게 되는 넘버다.

투를 신청하고, 티볼트를 죽음에 이르게 한 로미오는 추방당합니다. 영주의 조카와 결혼하게 된 줄리엣은 로렌스 신부의 도움으로 자는 동안 몸이 싸늘해지는 가짜 독약을 마십니다. 이 사실을 모른 채 줄리엣이 죽었다는 소식을 들은 로미오는 베로나에 도착해 진짜 독약을 마시죠. 잠에서 깨어난 줄리엣은 로미오의 죽음을 비통해하다 그의 칼을 꺼내 자결합니다.

네, 스토리는 우리가 익히 알고 있는 '로미오와 줄리엣'입니다. 그러나 지난 400년간 연출된 수많은 장르의 '로미오와 줄리엣' 가운데 뮤지컬은 가장 역동적일 겁니다. 고전 '로미오와 줄리엣' 하면 떠오르는 감미로운 세레나데, 조금은 진부하고 유약한 분위기를 깨고 뮤지컬은 시작부터 파격적입니다. 오프닝 넘버 'Verona(베로나)'[3]와 함께 캐플렛가와 몬테규가를 각각 상징하는 빨간색과 파란색으로 선명하게 대비되는 조명과 의상, 격정적이면서도 강렬한 안무로 대번에 느슨한 관객들의 눈과 귀를 잡아끌거든요.

무용가 출신 레다의 연출과 안무로 뮤지컬로 탈바꿈한 〈로미오 앤 줄리엣〉은 17세기 유럽 귀족사회를 재현한 고풍스러운 무대 세트, 화려하고 강렬한 조명과 의상, 격정적이면서도 섬세한 안무 등이 조화를 이루며 셰익스피어 이후 변주된 수많은 '로미오와 줄리엣' 중 가장 파격적이면서도 강렬한 러브스토리로 자리매김한 겁니다. 특히 록, 발라드, 프렌치 샹송 등을 넘나드는 감각적인 멜로디와 그에 준하는 로맨틱한 가사는 원작이 지닌 '비극적이라서 더욱 아름다운 사랑의 가치'를 증폭합니다. 가수와 무용

3 2001년 버전이지만, 뮤지컬 〈로미오 앤 줄리엣〉의 의상과 조명, 안무 등 전체적인 무대 연출을 가장 잘 보여주는 동영상이다.

수의 역할을 명확하게 구분 짓는 기존의 프랑스 뮤지컬과는 다르게 〈로미오 앤 줄리엣〉에서는 노래를 부르는 주인공에게 춤을 추게 하고, 무용수들은 코러스에 참여시켜 두 분야의 경계를 허물기도 했습니다. 또 성 스루 뮤지컬의 경우 자칫 스토리 전개가 부자연스럽거나 과도한 집중력을 요할 때가 있는데, 〈로미오 앤 줄리엣〉은 곳곳에 주요 인물의 대사를 넣어 훨씬 몰입도 높은 흐름을 선사합니다.

그런가 하면 원작에는 없는 '죽음, 운명의 여신'이라는 새로운 캐릭터를 만들어 두 가문의 불화와 충돌, 인물들 사이에 벌어지는 비극적인 사건과 죽음에 이르는 과정을 표현하는데요. 대사는 없지만 표정과 춤사위로 그들의 운명을 예언하는 신비로운 캐릭터입니다. 특히 등장인물의 눈에는 보이지 않는 것으로 설정해, '죽음' 캐릭터와 관객들만 이야기 전체를 조망하는 듯한 유대감을 갖게 합니다.

원작의 스토리를 충실히 따르면서도 이렇듯 기존 작품과는 또 다른 파격적인 요소들을 더해 더 이상의 새로움을 기대하기 힘들었던 뮤지컬 〈로미오 앤 줄리엣〉은 가장 역동적이고 고혹적인 무대로 전 세계를 강타하고 있습니다.

수많은 재창조의 아이콘
'로미오와 줄리엣'

문화예술 분야에서는 '원 소스 멀티 유즈One Source Multi Use'라는 표현을 자주 사용합니다('Multi-platform strategy'라는 표현이 적확하겠다). 사랑받는 하나의 인기 콘텐츠는 영화, 드라마, 만화, 공연 등 다양한 형태로 재생산, 재창조 되는데요. 그 대표적인 사례가 '로미오와 줄리엣'입니다.

이탈리아 지역에서 소설 등으로 전해지던 '로미오와 줄리엣' 이야기는 영국 출신의 극작가 셰익스피어에 의해 1597년 초판이 발행됐습니다. 셰익스피어의 이른바 4대 비극에는 들지 못하지만 낭만적 비극으로는 최초의 작품으로, 청년 극작가 셰익스피어의 명성을 한순간에 끌어올린 작품이기도 하죠. 또 '로미오와 줄리엣'을 얘기할 때 전작들을 제치고 셰익스피어를 꼽는 이유는 그를 통해 세상에 알려지기 시작했고, 수많은 다른 예술 분야로 '멀티 유즈Multi Use'됐기 때문일 겁니다.

셰익스피어의 희곡만큼 전 세계적인 인기를 얻은 '로미오와 줄리엣'은 1968년 개봉한 프랑코 제피렐리Franco Zeffirelli, 1923~2019 감독의 영화일 텐데요. 이 책에서는 공연예술에서 장르별로 가장 대표적인 무대만 살펴보겠습니다.

베를리오즈의 극적 교향곡 《로미오와 줄리엣》

19세기 낭만파 음악가들 사이에서는 셰익스피어의 희곡에 선율을 붙이는 것이 유행이었는데요. 1839년 프랑스 작곡가 베를리오즈Louis Hector Berlioz, 1803~1869는 극적 교향곡 《로미오와 줄리엣》을 발표했습니다. 베를리오즈는 표제음악•의 창안자로, 《로미오와 줄리엣》은 기존 교향곡처럼 전체 4부로 나뉘지만, 부마다 몇 개의 하위 부분이 있고 각각 표제가 붙어 있습니다.

• 표제음악 – 시나 이야기, 풍경 등을 음악적으로 해석해 음악의 표현 분야를 확장한 음악으로, 보통 제목이 붙어 있다.

또 오케스트라는 물론이고 독창자와 합창단이 동원되어 레치타티보●와 아리아, 순수 관현악곡을 넘나드는 자유로운 형식입니다.

앞서 1830년《환상 교향곡》이후 재정 상태가 좋지 않아 작곡을 미루고 있던 베를리오즈는 바이올린의 거장 파가니니가 보내 준 거금 2만 프랑에 힘입어《로미오와 줄리엣》을 완성한 것으로 알려졌습니다.

구노의 오페라《로미오와 줄리엣》

셰익스피어의 희곡「로미오와 줄리엣」은 수많은 작곡가에 의해 10여 편의 오페라로 다시 태어나기도 했습니다. 그중에 가장 유명한 작품은 바로 샤를 구노^{Charles-François Gounod, 1818~1893}가 1867년 파리 테아트르 릴리크에서 초연한 오페라가 아닐까 합니다.

1839년 21살의 구노는 파리에서 공연된 베를리오즈의 극적 교향곡《로미오와 줄리엣》의 리허설을 보고 충격과 감동을 받아 '언젠가 이 작품을 오페라로 만들겠다' 다짐합니다. 구노는 프랑스 낭만주의 시대의 대표적인 음악가로 교회음악에 관심을 가졌지만, 세속 음악의 정수라 할 수 있는 오페라에도 관심과 재능을 보였는데요. 로마에서 3년간 유학할 기회가 생겼던 그는 펠리체 로마니라는 이탈리아 작가의「로미오와 줄리엣」대본을 입수해 작곡을 시도했지만 이탈리아어에 익숙하지 않아 작업에 진전을 보지는 못했습니다. 이후 프랑스로 돌아와 1867년 50세가 되던 해에 위고가 셰익스피어의 희곡을 번역한 책을 읽고서야 제대로 된 영감을 얻어 작

● 레치타티보 - 아리아가 주인공의 감정을 아름다운 선율로 표현한다면 레치타티보는 대사 위주, 주인공이 처한 상황이나 스토리를 설명한다.

품을 완성합니다. 처음 오페라를 만들기로 결심한 이후 무려 28년 만에 완성한 겁니다.

구노의 오페라에서 로미오와 줄리엣은 전 5막에서 매번 만나고 총 4회 2중창을 부릅니다. 4회의 러브 듀엣이 이 작품의 백미라 할 수 있는데요. 특히 구노의 오페라는 다른 '로미오와 줄리엣'에서는 볼 수 없는 내용이 있습니다. 바로 줄리엣이 죽었다는 기별을 받고 달려온 로미오가 숨을 거두기 직전, 가사 상태에 빠져 있던 줄리엣이 깨어난다는 점입니다. 결국 두 사람은 짧은 순간이나마 서로를 바라보며 마음을 나누는데요. 저만치 인생의 황혼을 앞둔 구노가 사랑에 목숨까지 걸 수 있는 10대 연인을 죽기 전에 한 번은 만나게 해주고 싶었나 봅니다.

프로코피예프의 발레 《로미오와 줄리엣》

앞서 얘기했듯 셰익스피어의 「로미오와 줄리엣」은 벨리니와 구노가 오페라로 빚어냈는가 하면, 차이콥스키나 베를리오즈는 오케스트라 작품으로 작곡하는 등 음악화 작업이 잇달았습니다. 하지만 19세기 무용 분야에서는 이렇다 할 작업이 이루어지지 않았는데요. 그러다 1940년 러시아 출신 프로코피예프Sergei Prokofiev, 1891~1953가 작곡에 참여한 발레《로미오와 줄리엣》이 상트페테르부르크에서 초연되면서 발레극으로도 활발하게 연출되기 시작했습니다.

프로코피예프는 러시아 혁명 이후 서방 세계로 망명했다 다시 구소련으로 돌아가면서 이 작품을 선보였는데요. 사랑을 위해 기존 질서에 대항하는 로미오와 줄리엣은 구소련 시절 봉건 사회에 대한 일종의 혁명가로 보일 수 있는 좋은 소재였습니다.

‘로미오와 줄리엣’
그리고 베로나

참, 로미오와 줄리엣이 살았다는 베로나는 어디에 있을까요? 가상의 도시일까요?

처음 이탈리아를 여행할 때는 베로나라는 도시가 있는 줄도 몰랐습니다. 대다수가 그렇듯 로마, 피렌체, 베네치아, 밀라노를 중심으로 여행했는데요. 밀라노와 베네치아 중간에 축제의 도시로 손꼽히는 베로나^{Verona}가 있다는 걸 알게 된 건 그로부터 몇 년 뒤의 일입니다. 이곳에 있는 2000년 된 원형경기장에서는 ‘Arena di Verona Festival’이 열리는데요. 1913년 주세페 베르디 탄생 100주년을 기념해 아레나에서 오페라를 공연한 것이 시초로, 과거 검투사들이 피 흘리던 원형경기장이 오페라 무대로 탈바꿈한 겁니다. 오페라의 나라인 만큼 베르디와 푸치니 등 이탈리아 출신 작곡가를 비롯해 바그너와 모차르트의 작품이 단연 인기가 높은데요. 구노의《로미오와 줄리엣》도 어렵지 않게 만날 수 있습니다. 프랑스 출신 구노가 만든 오페라가 베로나에서 자주 공연되는 이유는 작품의 배경 도시이기 때문입니다.

‘로미오와 줄리엣’의 스토리는 익히 알면서도 배경이 이탈리아 베로나라는 점은 인지하지 못한 분이 많을 겁니다. 저 역시 베로나에 직접 가서야 체감할 수 있었는데요. 아레나에서 조금 걸어가면 떡하니 ‘줄리엣의 집’이 조성돼 있습니다. 로미오가 줄리엣에게 사랑을 속삭이던 발코니, 아리따운 줄리엣의 동상, 세계에서 찾아든 로맨티시스트들이 영원한 사랑을 희망하며 채워둔 수천 개의 열쇠가 전 세계에서 가장 사랑받는 러브스토리의 근원지가 바로 베로나라고 명확하게 알려줍니다. 따사로운 햇살 아래 복숭 앗빛 건물들 사이로 아디제강이 유유히 흐르는 베로나는 '영원을 속삭이 던 10대들의 봉인된 사랑'처럼 과거의 아름다운 모습을 고스란히 간직하 고 있습니다.

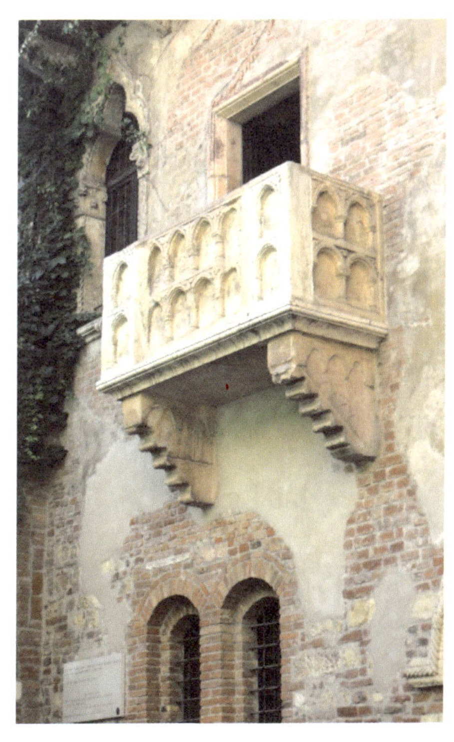

오스트리아 뮤지컬의
거센 감동

〈엘리자벳 Elisabeth〉 & 〈레베카 Rebecca〉

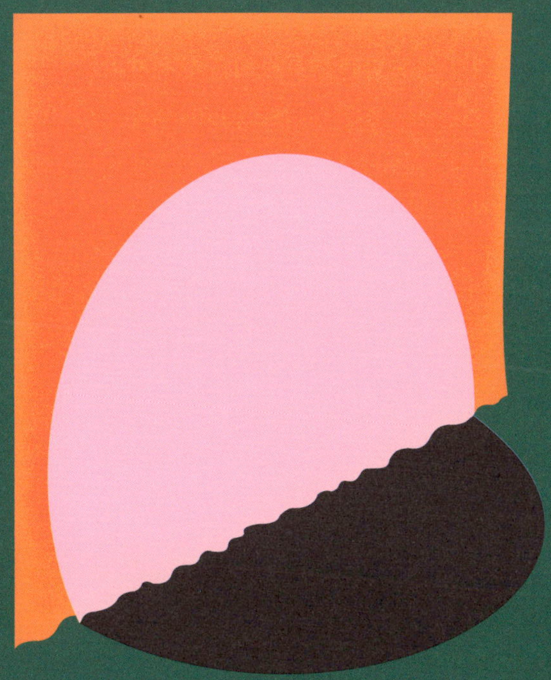

프랑스 뮤지컬이 있다면 당연히 독일 뮤지컬도 있지 않을까 생각될 겁니다. '독일어 뮤지컬'은 존재합니다. 그 옛날 독일어권 음악가들이 쏟아낸 수많은 클래식 명곡과 인기 오페라에 비하면 지극히 미약하나, 오스트리아에서 제작된 뮤지컬이 전 세계적으로 상당한 인기를 얻고 있고, 특히 국내에서는 그 입지가 매우 탄탄합니다. 이른바 '뮤지컬 덕후(뮤덕)'라면 몇 번은 챙겨봤을 〈모차르트!〉, 〈엘리자벳〉, 〈레베카〉 등이 대표적인데요. 이들 작품은 극작가 미하엘 쿤체, 작곡가 실베스터 르베이 콤비와 제작사인 빈 극장협회VBW의 대표작이기도 합니다.

뮤지컬 관객의 90퍼센트는 여성, 나머지 10퍼센트도 그 여성과 함께 온 남성이라는 말이 있을 정도로 공연시장은 여성 관객의 비중이 압도적으로 높습니다. 자연스레 그들이 좋아하는 남성 배우들이 주도하는 작품이 많은 편인데요. 그래서 이 두 공연이 더 반가운지도 모르겠습니다. 여배우가 지닌 연기 스펙트럼을 유감없이 드러낼 수 있는 오스트리아 뮤지컬 〈엘리자벳〉과 〈레베카〉 말입니다.

황후가 아닌
한 여인의 이야기
〈엘리자벳〉

"서사, 음악, 무대예술이라는

3박자가 조화를 이루며

전혀 다른 결의 매력을 흩뿌린 작품"

창작진
Original Creative Team

극작/작사	미하엘 쿤체Michael Kunze
작곡	실베스터 르베이Sylvester Levay
연출	해리 쿠퍼Harry Kupfer

등장인물
Characters

엘리자벳Elisabeth

자유분방한 소녀였으나 황후가 되면서 갑갑한 궁정 생활을 견디기 힘들어한다.

죽음Der Tod

엘리자벳이 원하는 자유는 자신만이 줄 수 있다며 유혹하는 '죽음' 그 자체

루케니Luigi Lucheni

엘리자벳을 암살한 아나키스트

황제 프란츠 요제프 Kaiser Franz Joseph

오스트리아 제국의 황제, 평생 엘리자벳만을 사랑하지만, 그녀가 원하는 자유는 줄 수 없다.

대공비 소피 Erzherzogin Sophie

프란츠 요제프의 어머니, 매사에 엄격하고 황실 안에서의 의무를 우선시한다.

황태자 루돌프 Erzherzog Rudolf

엘리자벳의 아들이지만 대공비 소피에 의해 어머니와 가깝게 지내지 못한다.

막스 공작 Herzog Max in Bayern

엘리자벳의 인자하고 자상한 아버지, 자유로운 삶을 향유한다.

루도비카Herzogin Ludovika

엘리자벳의 어머니이자 소피의 동생, 소피와 함께 큰딸인 헬레네를 황후로 만들고자 한다.

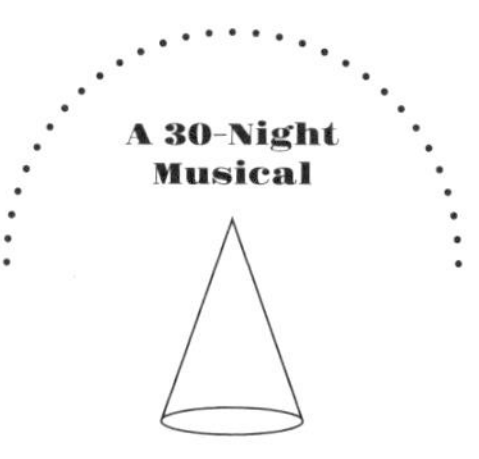

뮤지컬 〈엘리자벳〉은 엘리자베트 폰 비텔스바흐Elisabeth von Wittelsbach, 1837~1898
의 이야기를 다룬 작품입니다. 씨씨Sissi라는 애칭으로 불렸던 엘리자베트는
오스트리아 제국의 마지막 황후인데요. 빼어난 외모는 물론 일탈적인 행
동으로 당시 유럽의 모든 왕실을 통틀어 가장 많은 사랑과 미움을 동시에
받았던 여인으로 알려져 있습니다. 지금도 오스트리아와 헝가리 곳곳에서
그녀의 흔적을 만날 수 있습니다.

세상을 가졌으나 자유를 잃고 평생을 방황했던 그녀의 삶이 유럽에서
는 사후 100년이 지난 지금도 소설과 드라마로 제작되고 있는데요. 뮤지
컬은 지난 1992년 오스트리아 빈 씨어터Theater an der Wien에서 초연됐습니다.
미하엘 쿤체가 대본과 가사를 쓰고, 실베스터 르베이가 노래를 만들었는
데요. 독일어 뮤지컬로는 유례없는 성공을 거두며 독일, 스위스, 이탈리아,
헝가리, 일본 등에서 공연됐고, 2012년 국내에서도 첫선(연출: 로버트 요한슨
Robert Johanson)을 보였습니다. 엘리자베트를 위대한 황후가 아니라 자유를 갈
망했던 나약하고 불완전한 한 여인으로 풀어간 스토리는 관객들과 친밀한

〈엘리자벳〉

공감대를 형성한 반면, 실베스터 르베이의 웅장하고 기품 있는 음악은 합스부르크 왕가를 재현한 화려한 무대 의상과 어우러져 풍성한 들을 거리와 볼거리로 관객들의 눈과 귀를 사로잡았는데요. 국내 초연 당시 제6회 더 뮤지컬 어워즈에서 올해의 뮤지컬상, 여우주연상, 음악감독상, 의상상 등 8개 부문을 석권하기도 했습니다.

실존 인물의 이야기에
판타지 더해

무대는 황후 엘리자벳을 암살한 혐의로 100년 동안 목이 매달려 재판을 받고 있는 루케니의 모습으로 출발합니다. 그는 판사에게 엘리자벳은 스스로 죽음을 원했으며, 일생 '죽음'을 사랑했다고 항변하는데요. 이어지는 장면은 어린 시절 활기 넘치고 자유분방한 성격의 엘리자벳이 외줄타기를 하다 떨어지면서 신비롭고 초월적인 존재, '죽음(Der Tod)'과 처음 마주하는 순간입니다. 엘리자벳의 아름다움에 반한 '죽음'은 그녀를 살려두고, 그림자처럼 그녀의 주위를 맴돌죠. 엘리자벳의 아름다움에 반한 또 한 명의 남자, 오스트리아 제국의 황제 프란츠 요제프는 어머니 소피의 반대를 무릅쓰고 그녀와 결혼하지만 엄격한 황실 생활과 엘리자벳의 자유로운 사고 방식은 계속 갈등을 빚습니다. 또 성인이 돼서도 정치와 사상적인 문제로 아버지와 대립하던 황태자 루돌프는 어머니에게서도 위로와 도움을 받지 못하자 스스로 목숨을 끊는데요. 아들의 자살로 어디에도 안주하지 못하던 엘리자벳은 점점 더 황실과 남편에게서 멀어져 유럽의 곳곳을 떠돌기

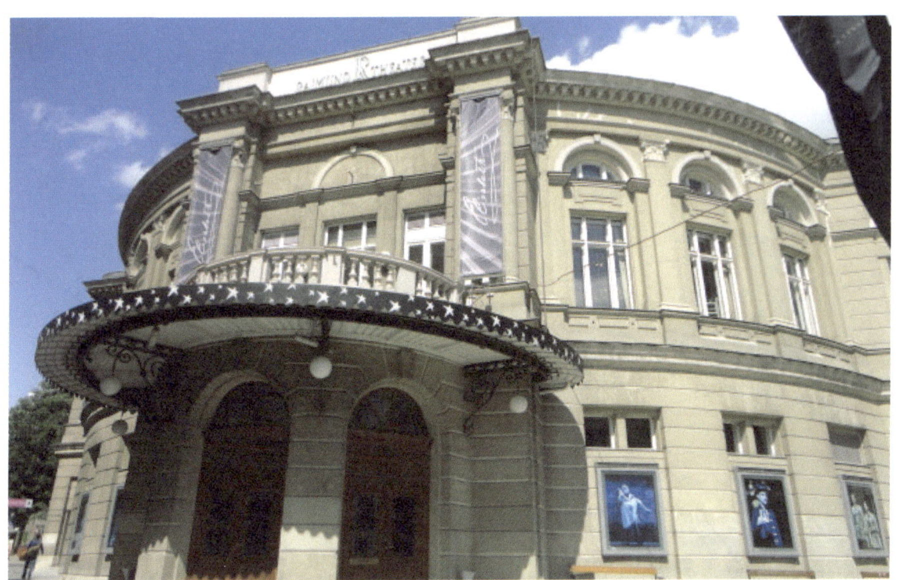

RAIMUND THEATER

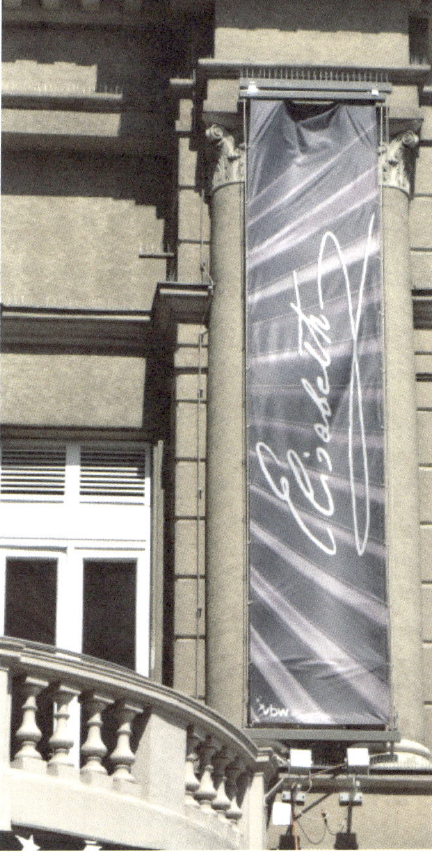

Elisabeth
vbw

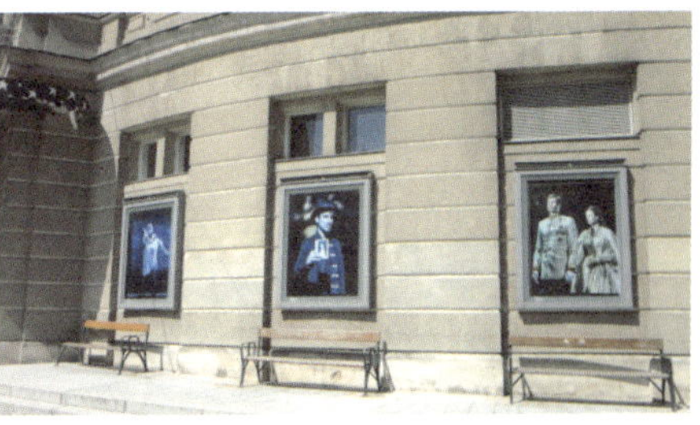

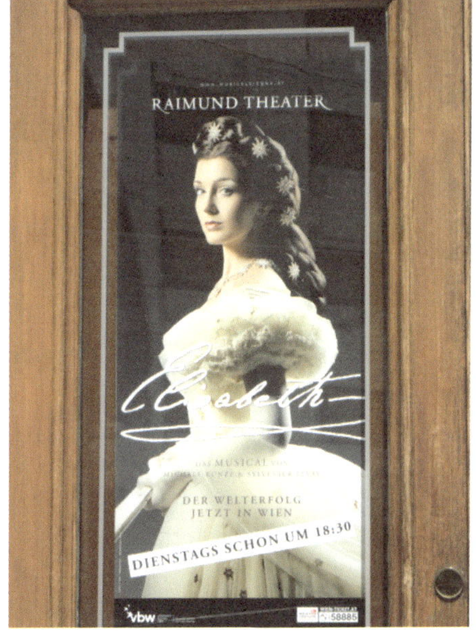

WWW.MUSICALVIENNA.AT
RAIMUND THEATER
Elisabeth
DAS MUSICAL VON
MICHAEL KUNZE & SYLVESTER LEVAY
DER WELTERFOLG
JETZT IN WIEN
DIENSTAGS SCHON UM 18:30
vbw
WIEN-TICKET
58885

시작합니다.

역사적인 실존 인물의 이야기에 이렇게 판타지적인 요소를 더한 뮤지컬 〈엘리자벳〉은 1992년 오스트리아 빈에서 초연된 이후 전 세계 10여 개국에서 공연되며 누적 관객 수 1100만 명을 넘어섰는데요. 극작가 미하엘 쿤체는 유럽 역사에서 가장 아름다운 황후로 기억되는 엘리자베트의 삶을 미화하지 않습니다. 스위스 정부가 70년간 기밀문서로 보관했던 그녀의 일기장과 '엘리자베트가 합스부르크 왕가에 죽음을 데려왔다'는 오스트리아 민담에서 영감을 받아 자유를 갈망하던, 그러나 황후로서는 제 역할을 하지 못하고 평생을 떠돌던 불완전한 인물로 그려냅니다. 이 작품의 메인 넘버 제목이 '나는 나만의 것Ich Gehor Nur Mir'[1]인 이유가 설명되는데요. 황궁의 얽매인 삶에서 벗어나 자유롭게 날고 싶은 엘리자벳의 간절한 외침이 담겨 있습니다.

뮤지컬 〈엘리자벳〉만의 매력

뮤지컬 〈엘리자벳〉은 여성 배우가 타이틀 롤Title Role●로 무대에 설 수 있는

[1] 빈 초연 오리지널 캐스트인 피아 다우스Pia Douwes 버전이다.

● 타이틀 롤 - 연극이나 영화, 뮤지컬, 오페라 등에서 제목과 같은 이름의 등장인물을 말한다. 뮤지컬 <팬텀>의 팬텀, <지킬 앤 하이드>의 지킬, <빌리 엘리어트>의 빌리 등인데, 상대적으로 남자 이름이 많다.

 오스트리아 뮤지컬의 거센 감동

몇 안 되는 작품으로 꼽힙니다. 고전을 바탕으로 한 기존 영미권 대극장 뮤지컬에서 여성 배우가 맡을 수 있는 주요 배역이 음전한 귀족 숙녀거나 몸을 파는 여인 등에 머물렀다면 〈엘리자벳〉은 황후라는, 역시 한정된 캐릭터일 수 있으나 진정한 자아를 찾아 방황하는 주체적인 인물로 연기적인 스펙트럼을 확대했는데요. 황후로 간택된 16살부터 생을 마감하는 60살까지 한 여인의 인생사를 표현해야 하는 만큼 관객 입장에서는 지금까지 무대에서 보기 힘들었던 여배우의 다채로운 연기를 감상할 수 있는 작품이기도 합니다. 실제로 인터뷰로 만난 신영숙 배우는 "40대에 엘리자벳을 만나 다행"이라며 "내 안에 있는 다양한 감정들, 엘리자벳과 맞닿아 있는 많은 것을 끄집어낼 수 있다"고 말했는데요. 사실 신영숙 씨는 이 작품이 국내에 들어오기 전 이미 팬들로부터 한국어 번역 대본과 음악을 선물받았지만 초연 오디션 때는 떨어졌다고 하네요. 그야말로 '인생은 타이밍', 최적의 때라는 게 있나 봅니다.

뮤지컬 〈엘리자벳〉을 얘기할 때면 다채로운 볼거리와 들을 거리도 빼놓을 수 없는데요. 650년 전통의 합스부르크 가문을 재현하기 위해 역사적인 고증을 거친 의상은 그야말로 화려하면서도 기품 있습니다. 특히 엘리자벳의 초상화에도 등장하는 이른바 '별 드레스'에는 그녀가 좋아했던 에델바이스 수백 송이를 직접 수놓아 정교함을 더했고요. 성대한 궁전과 황실 결혼식, 무도회, 대관식 등을 재현하기 위해 2중 회전무대와 3개의 리프트, 현대적인 영상과 조명 등을 총동원했습니다. 이와 함께 신비롭고 미스터리한 존재인 죽음(토드)의 테마곡 '마지막 춤^{Der letzte Tanz}', 자유를 미끼로 자신의 품으로 유혹하는 죽음과 그의 도움이 필요 없다며 단호히 맞서는 엘리자벳의 듀엣곡 '내가 춤추고 싶을 때^{Wenn ich tanzen will}'[2] 등 드라마를 한층

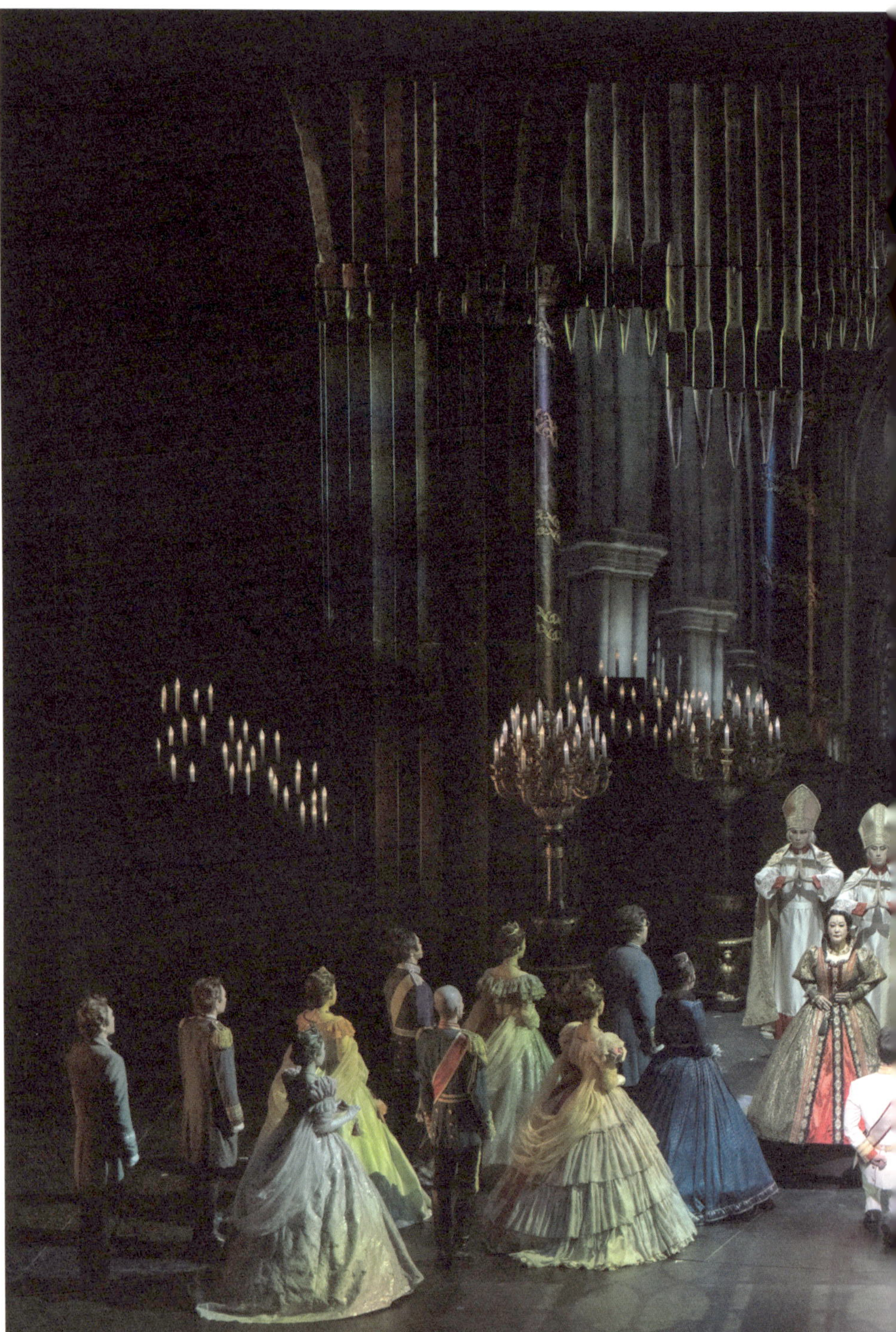

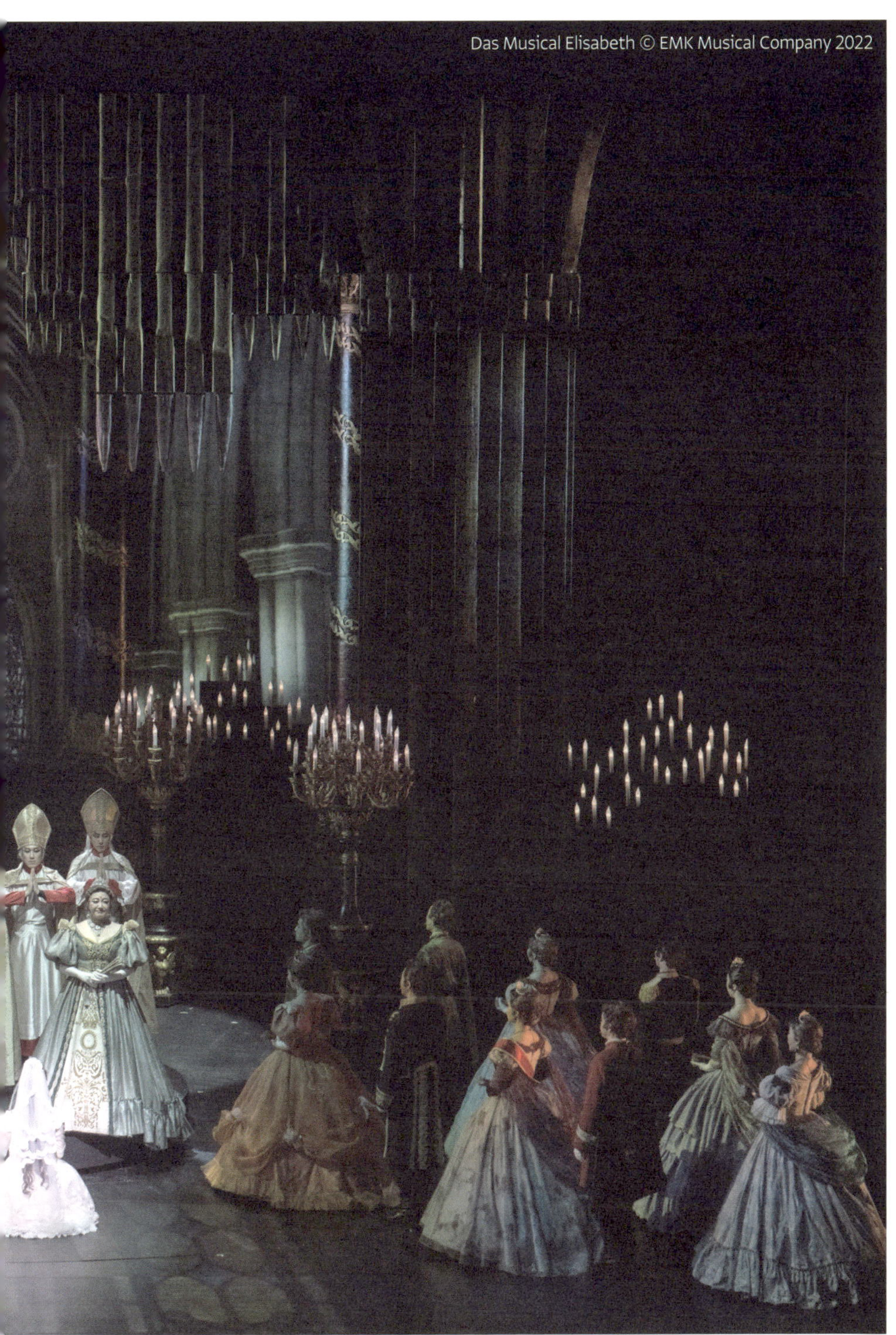
Das Musical Elisabeth © EMK Musical Company 2022

끌어올리는 실베스타 르베이의 매혹적인 음악들은 2시간 내내 눈과 귀를 황홀하게 만듭니다.

우리에게는 낯선 유럽의 세밀한 역사, 그 안에 존재하는 인물을 다룬 〈엘리자벳〉[3]이 영미권 뮤지컬에 익숙한 국내 관객들에게 꾸준히 사랑받는 이유 역시 서사, 음악, 무대예술이라는 3박자가 조화를 이루며 전혀 다른 결의 매력을 흩뿌렸기 때문입니다.

좀 더 알면
더욱 재밌는 엘리자벳

뮤지컬 〈엘리자벳〉을 처음 보면 화려한 무대 의상과 웅장한 음악에 매료되지만 솔직히 이야기가 잘 와닿지 않거나 이해 안 되는 부분이 있을 겁니다. 오스트리아 제국의 마지막 황후면서 아름답고 독특한 캐릭터로 수많은 작품으로 재생산된 인물이라고는 하지만, 우리에게는 지극히 낯설기 때문이죠. 이 작품이 비록 위대한 인물의 전기나 역사적인 사실을 풀어낸 극은 아니라고 해도, 그 사람과 시대 배경에 대해 익히 알고 있는 현지 관

2  빈 초연 오리지널 캐스트인 엘리자벳 역의 피아 다우스, 토드 역의 우베 크뢰거Uwe Kroger 버전이다.

3 빈극장협회가 제작한 동영상이다. 뮤지컬 <엘리자벳>을 전체적으로 조망하기에 좋다.

객들과 같은 감흥을 얻기 힘든 이유이기도 합니다. 창작진이 제시하듯 '유럽이 칭송했던 위인이 아니라 자유를 갈망하던, 평생을 떠돌던 불완전한 인물의 이야기'로 작품을 감상하기 위해서는 아이러니하게도 엘리자베트를 둘러싼 시대와 사람들을 좀 알아둘 필요가 있습니다.

일단 유럽의 역사를 말할 때 빼놓을 수 없는 가문이 합스부르크인데요. 1273년 루돌프 1세가 신성 로마 제국의 황제로 즉위한 이후 오스트리아를 중심으로 이른바 혼인 동맹을 통해 650년에 걸쳐 유럽 전역에 강력한 영향을 미쳤고, 당대 문화와 정치를 주도했습니다. 그러나 19세기에 접어들면서 프랑스에서 시작된 민족주의 열풍과 나폴레옹의 등장으로 합스부르크 왕가는 흔들립니다. 특히 프랑스 혁명 이후 유럽 전역에 확산된 자유주의와 민족주의 사상은 다민족 국가인 오스트리아 제국 내에서도 독립운동의 기폭제가 되는데요. 프로이센과의 전쟁 패배로 독일에 대한 맹주권을 잃고, 베네치아를 포함한 이탈리아 북부도 상실하게 되자, 제국의 해체를 막아야 했던 오스트리아 제국은 게르만인(오스트리아계) 다음으로 많은 인구를 보유한 머저르인(헝가리계)과 타협을 시도해 1867년 오스트리아와 헝가리 이중 제국을 수립합니다. 헝가리는 독자적인 헌법과 의회를 갖추되 국왕은 오스트리아 황제가 겸하는 방식이죠. 유럽의 구질서를 만들고 관련 제반 시설을 갖추고 있었던 지역인 만큼 이 기간 두 나라는(지금의 오스트리아-헝가리를 넘어 중앙 및 동유럽 전역에 걸친 상당히 큰 면적) 경제와 산업 분야에서 비약적인 발전을 이루는데요. 그 다리 역할을 한 인물이 엘리자베트였고, 덕분에 그녀는 헝가리 국민에게 많은 사랑을 받았습니다. 지금도 부다페스트 등 곳곳에서 그녀의 흔적을 확인할 수 있습니다.

그런가 하면 프란츠 요제프는 오스트리아 제국을 선포한 프란츠 2세

황제의 손자입니다. 자신의 큰아버지와 아버지 모두 건강상의 문제가 제기돼 10대에 황제가 됐습니다. 일찌감치 황제로 지목돼 엄격하게 양육됐지만, 아내만은 어머니가 골라준 사람을 마다했죠. 사실 프란츠의 아내로 간택된 사람은 엘리자베트의 언니 헬레나였는데요. 어릴 때부터 자유분방하게 자란 엘리자베트는 황후 후보였던 언니를 따라 궁에 갔다 프란츠의 눈에 띄어 그의 아내가 된 겁니다. 그들의 만남은 이토록 낭만적이지만, 틀에 갇힌 궁정 생활과 부부생활에 일일이 간섭하는 것은 물론이고 양육권까지 앗아간 엄격한 시어머니, 그 그늘에서 벗어나지 못하는 남편 프란츠는 엘리자베트에게 평생의 독이었을지 모릅니다.

아들 루돌프가 자살한 뒤로는 대부분의 시간을 유럽을 떠돌며 지낸 엘리자베트는 1898년 스위스에서 이탈리아 무정부주의자의 칼에 찔려 사망했습니다. 당시 아름다운 외모는 물론 뛰어난 패션 감각과 다양한 스포츠 활동으로 유명했던 그녀는 60세의 나이로 사망할 때까지 20인치 허리를 유지했고요. 자신의 아름다운 모습만을 남기기 위해 30세 이후에는 초상화도 맡기지 않았다고 합니다.

히치콕의 영화가
뮤지컬 무대로
〈레베카〉

“제목은 〈레베카〉인데

타이틀 롤이 없다!?”

창작진 Original Creative Team	극작/작사	미하엘 쿤체 Michael Kunze
	작곡	실베스터 르베이 Sylvester Levay
	연출	프란체스카 잠벨로 Francesca Zambello

등장인물
Characters

막심 드 윈터 Maxim de Winter

아름다운 맨덜리 저택을 소유한 영국 상류층 신사, 순수한 '나(I)'와 사랑에 빠진다.

댄버스 부인 Mrs. Danvers

맨덜리 저택의 집사, 레베카가 죽은 뒤에도 그녀에 대한 집착을 버리지 못한다.

나(I)

순수하고 섬세한 인물. 막심과의 만남으로 맨덜리 저택의 새로운 안주인이 된다.

잭 파벨 Jack Favell

레베카의 사촌

반 호퍼 부인 Mrs. Van Hopper

나(I)의 고용주이자 수다스러운 미국의 부유층 여성

베아트리체 Beatrice

막심의 누나, 자상하고 친절하다.

가일스 Giles

베아트리체의 남편, 유머러스하고 다정다감하다.

프랭크 크롤리 Frank Crawley

맨덜리 저택의 관리인이자 막심의 진정한 친구

벤 Ben

맨덜리 저택의 보트 보관소 주변을 떠도는 인물

줄리앙 대령 Colonel Julyan

케리스주의 경찰서장, 레베카의 죽음에 대한 사건 조사를 맡아 비밀을 파헤친다.

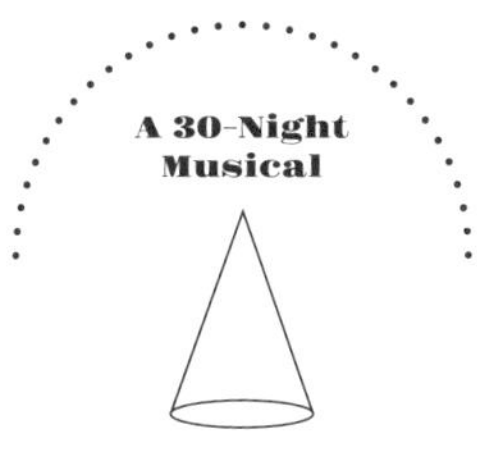

뮤지컬 〈레베카〉 역시 미하엘 쿤체와 실베스터 르베이 콤비의 작품이며, 빈 극장협회의 대표작입니다. 영국 출신 대프니 듀 모리에Daphne Du Maurier, 1907~1989가 1938년에 발표한 동명의 소설이 원작인데요. 뮤지컬은 스릴러의 거장 알프레드 히치콕Alfred Hitchcock, 1899~1980 감독이 1940년에 제작한 동명의 영화에서 모티브를 얻었습니다. 《레베카》는 《사이코》, 《39계단》, 《암살자의 집》 등으로 스릴러라는 장르를 확립한 히치콕이 1941년 아카데미 시상식에서 유일하게 작품상을 받은 영화이기도 합니다. 《레베카》를 뮤지컬로 만들자고 했을 때 원작 소설의 듀 모리에 가족은 흔쾌히 동의했는데요. 이미 뮤지컬 〈엘리자벳〉을 보고 깊은 인상을 받았기 때문이라는 후문입니다.

이 작품은 미스터리한 사고로 아내 레베카를 잃은 막심과 레베카만을 동경하는 집사 댄버스 부인, 그리고 그녀에게 새로운 안주인으로 나타난 '나(I)'가 빚어내는 이야기입니다. 그들 사이에서 일어나는 갈등과 거듭되는 반전으로 대극장 공연에서는 흔치 않게 마지막까지 팽팽한 긴장감이 감도는 뮤지컬입니다. 2006년 빈에 위치한 라이문트 극장Raimund Theatre에서 초연됐는데요. 당시 3년 동안 전석 매진을 기록하기도 했습니다. 이후 독일, 스웨덴, 러시아, 스위스, 일본 등 전 세계 10여 개 나라에서 현지어로도 공연되고 있는데요. 〈레베카〉는 우리나라에서 유독 인기가 많은 작품이기도 합니다. 2013년 첫선(연출: 로버트 요한슨)을 보였고, 당시 제7회 더 뮤지컬 어워즈에서 연출상, 무대상, 조명상, 음향상, 여우조연상 등을 휩쓸었습니다.

무대와 객석을 채우는
스산한 스릴러

아내 레베카를 잃고 힘든 나날을 보내는 막심은 몬테라를로 여행 중 우연히 '나(I)'를 만나 사랑에 빠집니다. 결혼식을 올린 두 사람은 막심의 저택인 맨덜리로 향하는데요. 맨덜리는 명성대로 아름답지만 곳곳에 레베카의 흔적이 남아 있고, 마치 죽은 레베카가 살아 숨 쉬고 있는 것처럼 음산하고 기묘한 분위기를 풍깁니다. 여전히 레베카를 추종하는 집사 댄버스 부인은 '레베카의 자리는 아무도 대신할 수 없다'며 경계심을 드러내죠. 이후 물에 빠진 레베카의 보트와 시신이 우연히 발견되고, 레베카의 죽음을 둘러싼 조사도 새롭게 시작됩니다. 이 과정에서 막심과 레베카가 맺은 사랑의 실체가 드러나고, 레베카가 댄버스 부인마저 속였다는 사실이 밝혀지는데요.

　시공간의 제약이 많고 편집이 불가능한 무대에서는 스릴러물을 다루기가 쉽지 않습니다. 하지만 뮤지컬 〈레베카〉는 반전에 반전을 거듭하는 서스펜스, 그리고 한번 들으면 쉽게 잊히지 않는 스산하면서도 강렬한 킬링 넘버 덕에 공연 때마다 그 인기가 대단합니다.

'레베카, 나의 레베카! 어서 돌아와, 여기 맨덜리로'. 개인적으로 좋아하는 뮤지컬 넘버가 몇 곡 있지만, 가장 중독성 강한 노래를 꼽으라고 한다면 단연 '레베카'[1]가 아닐까 싶습니다.

직업상 봐야 할 공연이 많아서 따로 뮤지컬 넘버를 찾아 듣는 것도 아닌데, '레베카'는 예전부터 알고 있던 넘버처럼 각인됐습니다. 공연 중에도 조금씩 다른 버전으로 자주 나와서 그런지, 솔직히 언젠가부터 〈레베카〉를 관람할 때면 그 넘버가 나오기만 기다릴 정도인데요. 특히 뮤지컬에서 노래는 대사의 연장이지만, '레베카'를 비롯해 '영원한 생명' 등 댄버스 부인의 넘버만큼 그 캐릭터와 음색을 잘 드러내는 곡도 흔치 않은 것 같습니다.

뮤지컬 〈레베카〉는 무대 연출도 뛰어난데요. 이제는 공연의 스토리나 음악이 제아무리 좋아도 무대 세트나 조명이 부실하면, 장치만 많고 새로움이 전혀 없으면 진부하게 느껴지죠. 〈레베카〉는 고전미와 함께 신선한 장치들로 관객들의 한껏 까다로워진 입맛을 자유자재로 맞춥니다.

일단 영상을 매우 잘 사용했습니다. 맨덜리의 해안가가 작품에서 중요한 장소인데, 무대 양쪽 구조물 사이로 드러나는 파도치는 바다 영상이 매우 실감 납니다. 보통은 무대 세트와 영상이 어쩔 수 없이 분리되는 느낌인데, 마치 한 장면처럼 구현했죠. 2막에서 댄버스 부인과 나(I)가 레베카의

1 옥주현 댄버스 부인-이지혜 나(I) 버전이다.

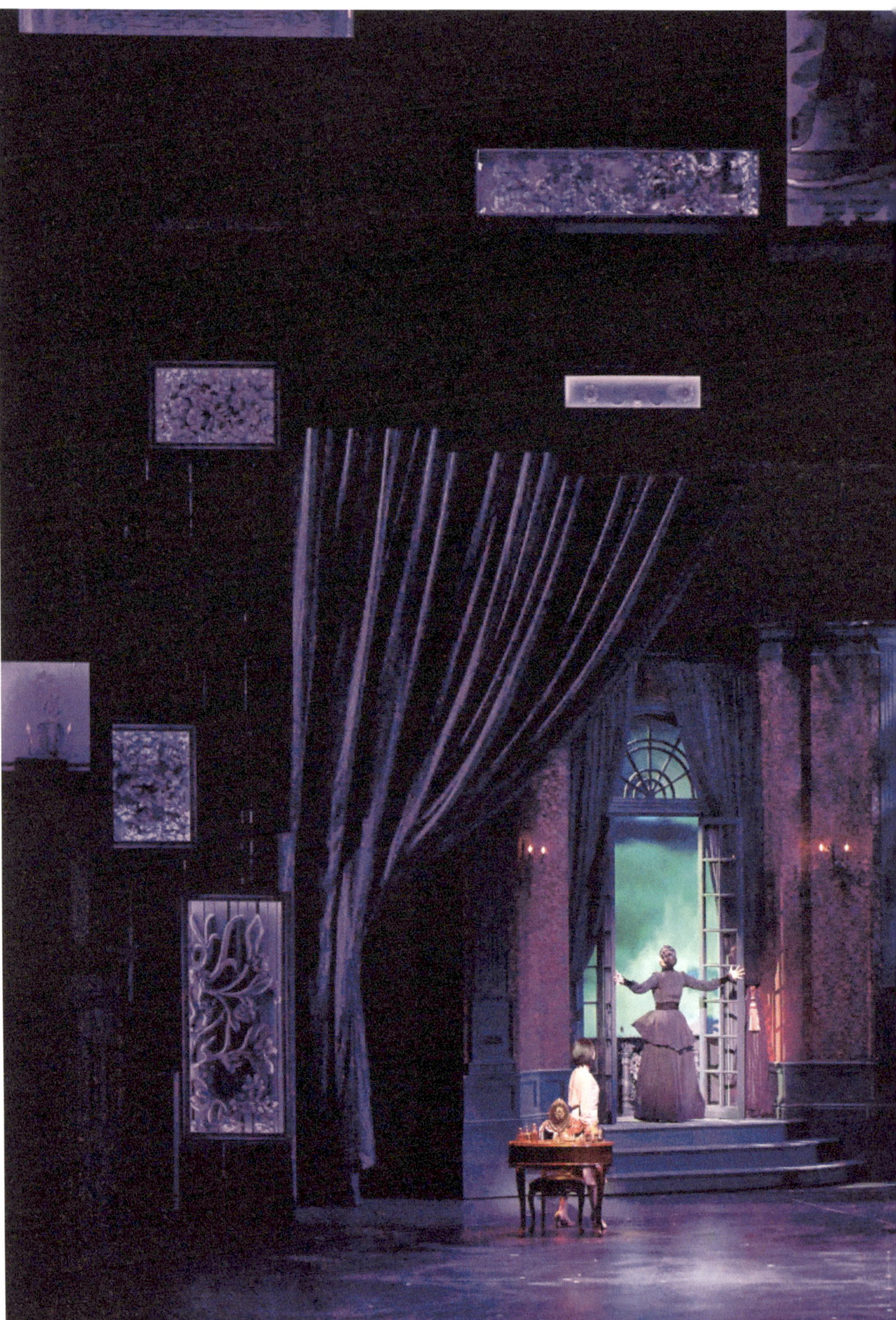

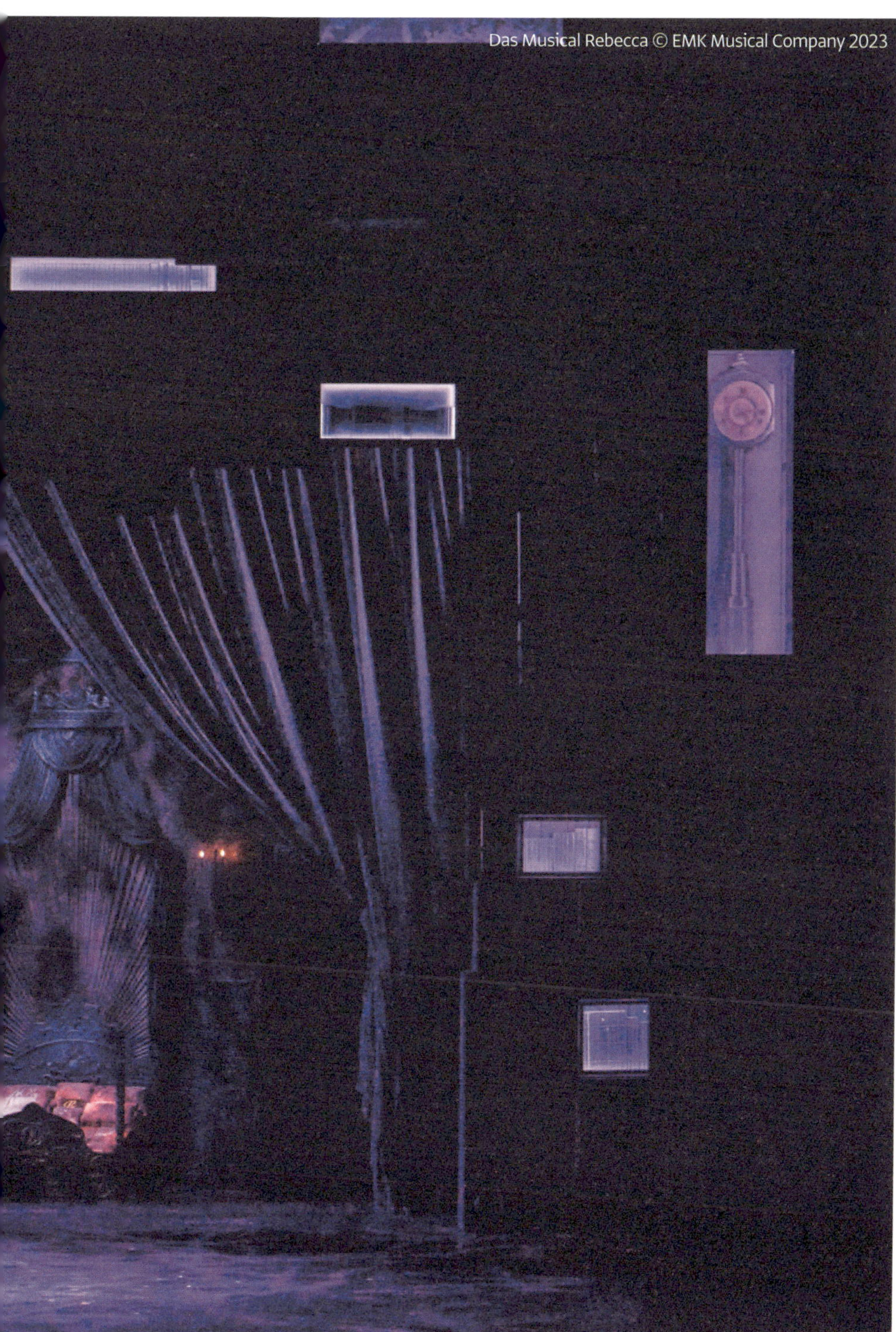

방에서 대치하는 장면[2]도 긴장감 넘치는데요. 댄버스 부인과 나(I)가 서 있는 발코니가 방 안쪽에서 묘사되다 무대가 회전하면서 순식간에 방 바깥쪽, 그러니까 사나운 바다 위 발코니로 바뀌는데, 음산한 조명과 파도 소리가 더해지면서 그야말로 히치콕 영화를 보는 것처럼 오싹합니다.

캐스트도 섬뜩한
〈레베카〉

작품을 찬찬히 뜯어보면 캐스트 자체도 섬뜩하다는 생각이 듭니다. 제목은 '레베카'인데 타이틀 롤이 없거든요. 관객들은 '레베카'를 보러 갔는데, 레베카는 끝까지 나오지 않습니다. 이런 작품도 없을 겁니다. 무대에 한 번도 등장하지 않지만 댄버스 부인은 레베카의 자리를 나(I)에게 내줄 수 없어 배척하고, 막심은 레베카 때문에 고통받고, 나(I)는 스스로를 끊임없이 레베카와 비교합니다.

심지어 나(I)는 이름도 없는데요. 스스로 성장하고, 막심과의 사랑도 지키고, 맨덜리 저택의 진정한 안주인이 되고… 나(I) 입장에서는 결국 해피엔딩이지만, 공연을 보는 내내 관객들은 레베카가 궁금하고, 공연장을 나서면서도 '레베카'만 기억한다는 게 아이러니합니다. 레베카가 어딘가에서 알 수 없는 미소를 짓고 있을 것 같다고 할까요. 레베카의 신임을 통해 자

2 신영옥 댄버스 부인-박지연 나(I) 버전이다.

신의 존재 가치를 확인받아 온 댄버스 부인은 '나의 그녀'라 믿었던 레베카가 가장 중요한 지점에서 자신을 소외했다는 점에 삶의 의미를 잃는데요. 결국 댄버스 부인에게도 관객에게도 레베카는 마지막 반전인 셈입니다.

참, 극중 댄버스 부인이 이해되느냐고 묻는 사람이 많습니다. 쉽게 생각하면 '특정 댄버스'만 관람하는 마음과 비슷하지 않을까요? 그 누가 캐스팅되든 '그녀 외에 다른 배우는 댄버스 부인으로 인정할 수 없는 마음' 말입니다! 뮤지컬 덕후라면 자기 내면에 존재하는 댄버스 부인 같은 모습을 어렵지 않게 발견할 수 있을 겁니다.

독일어로 듣는
뮤지컬 〈엘리자벳〉과 〈레베카〉

몇 년 전 빈에 갔을 때 라이문트 극장에서 뮤지컬 〈엘리자벳〉을 봤는데요. 일부러 공연 날짜를 맞춰 찾아갔습니다. 독일어로 부르는 넘버를 들어보고 싶었거든요. 국내에서 접한 〈엘리자벳〉과는 확연히 다르더군요. 배우들은 독일어로 말했고 자막은 영어로 나왔으니, 〈엘리자벳〉에 대한 사전 지식이 없었다면 극 자체를 이해하기도 힘들었겠지만, 솔직히 음악과 무대의 움직임만 2시간을 즐겨도 전혀 지루하지 않았습니다. 그리고 독일어로 부르는 노래는 뭐랄까, 영어의 매끈함이나 프랑스어의 부드러움과는 또 다른 투박한 강렬함이 있었는데요. 다소 거세게 느껴지던 독일어의 발음과 억양이 노래의 강약과 더해지면서 객석을 휘감는데, 그게 아주 매력적이었습니다.

앞서 뮤지컬 〈엘리자벳〉과 〈레베카〉의 제작사가 빈 극장협회라고 했는데요. 빈에는 네 곳의 역사적인 극장이 있습니다. 씨어터 안 더 빈^{Theater an der Wien 1801}, 라이문트 씨어터^{Raimund Theater 1893}, 로나허^{Ronacher 1872}, 그리고 캄머로퍼 ^{Kammeroper 1953}로, 매년 60만 명이 공연을 즐기기 위해 이들 극장을 방문합니다. 그리고 이 빈 극장협회는 지난 1992년부터 독자적인 창작뮤지컬을 제작하고 있는데요. 〈엘리자벳〉, 〈모차르트!〉, 〈루돌프-더 라스트 키스〉, 〈레베카〉 등이 대표적입니다. 그러니 이 챕터에서 소개한 작품은 정확하게는 오스트리아 뮤지컬이 아니라 빈 뮤지컬이라고 해야 할지도 모르겠네요.

흥미로운 점은 웨스트엔드나 브로드웨이, 프랑스 뮤지컬은 대부분 해외팀의 내한공연도 주기적으로 이루어져서 원어와 한국어 공연을 번갈아 감상할 수 있는데, 이른바 오스트리아 뮤지컬들은 라이선스 뮤지컬로만 만날 수 있다는 겁니다.

또 국내에서는 많은 사랑을 받는 작품이지만, 의외로 영미권에서는 대체로 제대로 공연된 적이 없다는 것도 아이러니한데요. 이들 작품은 국내에서 EMK뮤지컬컴퍼니가 줄곧 제작해 오고 있습니다. 흔히 라이선스 뮤지컬은 초연부터 관객들의 호응을 얻기가 쉽지 않은데요. 동선 하나, 노래 한 마디 바꿀 수 없는 여느 라이선스 작품과 달리 이들 뮤지컬은 '한국 로컬라이징 프로덕션'을 통해 작품 전체를 우리 정서에 맞게 잘 다듬었습니다. 그러고 보면 EMK가 한국 관객들이 좋아할 요소를 잘 찾아내서 요즘 트렌드에 맞게 윤색하는 재주가 뛰어나다는 생각이 듭니다. 물론 화려한 캐스팅도 큰 몫을 했을 테고요.

그만큼 현지 팀이 내한했을 때 차이가 있을 수도 있지만, 어차피 미하엘 쿤체와 실베스터 르베이가 만든 작품이니 프랑스 뮤지컬처럼 원어와 한국

 오스트리아 뮤지컬의 거센 감동

어 공연을 번갈아 감상할 수 있다면 좋겠다는 생각을 해 봅니다. 그것이 힘들다면 빈에 갔을 때 이들 뮤지컬을 꼭 챙겨보길 바랍니다. 독일어로 공연되는 뮤지컬 〈엘리자벳〉과 〈레베카〉는 분명 또 다른 감동을 줄 테니까요!

우리 혼이 담겨
더욱 뭉클한 한국 뮤지컬

〈명성황후〉 & 〈로기수〉

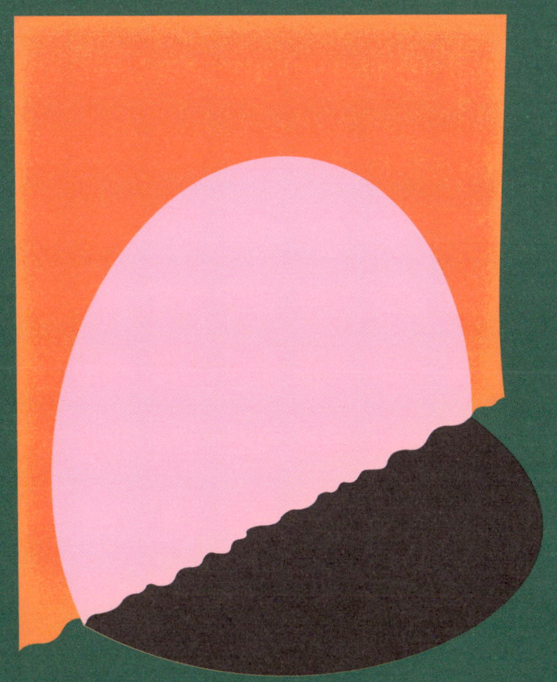

인류애, 애절한 사랑, 꿈을 좇고 예술혼을 불태우는 모습 등은 전 세계인이 공감할 수 있는 보편적인 콘텐츠입니다. 그런데 특수한 역사적 사건이 배경이라면 그 작품은 그 시간과 공간을 경험했거나 이어받은 사람에게 더 특별할 수밖에 없는데요. '우리의 이야기'를 담은 창작뮤지컬이 유난히 애틋한 이유도 다르지 않을 겁니다. 특히 그 이야기에 극한 아픔과 상처, 울분과 안타까움이 녹아 있다면 그 특수한 시공간을 함께한 이들의 공감대는 극대화됩니다.

우리나라 근현대사에서 한민족의 삶을 송두리째 뒤흔든 일제강점과 한국전쟁은 그래서 숱한 이야기의 발원지이고 무대에도 자주 등장하는 배경인데요. 안중근 의사의 생애 마지막 1년을 조명한 〈영웅〉, 3천여 명의 독립투사를 배출한 교육기관을 배경으로 펼쳐지는 〈신흥무관학교〉, 일제강점기 민초들의 삶과 투쟁을 담은 〈아리랑〉, 6·25전쟁과 남북한의 분단을 다룬 동명의 영화, 드라마, 웹툰을 각각 무대에 옮긴 〈공동경비구역 JSA〉, 〈여명의 눈동자〉, 〈은밀하게 위대하게〉 등이 공연 때마다 뜨거운 사랑을 받는 이유이기도 할 겁니다.

Day 13

한국 대극장 창작뮤지컬의 지각변동 〈명성황후〉

"조선 왕실을 중심으로

이야기를 풀어가

화려하고 기품 있는 궁중 의상과

장치들을 감상할 수 있는 작품"

<table>
<tr><td>창작진
Original
Creative
Team</td><td>원작
작곡
작사
연출</td><td>이문열
김희갑
양인자
윤호진</td></tr>
</table>

창작진
Original Creative Team

원작	이문열
작곡	김희갑
작사	양인자
연출	윤호진

등장인물
Characters

명성황후
안으로는 고종과 세자를 지극히 보살피고 밖으로는 시대의 흐름을 읽는 명석한 황후

고종
국내외 혼란 속에 조선 왕실을 지키기 위해 노력하는 군주

홍계훈
명성황후를 위해 목숨을 바치는 조선의 무관

대원군
고종의 아버지, 강직한 성격으로 내정 개혁을 단행하지만 통상 수교 거부 등으로 명성황후와 대립한다.

미우라
명성황후 시해 계획을 세우는 일본 공사

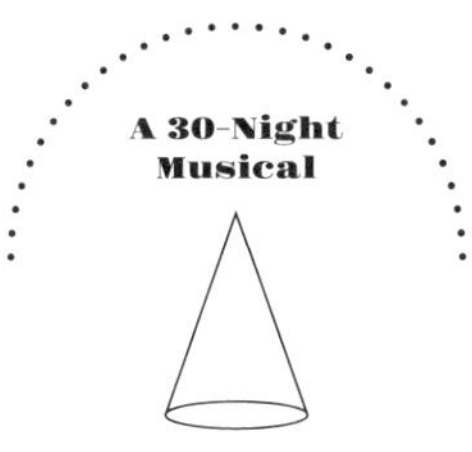

뮤지컬 〈명성황후〉는 조선의 마지막 왕비이자 대한제국의 첫 황후였던 명성황후 서거 100년을 기념해 1995년 서울 예술의전당 오페라극장에서 초연됐습니다. 지금이야 한국의 뮤지컬 산업이 크게 성장해 세계적인 뮤지컬이 줄줄이 들어오고, 그들과 어깨를 나란히 할 창작뮤지컬도 잇따라 무대에 오르고 있지만, 〈명성황후〉가 첫선을 보일 때만 해도 국내 뮤지컬 시장은 매우 협소했습니다. 국내에 정식 라이선스 계약을 통해(저작권의 개념이 희박하던 시절에는 원작자의 허가 없이 무단으로 복제된 이른바 '해적판' 공연이 성행했다) 처음 소개된 해외 뮤지컬이 〈지저스 크라이스트 슈퍼스타〉인데, 〈명성황후〉가 초연되기 바로 전 해인 1994년의 일입니다.

따라서 초연 당시 〈명성황후〉는 공연계 안팎의 대대적인 관심을 받을 수밖에 없었는데요. 30대 중반 뉴욕대에서 4년간의 뮤지컬 공부를 마치고 돌아온 주목받는 연출가 윤호진 씨가 소설가 이문열 씨를 설득해 받아낸 희곡「여우사냥」에 당대 히트곡 제조기였던 김희갑, 양인자 부부의 음악으로 버무린, 창작진부터 스타 캐스팅이었기 때문입니다. 그에 걸맞게 경사진 이중 회전무대와 상하로 오르내리는 무대, 역사적 고증을 통해 완성된 600여 벌의 궁중의상, 웅장한 아리아까지 새롭고 화려한 것이 가득한 무대는 1996년 제2회 한국뮤지컬대상에서 최우수작품상, 연출상, 무대미술상 등을 휩쓸며 창작뮤지컬 시장의 지각변동을 예고했습니다. 1997년 브로드웨이, 2002년 웨스트엔드 무대에 처음으로 오른 아시아 뮤지컬이면서, 국내에서 창작뮤지컬 최초로 100만 관객, 1000회 공연 돌파 기록을 세운 작품 역시 〈명성황후〉[1]입니다.

그뿐인가요, 예나 지금이나 인기 드라마나 영화를 뮤지컬로 만드는 작업이 활발한데요. 〈명성황후〉는 반대로 뮤지컬이 흥행에 성공하면서 드라마《명성황후》, 영화《불꽃처럼 나비처럼》 등이 제작됐으니, 그야말로 대한민국 창작뮤지컬의 새로운 역사를 썼다고 할 수 있습니다.

떼써서 새롭게 태어난
〈명성황후〉

1896년 히로시마 법정. 무대에서는 '명성황후 시해사건'에 대한 재판이 진행 중입니다. 오래전 대원군은 먼 친척뻘인 힘없는 집안의 민자영을 고종의 비로 앉히고 섭정과 쇄국정책을 이어갔는데요. 하지만 총명하게 성장한 왕비는 고종에게 친정을 권하고 외교에 힘쓰며 대원군과 대립하죠. 고

1   예술의전당 공연 영상화 사업인 'SAC On Screen'을 통해 〈명성황후〉 하이라이트를 확인할 수 있다.

종과 왕비는 개화정책으로 인해 심화된 당쟁과 어지러운 민심을 수습하려 노력하지만, 급기야 신식 군대와의 차별에 불만을 품은 구식군이 ‘임오군란’을 일으킵니다. 이를 계기로 피신했던 왕비는 청나라의 힘을 빌려 궁으로 돌아오고, 청나라의 개입으로 조선 정복에 차질이 생긴 일본은 걸림돌이 되는 왕비를 제거하기로 합니다.

뮤지컬 〈명성황후〉의 원작은 이문열 작가의 「여우사냥」입니다. ‘여우사냥’은 명성황후를 살해하려던 일본 낭인들의 작전명으로, 무대는 고종과 민자영의 혼례부터 임오군란, 갑신정변, 갑오개혁에 이어 1895년 을미사변까지 담아냅니다. 그러나 당대를 담아낸 여느 작품과 달리 뮤지컬 〈명성황후〉가 스토리적으로 참신할 수 있었던 이유는 이문열 작가가 조선말의 역사를 관통하는 과정에서 ‘명성황후’를 기존과 전혀 다르게 해석했기 때문입니다.

윤호진 연출에게 등 떠밀려 쓴 희곡이 「여우사냥」이라는 기사를 읽은 적이 있는데요. 앞서 이문열의 「사람의 아들」을 무대에 올린 윤호진 연출이 명성황후 시해사건과 관련한 창작뮤지컬을 제작하기 위해 이문열 작가에게 오랜 시간 떼를 썼다는 겁니다. 명성황후에 대한 애정이 없어 곤혹스러웠던 작가는 국내는 물론 미국과 영국 등에서 자료를 수집하면서 새로운 시각으로 인물을 써 내려갔는데요. ‘시아버지에게 대든 며느리, 사치와 권력욕에 눈먼 왕비’ 등 그간 부정적으로 비치던 민비를 ‘풍전등화의 조선을 슬기롭게 지키려 했던 마지막 국모, 명성황후’로 탈바꿈했습니다.

〈명성황후〉

〈명성황후〉가 새로 쓴
한국 뮤지컬

〈명성황후〉는 한국 창작뮤지컬에서는 보기 힘든 세미 오페라 형식입니다. 앞서 언급한 것처럼 조용필의 '킬리만자로의 표범', 이선희의 '알고 싶어요' 등을 만든 김희갑, 양인자 부부가 음악을 맡았는데, 처음 작업하는 뮤지컬이다 보니 뉴욕과 런던에서 인기 뮤지컬을 찾아봤다고 합니다. 당연히 90년대 초반 스테디셀러 뮤지컬의 영향을 받았을 겁니다. 덕분에 그동안 명성황후와 고종 역은 이태원, 이상은 씨를 시작으로 김소현, 신영숙, 윤영석, 손준호 등 대부분 성악을 전공한 배우들이 도맡아 왔습니다. 웅장한 연주에 어우러진 풍부한 성량과 깊은 음색이 궁중의 위엄을 표현하기에 적절하고, 특히 시해당한 명성황후의 혼백이 백성들과 한 걸음씩 나아가며 '백성이여 일어나라'[2]를 합창하는 마지막 무대에서는 그 효과가 극대화됩니다.

일제강점기나 6·25전쟁을 배경으로 주로 힘겨운 민초들의 삶을 다룬 여느 한국 뮤지컬과 달리, 〈명성황후〉는 조선 왕실을 중심으로 이야기를 풀어가 화려하고 기품 있는 궁중 의상과 장치들을 감상할 수 있는 유일한 작품이기도 했습니다. 여기에 1995년 당시에는 혁명에 가까웠던 이중 턴 테이블 구조의 무대로 입체감을 더하고, 고풍스럽고도 절도 있는 군무, 키를 1.5배 키우거나 독특한 의상과 억양 등으로 각 나라 사신을 드러내는

2 2022년 광복 77주년을 맞아 청와대 본관 야외에서 열린 기념 공연의 일부다. 김소현 배우가 명성황후로 노래한다.

위트 있는 표현도 창작뮤지컬 〈명성황후〉에 대한 충성도를 높이는 일등공신입니다.

이 모든 것은 '뮤지컬 프로듀서 1세대'로 불리는 윤호진 연출의 틀을 깬 시도가 있었기에 가능했는데요. 웨스트엔드와 브로드웨이를 경험하며 '가장 한국적이면서도 세계적인 작품'을 만들어냈다고 할 수 있습니다.

〈명성황후〉와 〈엘리자벳〉의
닮은꼴, 다른 매력

작품을 여러 번 접하고 관련 기사를 자주 쓰다 보니, 비슷한 시기 동서양에 실존했던 두 여인의 삶을 다룬 뮤지컬 〈명성황후〉와 〈엘리자벳〉이 자연스럽게 비교됐습니다. 각각 16살에 왕비로 궁에 들어와 혼란스러운 세기말을 살았던 민자영[1851~1895]과 엘리자베트[1837~1898]는 조선과 오스트리아 제국의 마지막 왕비(황후)였다는 점 외에도 의외로 비슷한 면이 많더군요.

먼저 그네에게는 한 나라의 황제이나 각각 아버지와 어머니의 그늘에 가린 남편이 있습니다.

1863년 철종이 재위 14년 만에 후사 없이 죽으면서 흥선군 이하응의 둘째 아들 명복, 즉 고종이 조선의 제26대 왕으로 등극했는데요. 혈통으로 따지면 고종은 왕위에 오르기 힘든 위치였지만, 당시 외척인 안동 김 씨를 숙청하려는 대왕대비 조 씨와 기회를 엿보던 흥선군의 정치적 입장이 맞았고, 고종의 나이가 어려 조 대비의 수렴청정이 가능했던 것도 중요한 단초가 됐습니다. 사실상의 실권은 부친인 흥선 대원군이 장악했는데요. 대원군이 어머니와 단출하게 살고 있던 민자영을 왕비로 간택한 것도 세도 정치의 가능성을 차단하고 자신의 권력 기반을 다지기 위해서였다는 해석입니다. 예상과 빗나갔지만 말이죠.

반면 프란츠 요제프는 당시 황제였던 큰아버지가 건강상의 이유로 후계자를 찾을 때 몸이 허약했던 아버지를 제치고 지목됐습니다. 아들에게 집착했던 소피 대공비는 요제프를 성실하고 책임감 있는 황제로 키우기 위해 더욱 엄격하게 대했고, 엘리자베트와 결혼한 후에도 부부생활에 일일이 간섭하는 것은 물론 양육권까지 앗아갔을 정도인데요. 어머니의 그늘에서 벗어나지 못한 요제프는 엘리자베트의 자유에 대한 갈망을 더욱 증폭시킨 원인이기도 했습니다.

명성황후와 엘리자베트 황후는 자녀를 먼저 보낸 아픔도 겪어야 했는데요. 명성황후는 순종을 제외한 네 명의 자녀가 모두 요절했고, 엘리자베트 황후 역시 어린 딸의 죽음에 이어 성인이 된 루돌프 황태자의 자살까지 겪어내야 했습니다.

황후치고는 참으로 비참한 최후를 맞은 공통점도 있는데요. 명성황후는 일본 낭인들에 의해 시해됐고, 스위스를 여행하던 엘리자베트 황후는 무정부주의자의 칼에 찔려 사망했습니다.

명성황후와 엘리자베트 황후는 요동치던 19세기 말, 한 나라의 황후로서 이렇게 서로 비슷한 면이 있지만, 그들의 삶을 다룬 두 편의 뮤지컬은 전혀 다른 매력을 보여주는데요. 각자 추구했던 삶도, 그것을 바라본 시각도 다르기 때문입니다.

뮤지컬 〈명성황후〉가 시아버지에게 대들고, 남편을 조종해 정사를 어지럽히는 것으로 폄하됐던 왕비를 허약한 국권과 왕권을 지키기 위해 정면으로 나섰던 진취적인 여성, 조선의 국모로 부각했다면, 뮤지컬 〈엘리자벳〉은 유럽이 칭송했던 황후를 왕비로서 제 역할을 하지 못하고 평생을 떠돌던 불완전한 인물로 여과 없이 드러냅니다. 두 작품의 메인 넘버가 〈명성황후〉는 '백성이여 일어나라', 〈엘리자벳〉은 '나는 나만의 것'이라는 것에서도, 정치에 적극적으로 개입하며 국모로서의 역할을 다하려 했던 명성황후와 개인의 자유를 갈망했던 엘리자베트 황후의 서로 다른 삶이 그대로 드러납니다.

물론 '역사는 현재를 기준으로 기록된다'는 말처럼 사후 100여 년이 지난 두 사람에 대한 평가는 과거와 다른 부분도 있고, 여전히 엇갈리는 부분도 있고, 앞으로 달라질 부분도 있을 텐데요. 한 가지 분명한 것은 〈엘리자벳〉과 달리 〈명성황후〉를 보고 나면 속에서 부글거리는 뭉클한 무언가를 느끼게 된다는 겁니다. 물보다 진한 피, 바로 우리 이야기가 갖는 가장 강력한 장치입니다.

〈명성황후〉

잔혹함과
아름다운 열정이 더해진
〈로기수〉

"단 한 장의 사진에

작가의 상상력과

역사적인 사건들이 버무려진,

오롯이 무대를 위한 창작물"

잔혹함과
아름다운 열정이 더해진
〈로기수〉

창작진
Original
Creative
Team

극작/작사	장우성
작곡	신은경
안무	신선호
연출	김태형

등장인물
Characters

로기수
'미제 딴스'에 빠진 북한군 소년 포로

로기진
기수의 형, 인민군 장교로 수용소 안에서 반공분자 색출에 앞장선다.

프랜
흑인 미군 장교, 기수를 비롯한 포로들에게 탭댄스를 알려준다.

돗드
수용소장, 국제적십자단 시찰 때 포로들의 탭댄스 공연을 선보이기로
계획한다.

창작진
Original
Creative
Team

극작/작사　장우성
작곡　신은경
안무　신선호
연출　김태형

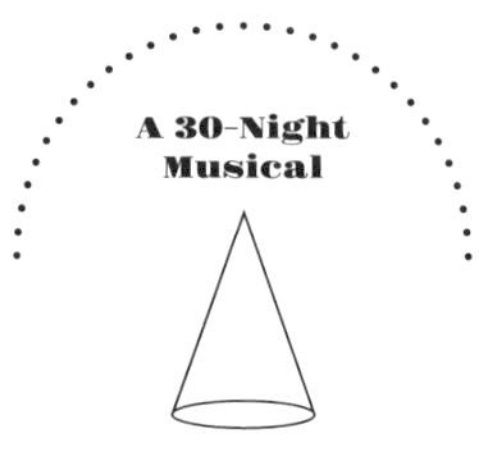

일제강점기에 이어 한국전쟁으로 촉발된 이념의 갈등과 분단의 아픔은 창작뮤지컬에서 자주 담아내는 소재입니다. 동명의 인기 영화, 드라마, 웹툰 등을 무대에 옮긴 〈공동경비구역 JSA〉, 〈여명의 눈동자〉, 〈은밀하게 위대하게〉를 비롯해 뮤지컬로 처음 스토리를 선보인 〈여신님이 보고 계셔〉, 〈로기수〉 등이 대표적인데요. 대부분 영웅이나 위인의 거창한 이야기가 아니라, 격동의 시대에 휩쓸린 평범한 청년들의 아픔과 좌절, 그 속에서도 이념을 뛰어넘어 피어나는 우정과 사랑을 그려내 잔잔한 감동을 주면서도 자연스레 전쟁과 분담의 아픔을 되새기게 합니다. 모두 공연 때마다 인기가 대단하지만, 굳이 한 작품을 꼽자면 〈로기수〉를 얘기하고 싶습니다.

창작뮤지컬 〈로기수〉는 지난 2015년 초연됐습니다. 거제 포로수용소에 수용된 북한군 소년병 로기수가 미군 장교의 탭댄스에 마음을 빼앗겨 이념을 뒤로 한 채 꿈과 희망을 좇는다는 이야기인데요. 전쟁과 수용소라는 어둡고 견고한 장치 속에서 춤이라는 달콤하고 부드러운 도구로 이념의 틀을 넘어선 소년 포로. 이토록 잔혹하면서도 아름다운 이야기는 뮤지컬 무대로 풀어낼 수밖에 없을 것 같습니다. 춤을 추려면 음악이 있어야 하고, 게다가 탭댄스까지 장착할 수 있으니 뮤지컬의 모든 요소를 갖춘 겁니다.

참신한 스토리와 열정적인 탭댄스로 버무린 〈로기수〉[1]는 초연부터 관객들에게 뜨거운 호응을 얻었고, 제5회 예그린뮤지컬어워드와 제1회 한국뮤지컬어워즈에서 각각 안무상을 받았습니다. 2018년 강형철 감독, 도경수 주연의 《스윙키즈》로 변주돼 영화 팬들에게도 소개됐고요.

사진 한 장으로 시작된
뮤지컬 〈로기수〉

6·25전쟁을 배경으로 한 쟁쟁한 작품들 가운데 뮤지컬 〈로기수〉를 소개하는 이유는 이 작품의 출발에 기인합니다. 단 한 장의 사진에 작가의 상상력과 역사적인 사건들이 버무려진, 오롯이 무대를 위한 창작물이기 때문인데요. 원작자인 김신후 씨는 한 전시회에서 스위스 출신 보도 사진작가 베르너 비쇼프가 찍은 사진 한 장을 보고 영감을 얻어 극을 구상했다고 합니다. 1952년 거제 포로수용소에서 찍은 그 사진에는 포로로 보이는 사람들이 복면으로 얼굴 전체를 가린 채 춤을 추고 있죠.

통계에 따라 차이는 있지만 당시 거제 포로수용소에는 북한군 14만 명, 중공군 3만 명 등 모두 17만 명에 이르는 전쟁 포로가 수용돼 있었습니

1  〈로기수〉 하이라이트 장면이다. 무대에서 진중한 연기로 더욱 돋보이는 로기수 역의 윤나무 배우를 확인할 수 있다.

다. 유엔군 관할 하의 모든 포로수용소는 제네바협약의 인도주의 원칙에 따라 관리됐고, 국제적십자사 대표들이 그 실태를 수시로 점검했는데요. 덕분에 전장에서는 상상할 수도 없었던 숙식이 제공되는 것은 물론이고, 자유시간에는 운동, 독서, 영화감상도 가능했다고 합니다.

거제 포로수용소도 상황은 마찬가지였지만, 시간이 흐를수록 친공포로와 반공포로들 사이의 극한 싸움도 가열됐습니다. 이념의 대립, 그로 인한 폭동과 살인이 끊이지 않던 또 다른 전쟁터에서 허리에 두 손을 짚고 한쪽 다리를 들고 서로 몸을 기대며 춤추는 모습이라니. 그 한 컷의 사진은 현지 취재와 자료 조사, 작가적인 상상력이 더해져 한 편의 뮤지컬로 무대에 펼쳐졌는데요. 극에서 이 사진은 국제적십자단 시찰에 대비해 미군이 계획한 댄스 공연을 준비하는 장면으로 그려집니다. 미국에 대한 반감이 큰 17세의 북한군 포로 로기수는 조국의 이념에 반하는 미제 댄스에 점점 빠져드는데요. 그사이 극에 달한 포로들 간의 이념 전쟁은 기수의 형 기진과 동료들의 목숨을 위협합니다. 탭댄스를 추는 얼굴이 알려지면 수용소 내 친공 세력에 의해 살해될까 복면을 쓴 것이죠. 결국 목숨 걸고 '미국 춤'을 추는 겁니다.

눈으로 보고 귀로 듣는
무대 위 탭댄스

베르너 비쇼프의 사진 한 장만큼 강렬한 뮤지컬 〈로기수〉의 매력은 역시 탭댄스입니다. 〈브로드웨이 42번가〉, 〈아가씨와 건달들〉 등 뮤지컬 무대에 종종 등장하는 탭댄스는 절도 있고 리드미컬한 동작을 눈과 귀로 동시에 즐길 수 있는 춤인데요. 공연장이라는, 배우와 관객이 함께 숨 쉬는 공간에서 그 감흥을 극대화할 수 있는 장치입니다.

하지만 그 효과에 비해 존재 자체는 얼마나 소박한가요. 슈즈 한 켤레만 있다면 특별한 의상도 필요 없고, 군홧소리, 빗소리, 빨래하는 소리에 맞춰서도 리듬을 탈 수 있는데요. 이 흥겹고 자유분방한 춤은 미국의 모든 산물을 거부하던 로기수에게 미처 몰랐던, 거부할 수 없는 꿈과 자유를 깨닫게 하는 매개체가 됩니다. "미국은 싫지만, 딴스는 좋아!"라는 대사처럼 그는 탭댄스를 통해 처음으로 이념을 뛰어넘는 열망을 확인하고, 그 춤을 알려준 미군 장교 프랭과의 소통을 통해 인종과 계급의 벽을 허문 진정한 자유를 경험합니다.

〈로기수〉는 배우들에게 유독 혹독한 작품이기도 한데요. 연기나 기본적인 춤과 노래는 뮤지컬배우들에게 장착된 재능이겠지만, 탭댄스를 비롯해 북한 사투리를 익혀야 하기 때문입니다. 전문적인 탭댄스 교육은 물론이고, 요즘은 아예 탈북민을 섭외해 좀 더 자연스러운 사투리를 익히기도 하는데요. 덕분에 배우들은 여느 뮤지컬의 배에 달하는 4개월이라는 기간을 연습에 매진했다고 들었습니다.

참, 〈로기수〉를 감상할 때는 무대에서 조명이 얼마나 큰 역할을 하는지도 눈여겨볼 필요가 있습니다. 전쟁과 수용소가 배경인 만큼 무대와 의상이 전체적으로 어둡고 칙칙한데요. 간결하면서도 상황과 장면을 적절하게 표현한 똘똘한 조명이 극을 더욱 풍성하게 다듬습니다. 〈로기수〉는 소극장 뮤지컬이지만 종합예술이 무엇인지 제대로 보여주는 작품입니다.

〈로기수〉

소극장 공연의
묘미

〈빨래〉 & 〈김종욱 찾기〉

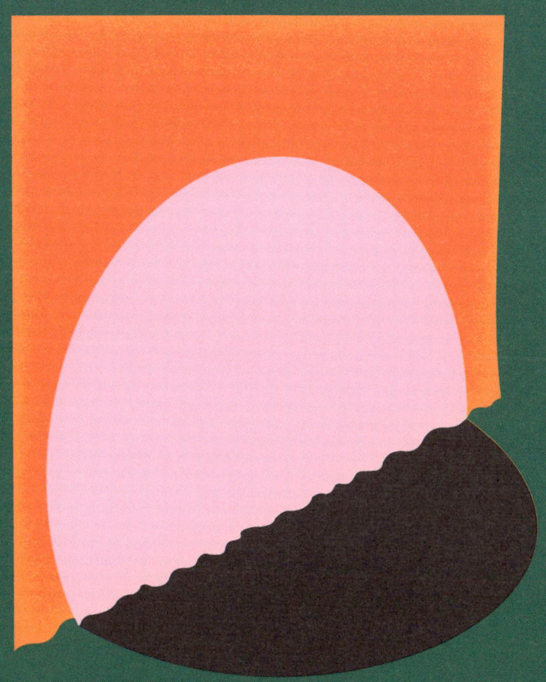

뮤지컬을 처음 접할 때는 보통 세계적으로 유명한 대극장 공연부터 관람하게 됩니다. 근사한 세트, 화려한 조명 안에서 멋진 의상을 입은 스타배우들이 우렁차게 노래하고 연기하는 모습은 참으로 멋지죠. 그에 비해 소극장은 소박합니다. 거의 바뀌지 않는 세트와 의상, 한 식구마냥 단출한 배우들, 그리고 마음만 먹으면 당장 뛰어 올라갈 수 있을 정도로 가까운 무대와 객석. 그런데 바로 거기에 소극장 공연의 묘미가 있습니다. 한정된 것으로 두 시간의 극을 꾸며야 하는 절박함에서 터져 나온 기발함, 배우와 관객의 숨소리까지 들리는 콤팩트한 공간에서 나누는 긴밀함! 그것은 제아무리 티켓 파워 강한 배우와 넘치는 물량으로도 만들어낼 수 없는 소극장 공연만의 힘입니다.

영화는 되도록 큰 스크린에서 보는 것이 좋겠지만, 공연은 대극장, 소극장만의 매력이 따로 있는데요. 그래서 뮤지컬 덕후들은 새롭고 기발한 작품을 찾아 소극장이 몰려 있는 서울 대학로를 카페 드나들 듯 즐겨 찾습니다. 대극장을 넘어 소극장으로 발길을 뻗어가고 싶은 관객이라면 소극장 뮤지컬의 신화라 할 수 있는 창작뮤지컬 〈빨래〉와 〈김종욱 찾기〉부터 관람해 보면 어떨까요.

온 가족이
함께 보는
〈빨래〉

"힘들지만 그래도

다시 팔을 걷어붙이고

씩씩하게 살아가려는 사람들의

소박한 희망이 담긴 작품"

<table>
<tr><td>창작진
Original
Creative
Team</td><td>극작/작사/연출
작곡</td><td>추민주
민찬홍</td></tr>
</table>

<table>
<tr><td>등장인물
Characters</td><td>

나영
서울살이 5년 차, 작가를 꿈꾸며 서점에서 일하는 당찬 여성

솔롱고
꿈을 위해 한국에 온 몽골 청년

주인할매
나영과 희정엄마가 세 들어 사는 단칸방 주인

희정엄마
구씨와 밤낮으로 싸우며 온 동네를 시끄럽게 하는 애교쟁이

구씨
거친 듯 다정한 희정엄마의 동거인

빵
나영이 일하는 서점의 사장

마이클
솔롱고의 친구, 필리핀에서 온 재간둥이 청년

</td></tr>
</table>

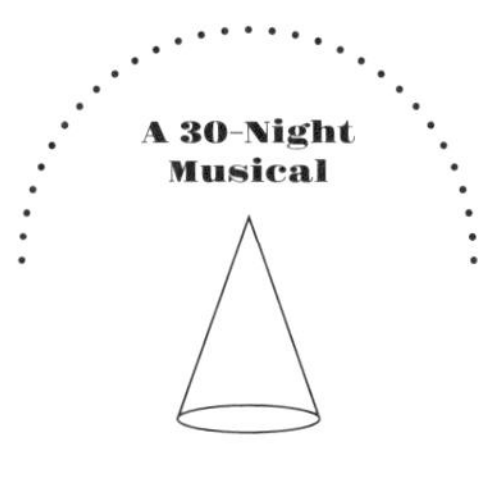

제목만 봐서는 도통 어떤 분위기, 어떤 내용의 공연인지 감이 잡히지 않는 뮤지컬 〈빨래〉는 지난 2005년 국립극장에서 기획한 '이성 공감 2005'를 통해 일반 관객들을 만났습니다. 단 2주간의 공연으로 제11회 한국뮤지컬 대상에서 작사/극본상을 받았는데요. 이후 지금껏 서울은 물론 울산, 부산, 대구, 제주, 여수, 광주, 천안, 대전, 수원, 의정부 등 전국 곳곳에서 6천 회 이상 공연되며 130만 명이 넘는 관객들을 만나고 있습니다. 국내 중고등학교 교과서에 실렸을 정도인데요. 그래서인지 객석을 보면 유난히 청소년, 가족 단위 관객이 많습니다. 뿐만 아니라 2012년에는 레플리카 버전으로 일본에 진출했고, 2016년에는 한국 배우들의 중국 공연이 있었으며, 이후 정식 라이선스로 중국어 공연이 진행된 그야말로 우리나라 대표 창작 뮤지컬입니다.

〈빨래〉

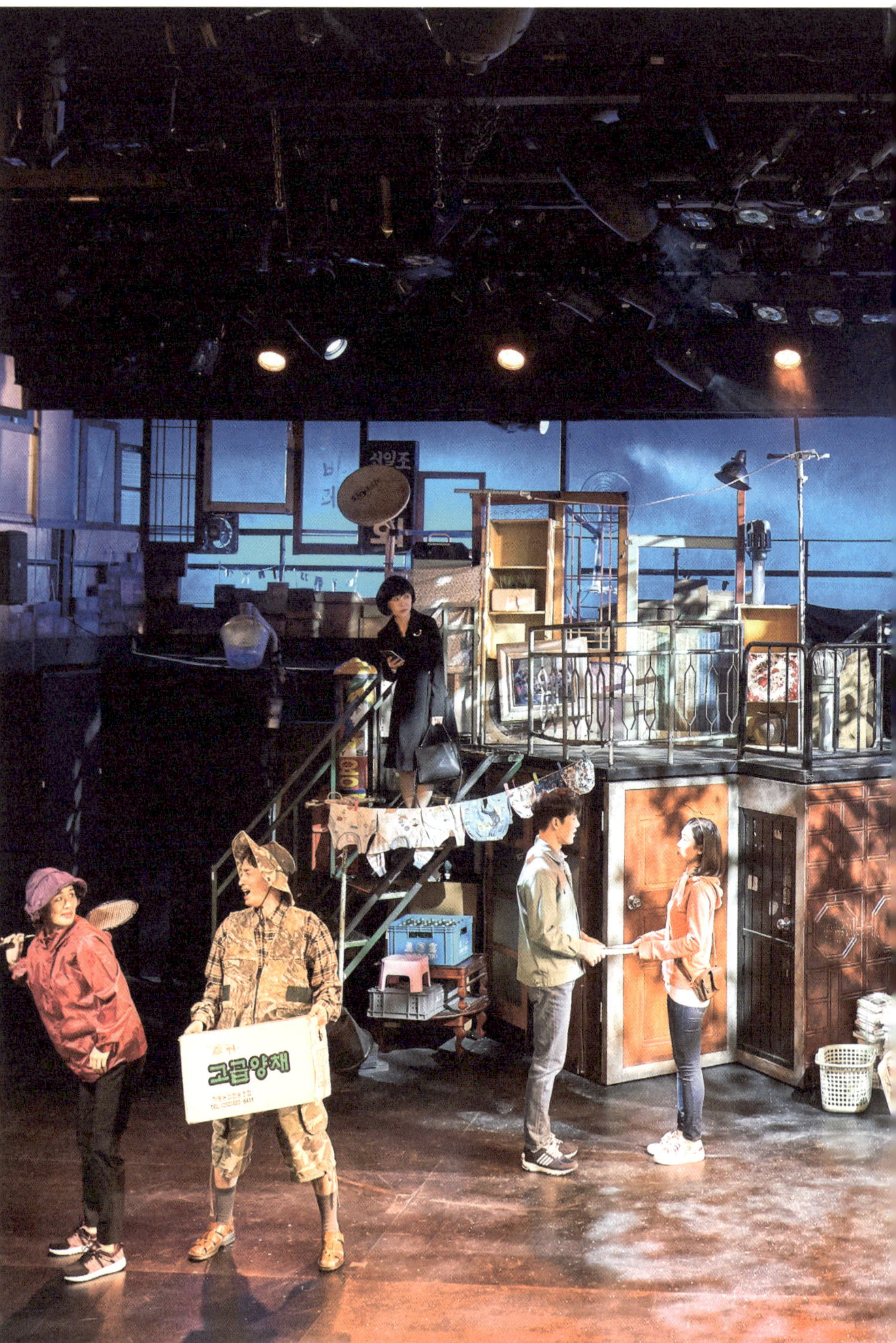

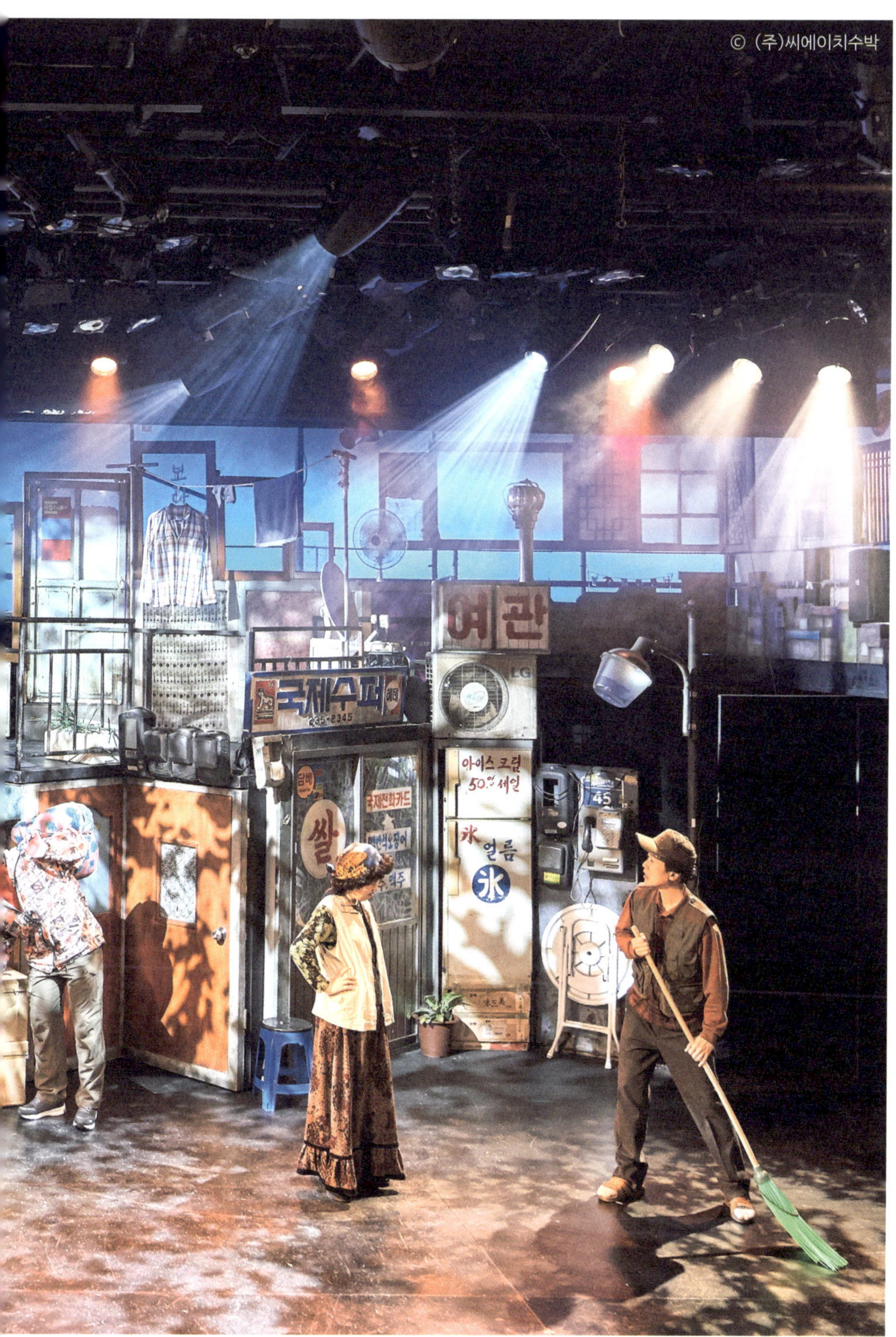

여관
국제수퍼
쌀
아이스크림
50% 세일
氷 얼름
氷
LG
45

서울살이
몇 핸가요?[1]

서울살이 몇 핸가요?

언제 어디서 왜 여기 왔는지 기억하나요?

어디 어디 살아보셨나요?

버리고 버려도 늘어난 세간살이, 집세 그리고 내 나이

얻어갈 것이 많아 찾아왔던 여기

잃어만 간다는 생각에 잠 못 드는 우리

당신과 내가 만나고 헤어지는 동안

서울살이 늘어갑니다

서울 인구 천만 명, 그 가운데 서울 토박이는 몇 명이나 될까요? 대다수가 서울이라는 타향에서 외롭고 힘겹게 살아가고 있는지도 모릅니다. 그래서 '서울살이 몇 핸가요'의 노랫말은 울림이 큰데요. 뮤지컬 〈빨래〉는 초현대적이고 화려한 대한민국의 수도 서울의 다양한 모습 중에서도 서민들의 팍팍한 삶을 배경으로 펼쳐집니다. 무대 위 다닥다닥 붙은 방문, 낡고 허름한 소품들은 대번에 등장인물들의 녹록지 않은 삶의 무게를 느끼게 합니다.

옥탑방에 살고 있는 몽골 청년 솔롱고는 빨래를 널기 위해 옥상에 온

1　2020년 코비드19 팬데믹으로 《놀면 뭐하니?》에서 기획한 무관중 〈빨래〉 공연이다. 솔롱고 역에 정문성, 나영 역에 김청아 배우다.

강원도 아가씨 나영에게 한눈에 반합니다. 하지만 솔롱고는 월급을 떼이고도 제대로 항의할 수 없는 불법체류자, 나영은 서점 사장의 횡포에 휘둘릴 수밖에 없는 비정규직이라서 이들의 푸르른 꿈은 지쳐가기만 합니다. 그런가 하면 나영의 옆집에는 희정엄마가 애인인 구씨와 아웅다웅 살고 있고, 깐깐한 주인할매는 문이 잠긴 한쪽 방에서 40년간 몸이 불편한 딸을 돌보고 있습니다. 힘없고 사연 많은 인물들의 버거운 서울살이지만 누군가는 겪고 있고, 주변에서 만날 수 있는 인물들의 이야기라서 관객들 역시 쉽게 공감하며 자신의 지친 마음을 기대는 게 아닐까요.

슬플 땐
빨래를 해[2]

빨래가 바람에 제 몸을 맡기는 것처럼

인생도 바람에 맡기는 거야

시간이 흘러 흘러 빨래가 마르는 것처럼

슬픈 니 눈물도 마를 거야

슬픔도 억울함도 같이 녹여서 빠는 거야

손으로 문지르고 발로 밟다보면 힘이 생기지

뭘 해야 할지 모를 만큼 슬플 땐 난 빨래를 해

내 인생이 요것밖에 안 되나 싶지만

사랑이 남아 있는 나를 돌아보지

살아갈 힘이 남아 있는 우릴 돌아보지

〈빨래〉

깨끗해지고 잘 말라서 기분 좋은 나를 걸치고
하고 싶은 일 하는 거야
자 힘을 내!

무대 위에서 힘겨운 서울살이가 그저 나열되기만 했다면 이렇게 긴 시간 관객들에게 사랑받지는 못했을 겁니다. 뮤지컬 〈빨래〉에는 힘들지만 그래도 다시 팔을 걷어붙이고 씩씩하게 살아가려는 사람들의 소박한 희망이 있습니다. 힘들고 지칠 때 스스로를 위로하고 마음을 다잡는 방법은 사람마다 다양할 텐데요. 이 무대 위 사람들은 '빨래'를 합니다. 서로 만나 하나둘 마음을 열게 하는 매개가 '빨래'였다면 이들의 지친 마음을 달래는 것도 '빨래'입니다. 무대 위에서는 배우들이 직접 손과 발로 빨래를 하고, 짜고 널면서 어제의 묵은 마음을 씻어내고 새하얀 빨래처럼 다시 시작하려는 결의를 다지는 거죠. 하루하루가 갓 헹궈낸 빨래처럼 산뜻할 수는 없지만, 시간이 지나면 빨랫감은 쌓이고 또 힘겹게 세탁을 해야 하지만, 그래도 다시 깨끗해질 수 있다고, 다시 시작할 수 있다고, 그게 인생이라고 말하는 것처럼요. 모두가 겪는 힘겨운 인생살이에 대한 공감과 위로, 소박한 격려가 결국 뮤지컬 〈빨래〉의 장수 비결입니다.

2  소극장에서 공연되는 소박한 뮤지컬 <빨래>의 무대를 체감할 수 있는 버전이다.

빨랫감이 등장하는 뮤지컬,
비하인드 스토리도 유별나다

뮤지컬 〈빨래〉는 러닝 타임이 150분에 달하는 데다 소극장이라는 비좁은 공간에서 배우들의 등퇴장까지 많다 보니 색다른 일화가 많습니다. 일단 소극장 공연답게 한 명의 배우가 등장하는 여러 인물을 연기하는데요. 무대 뒤에서 짧은 시간 안에 8명의 배우가 적게는 6번, 많게는 12번까지 의상을 교체하다 보니 실시간 다른 인물로 변신하기 위한 고군분투가 이루 말할 수 없다고 합니다.

그런가 하면 이 작품의 가장 중요한 소품인 '빨래'는 어떻게 관리되는 걸까요? 10년 넘게 공연되는 작품인 만큼 남녀 주인공을 인터뷰할 기회가 많아서 물어봤더니, 공연이 끝나면 나영 역을 맡은 배우들이 젖은 빨래는 건조대에 말리고, 여름에는 냄새가 날 수 있어서 주기적으로 따로 세탁을 맡긴다고 합니다. 사실 빨래 관리보다 더 힘든 건 연기를 하면서 빨래를 하고 널고 개는 부분이라고 해요. 처음에는 빨래를 어느 정도 짜야 하는지 몰라서 어떤 날은 와이셔츠를 널었는데 물이 뚝뚝 떨어져 무대 위가 물바다가 된 적도 있고, 제작진한테 빨래를 좀 예쁘게 널라는 지적도 받고, 잘 개야 하는데 막 쑤셔 넣기도 한다고요(웃음). 하긴 연기하고 노래하면서 '빨래하고 짜고 널기'까지 하는 게 쉽겠습니까!

몽골 청년 솔롱고의 활약도 놓칠 수 없는데요. 한국말 잘하는 외국인 특유의 억양을 살리는 게 솔롱고를 맡은 배우들의 가장 큰 숙제입니다. 덕분에 솔롱고 역에 캐스팅된 배우들은 평소에도 이 억양으로 말을 해서 주위 사람들을 웃게 한다고 해요. 솔롱고는 배우뿐만 아니라, 관객도 미소 짓

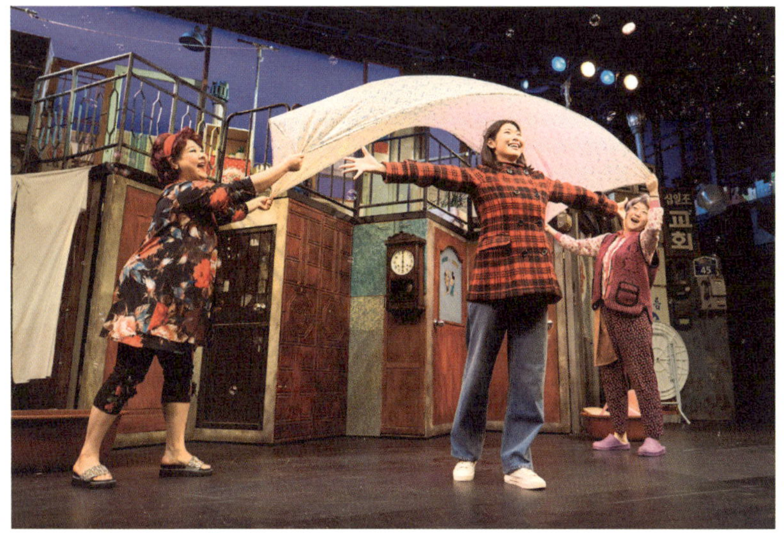

게 합니다. 솔롱고와 나영은 서로의 아픔을 공유하고 의지하며 함께 같은 길을 걷기로 하는데요. 솔롱고가 나영을 생각하며 부르는 '참 예뻐요'[3] 넘버는 고운 노랫말과 멜로디로 결혼식 축가로도 많이 불립니다.

참, 삶의 무게가 꽤 무겁게 전해지는 뮤지컬 〈빨래〉는 산전수전 다 겪고 인생의 쓴맛 단맛 다 아는 중견 제작진의 작품일 것 같지만, 예상과 달리 지난 2003년 한국예술종합학교 졸업 공연으로 처음 무대에 올랐습니다. 극을 쓴 추민주 씨가 지금이야 중견 작가지만 당시 20대 후반이었는데요. 어쩌면 청년이었기에 그 어려운 상황들을 그렇게 따뜻하게 담아낼 수 있지 않았을까 생각해 봅니다.

[3]  솔롱고를 연기한 멋진 배우가 많지만, <빨래>를 ♥로 표시해 ♥가 가득한 일정표를 보여줬던 조상웅 배우가 기억에 남는다.

연인이 함께 보면
더 재밌는
〈김종욱 찾기〉

"매력덩어리 멀티맨.

관객들도 동참한

'무대만의 약속된 거짓'이기에

그 재미는 남다르다."

<table>
<tr><td>창작진
Original
Creative
Team</td><td>극작/작사/연출
작곡</td><td>장유정
김혜성</td></tr>
</table>

<table>
<tr><td>등장인물
Characters</td><td>김종욱&그 남자
그 여자 첫사랑&첫사랑 찾기 주식회사 대표

그 여자
첫사랑 김종욱을 잊지 못하는 여자

멀티맨
변신의 귀재</td></tr>
</table>

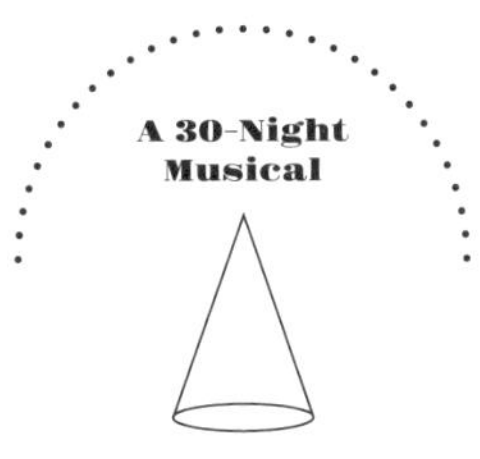

오만석, 엄기준, 원기준, 신성록, 김무열 씨의 공통점을 꼽으라면 대부분 무대와 매체를 오가며 활발하게 연기 활동을 펼치는 스타배우라 말하겠죠? 그런데 공연 덕후라면 좀 더 깊숙한 연결고리를 찾았을 겁니다. 시기는 다르지만, 모두 같은 작품에 동일 인물로 참여했는데요. 바로 뮤지컬 〈김종욱 찾기〉입니다.

공연보다 영화가 대중적이라는 점을 감안하면 〈김종욱 찾기〉는 지난 2010년 개봉한 공유, 임수정 씨 주연의 영화로 익숙하겠지만, 뮤지컬은 그에 앞서 2006년 초연됐습니다. 이후 지금껏 꾸준히 무대를 이어오고 있는 대학로 대표 로맨틱 코미디 뮤지컬인데요. 첫사랑을 찾아 나선 여자와 그 첫사랑을 찾아주려는 대행사 직원의 로맨스가 짜임새 있으면서도 코믹하게 펼쳐지고, 첫사랑인지 첫경험(?)인지 모를 김종욱을 찾아 나서는 과정이 19세 등급을 아슬아슬하게 넘나드는 재미가 매우 탁월합니다. 더욱 놀라운 것은 이 파란만장한 이야기가, 영화에 등장하는 수많은 인물을, 무대에서는 단 세 명의 배우가 소화한다는 점입니다. 그게 가능하냐고요? 그

〈김종욱 찾기〉

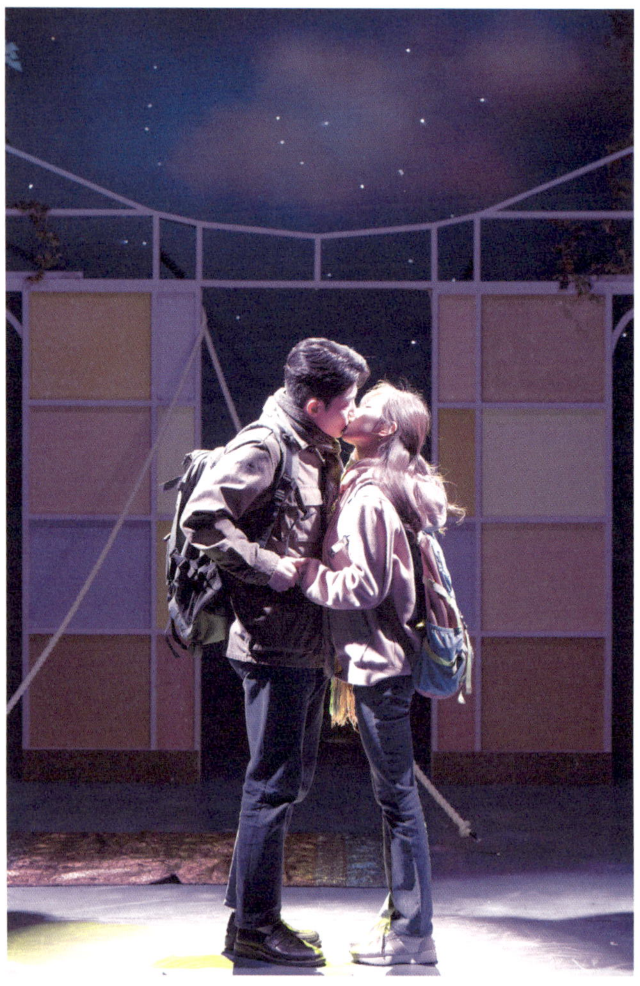

기발함이 뮤지컬 〈김종욱 찾기〉[1]의 롱런 비결입니다.

영화와는 또 다른 재미

어느덧 30대 중반에 들어선 '그 여자'. 군인 출신의 아버지는 '국가를 위해 결혼해서 아이라도 낳으라'며 맞선을 주선합니다. 사실 첫사랑을 잊지 못했다는 말에 아버지는 '첫사랑 찾기 주식회사'를 찾는데요. 그곳은 전 직장에서 잘리고, 좋아하던 여자에게도 차인 '그 남자'가 연 회사입니다. 그 여자의 아버지는 수단과 방법을 가리지 말고 김종욱을 찾아 달라 의뢰하고, 덕분에 그 여자는 그 남자와 함께 다양한 김종욱을 만나게 됩니다.

뮤지컬 〈김종욱 찾기〉는 동명의 영화를 연출한 장유정 씨가 직접 극을 쓰고 무대에 올린 작품입니다. 〈김종욱 찾기〉와 함께 〈오! 당신이 잠든 사이〉, 〈형제는 용감했다〉는 장유정 연출의 초창기 뮤지컬 3종 세트라 할 수 있는데요. 이들 작품으로 당시 뮤지컬 관련 시상식의 작품상과 극본상 등을 휩쓸었죠. (〈형제는 용감했다〉 역시 2017년 영화《브라더》로 개봉)

이 가운데 〈김종욱 찾기〉는 수많은 스타배우가 탄생하고 참여한 작품으로도 유명한데요. 그도 그럴 것이 그 여자가 7년 전 인도여행에서 만났다는 운명적인 첫사랑 '김종욱'은 여인들이 껌뻑 죽는 '외로운 각도의 턱선과 날카로운 지성이 흐르는 콧날'을 지닌 캐릭터거든요. 영화에서 김종욱

[1] 〈김종욱 찾기〉의 대표 넘버 'Destiny'다.

을 연기한 공유 씨를 필두로, 뮤지컬에서는 오만석, 엄기준, 원기준, 신성록, 김무열[2], 김재범 씨 등이 바통을 이어받았습니다.

영화나 드라마에서는 드물지만, 공연에서는 한 배우가 여러 인물을 연기하기도 하는데요. 뮤지컬 〈김종욱 찾기〉에서도 소심하고 멋없는 첫사랑 찾기 주식회사 그 남자와 운명의 첫사랑 김종욱을 한 배우가 번갈아 연기합니다. 말투며 시선, 몸동작에 따라 같은 사람이 얼마나 달라 보이는지 확인하는 재미가 남다르죠.

10년 넘게 공연을 취재해 왔으니 〈김종욱 찾기〉를 몇 번이나 봤을 것이며, 이 작품으로 만난 멋진 배우가 얼마나 많겠습니까. 그래서 단언할 수 있는 것은 뮤지컬이 영화보다 10배는 재밌다는 겁니다. 왜냐고요? 〈김종욱 찾기〉의 히어로는 김종욱이 아니기 때문입니다.

뮤지컬 〈김종욱 찾기〉에는 김종욱보다 더 박수받는 '멀티맨'[3]이라는 배역이 있습니다. 멀티맨이 없다면 뮤지컬은 영화와 비슷한 느낌이었을 테고, 멀티맨 같은 장치가 없었다면 이 작품이 지금처럼 롱런하지 못했을지도 모릅니다.

앞서 그 남자와 김종욱을 한 배우가 연기한다고 했는데, 멀티맨은 무려 21역을 담당합니다. 한 배우가 21명의 인물로 변신하는 겁니다. 엄한 군인

---

2    오나라 배우가 시즌3 연습 때 촬영해 미니홈피에 올린 동영상이라고 한다. 〈김종욱 찾기〉 초창기로 김무열-오나라 페어로 봤던 관객들의 추억과 못 본 이들의 부러움 소환을 위해 골라봤다.

3   뮤지컬 〈김종욱 찾기〉에서 멀티맨의 열연을 가늠할 수 있는 하이라이트 영상이다. 짧은 동영상이지만 계속해서 다른 캐릭터로 바뀌는 멀티맨을 찾아보자.

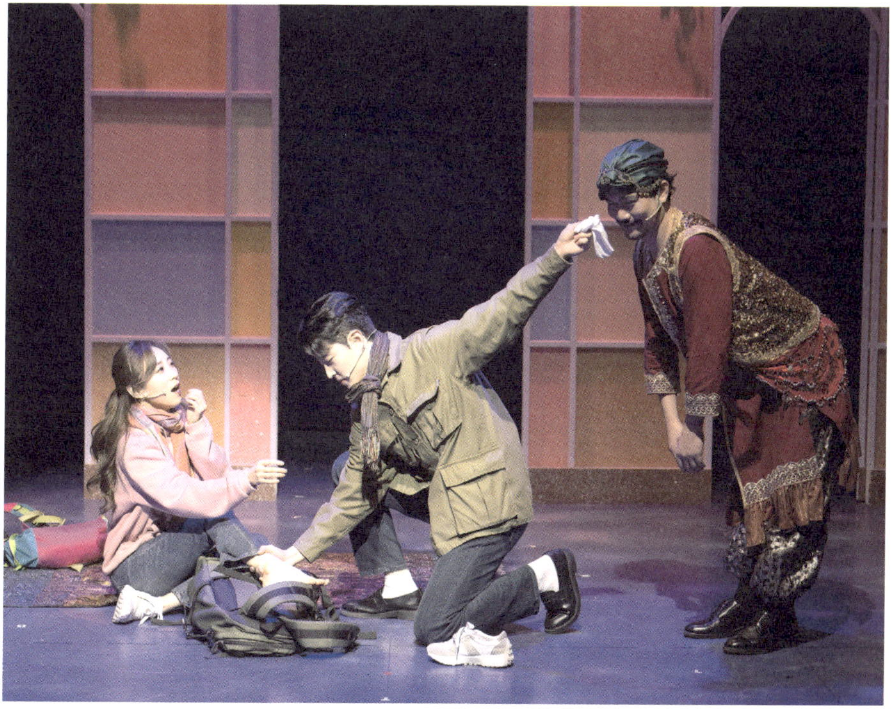

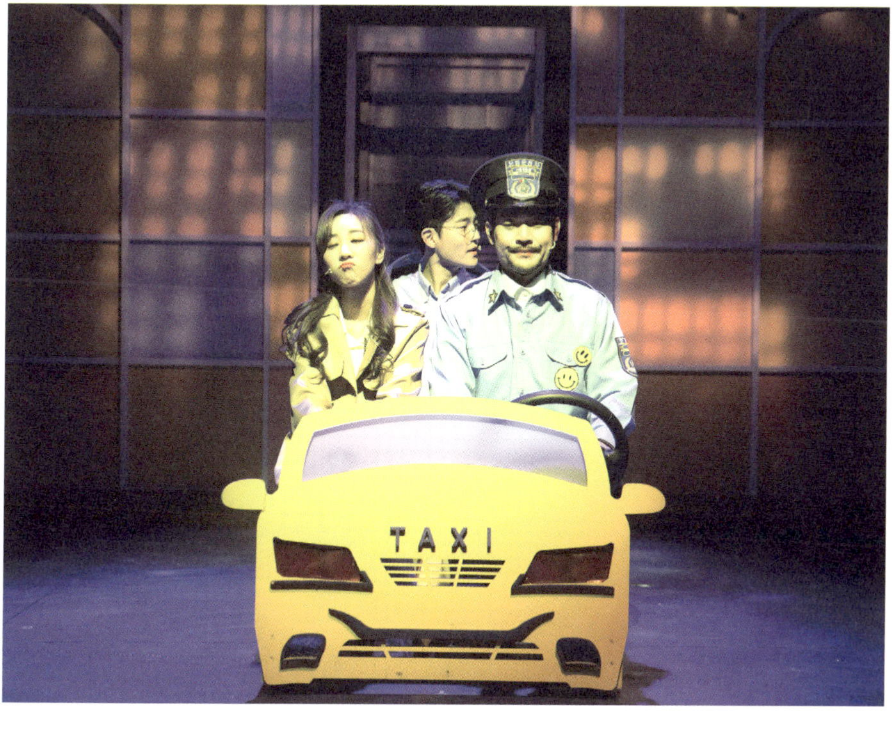

출신 아버지에서 상냥하지만 성깔 있는 항공사 여직원에 이르기까지, 고도의 순발력과 재치, 뛰어난 연기력과 잔재주로 잠시도 쉬지 않고 무대를 누비며 관객들에게 넘치는 웃음을 선사하는데요.

한 인물로 무대에 등장하는 시간은 극히 짧습니다. 퇴장하자마자 다른 인물로 등장해야 할 때도 있고, 어떨 때는 무대 위에서 바로 다른 인물이 돼야 할 때도 있죠. 하지만 과감한 변신과 역할마다 포인트를 콕 짚어내는 경지에 이른 연기로 완벽하게 21명의 인물을 소화해 냅니다. 그 절박하면서도 능청스러운 모습을 보고 있노라면 당장에라도 연기대상을 주고 싶습니다.

언젠가 장유정 연출을 만나서도 직접 얘기했지만(조금 서운해했지만), 영화《김종욱 찾기》에서는 뮤지컬만의 기발하고 쫀쫀한 재미는 느껴지지 않습니다(웃음). 그러니 영화로만 〈김종욱 찾기〉를 알고 있는 관객이라면 부디 무대에서 전혀 다른 재미를 발견하길 바랍니다.

무대에만 존재하는
매력덩어리 멀티맨

이왕 멀티맨이 언급됐으니, 좀 더 얘기해 보죠. 〈김종욱 찾기〉 이후 주로 '멀티맨'으로 불리고 있지만, 1인 다역을 소화하는 배역은 소극장에서 흔히 볼 수 있습니다. 스토리 전개상 필요한 모든 인물을 각기 다른 배우들에게 맡길 수 없는, 여러 제약이 많은 소극장 공연에서는 불가결한 존재입니다.

　사실 멀티맨은 대부분 그다지 얼굴이나 이름이 알려지지 않은 배우가 맡게 되는데요. 겉보기엔 가벼운 역할 같지만, 순식간에 다양한 인물을 연기해야 하는 멀티맨을 잘 소화하기 위해서는 아이러니하게도 어떤 배우보다 탄탄한 연기력과 무대 경험이 필요합니다. 공연장에서는 이 멀티맨을 적극적으로 활용하는데요. 드라마나 영화에서 한 배우가 여러 단역을 맡았다면 극을 보는 사람이 전혀 눈치채지 못하게 각각의 인물로 분장하고 연기해야 하지만, 공연에서는 대놓고 멀티맨을 내세우는지라 그들의 행보는 주연 배우보다 더 눈에 띌 수밖에 없습니다. 할머니에서 농염한 여자로, 엄한 아버지에서 치한으로, 멋진 선배에서 어리바리한 친구로, 남녀노소를 뛰어넘는 그들의 연기는 자연스레 객석의 시선을 사로잡고 이내 관객들의 배꼽까지 강탈하죠. 가끔은 한 무대에서 몸을 반반으로 나눠 분장하거나 목소리만 달리해 두 인물을 연기하는 모습은 공연장에만 존재하는, 관객과 배우가 암묵적인 합의 하에 속고 속이는 거짓말인데요. 관객들도 동참한 '무대만의 약속된 거짓'이기에 그 재미는 남다릅니다.

　〈김종욱 찾기〉는 물론이고 〈벽을 뚫는 남자〉에서도 멀티맨의 인기와 극에서의 중요도는 대단합니다. 2018년 국내 초연된 〈젠틀맨스 가이드〉는 아예 주인공이 여러 인물을 연기할 수 있도록 극을 구성해, 톱 배우들의 멀티 연기를 감상하는 특별한 기회를 제공하기도 했습니다.

뮤지컬 〈김종욱 찾기〉와
스타배우들

〈김종욱 찾기〉는 로맨틱 코미디물인 만큼 주인공의 나이와 비슷한 20~30대 젊은 관객들이 특히 좋아할 뮤지컬입니다. 작품의 내용이 풋풋하거든요. 하지만 이 무대를 거쳐 간 배우들을 되새겨보면 이른바 '연식'이 느껴지죠. '거쳐 가다'는 표현이 거슬릴 수도 있는데, 초연 이후 흐른 20년 가까운 시간과 달리 뮤지컬 〈김종욱 찾기〉의 주인공들은 여전히 같은 나이로 '첫사랑'을 얘기하고 있을 테니, 제아무리 스타배우라도 이제는 더 이상 참여하기 힘든 작품입니다.

앞서 밝혔듯 초연 때부터 주목받았던 〈김종욱 찾기〉는 당대 인기 배우들이 줄을 이어 참여했는데요. 영화에 우정 출연했던 대다수 배우가 사실은 뮤지컬 〈김종욱 찾기〉 무대에 섰던 배우들입니다. 강필석, 김재범, 정상윤, 이율, 송원근, 정민, 신성민 씨 등 지금 공연계 톱 배우들도 '김종욱'의 계보를 잇습니다. 드라마《나의 아저씨》의 '정희'로 많은 사랑을 받은 오나라 씨는 1대 '그 여자'이고, 개그와 연기 두 마리 토끼를 잡은 정상훈 씨도 '멀티맨'으로 〈김종욱 찾기〉와 인연을 맺은 적이 있습니다. 그리고 영화《범죄도시》로 제38회 청룡영화제 남우조연상 받은 진선규 씨는 공연 쪽에서는 오래전부터 묵직한 연기로 존재감 있는 배우였는데요. 그도 초창기 〈김종욱 찾기〉의 멀티맨으로 무대를 활보했습니다.

참, 〈빨래〉나 〈김종욱 찾기〉가 대학로 대표 창작뮤지컬로 지금도 사랑받을 수 있는 이유는 15년이 넘는 시간 동안 꾸준히 다듬어온 결과이기도 합니다. 공연은 영화와 달리 매일 라이브로 진행되는 만큼 잘 만들어서 한

번 공연하면 끝이 아니라, 시대와 세대에 맞게, 공연시장의 트렌드에 맞게 매 시즌은 물론이고 날마다 조금씩 손을 봅니다. 배우와 제작진만 달라지는 것이 아니라 배경도 내용도, 어제와 같은 공연은 없다고 할 수 있습니다. 그것 역시 무대예술의 확고한 매력입니다.

2인극,
무대만의 특별함

〈쓰릴 미|Thrill Me〉 & 〈키다리 아저씨|Daddy Long Legs〉

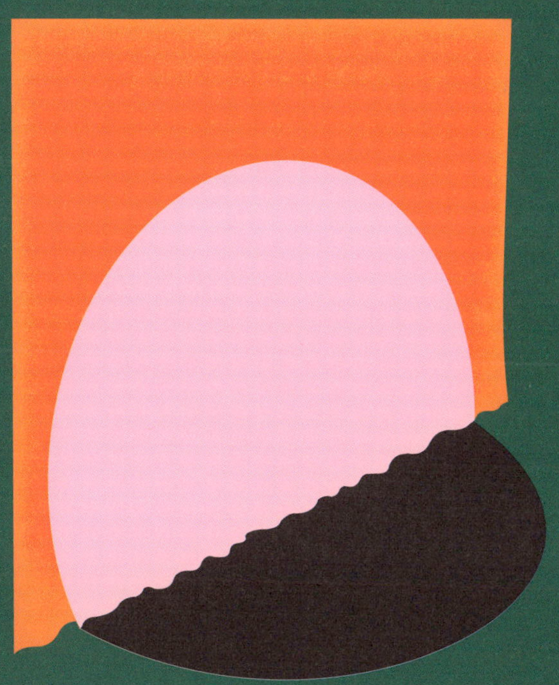

드라마나 영화를 보면 제아무리 단막극이나 독립영화라 하더라도 10여 명은 등장합니다. 스토리 전개를 위해 필요한 최소한도의 캐릭터가 있죠. 그런데 무대에서는 단 한 명, 또는 단 두 명의 배우가 극을 책임질 때가 있습니다. 흔히 모노극, 2인극으로 불리는 이들 작품은 공연예술에서만 접할 수 있는 파격적인 형태로, 제한된 무대언어를 재치 있게 확장한 극작가의 기발함과 이 말도 안 되는 상황을 몸으로 소화해 내는 배우의 한계 없는 연기력이 빚어낸 결과입니다. 덕분에 배우나 관객 모두 '라이브'로 진행되는 공연의 매력을 더욱 생생하고 조금은 아슬아슬하게 느낄 수 있는데요. 이렇게나 특이한 방식에 스토리, 연기, 음악까지 두루두루 잘 맞아떨어지면 그야말로 대박 아닐까요! 관객들은 어디에서도 접할 수 없는 그 유별난 매력에 흠뻑 젖을 수밖에 없습니다.

그렇게 국내 초연부터 화제였고, 공연 때마다 많은 사랑을 받고 있는 대표적인 2인극이 뮤지컬 〈쓰릴 미〉와 〈키다리 아저씨〉입니다.

Day
17

공연시장에
새로운 지평 연
〈쓰릴 미〉

"단 두 명의 배우와 한 대의 피아노로

이렇게도 흡입력 있고

몰입도 높은 무대를

선사할 수 있다는 것이 신기할 뿐"

창작진
Original Creative Team

극작/작사/작곡	스티븐 돌기노프 Stephen Dolginoff
연출	마틴 차닌 Martin Charnin

등장인물
Characters

나

부유한 가정에서 잘 자란 19세 청년, 시카고 법대를 졸업하고 하버드 로스쿨에 입학할 예정이다. 비상한 두뇌와 섬세하고 부드러운 내면을 지니고 있다.

그

타고난 외모와 언변으로 많은 사람의 관심을 받는 19세 청년, 시카고 법대를 졸업하고 하버드 로스쿨에 입학할 예정이다. 니체의 초인론에 빠져 스스로를 초인으로 여긴다.

창작진
Original Creative Team

극작/작사/작곡 스티븐 돌기노프 Stephen Dolginoff
연출 마틴 차닌 Martin Charnin

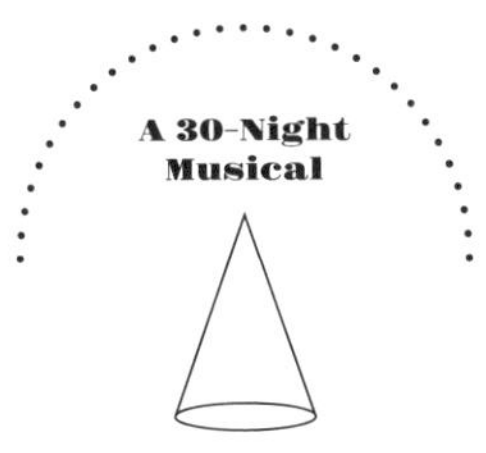

라이선스든 국내에서 제작됐든 모든 뮤지컬은 누군가의 창작물입니다. 하지만 그 창작물 역시 사람이 만든 것이니 다른 작품에서 영향을 받거나 미칠 수 있는데, 그런 차원에서 국내 공연시장에 많은 영향을 흩뿌린 작품 가운데 하나는 〈쓰릴 미〉가 아닐까 합니다. 남성 2인극, 동성애, 모든 넘버를 소화하는 단 한 대의 피아노. 이제 공연계에서 그다지 특별할 것도 없는 이런 형태의 구성과 소재는 적어도 〈쓰릴 미〉가 그 토대를 만들었다고 해도 지나치지 않습니다.

〈쓰릴 미〉는 지난 2003년 뉴욕 미드타운 인터내셔널 시어터 페스티벌에서 초연됐습니다. 오프브로드웨이•에서는 2005년 5월 첫 무대를 마련

• 오프브로드웨이 – 우리에게 익숙한 브로드웨이 극장은 맨해튼의 500석 이상 공연장을 일컫는다. 오프브로드웨이Off-Broadway는 500석 미만 극장들로, 대부분 타임스퀘어 중심부에서 조금 벗어난 외곽에 자리하고 있다. 초창기에는 브로드웨이에 비해 실험적이고 비상업적인 공연을 지향했는데, 요즘은 그 경계가 흐려졌다. 덕분에 주로 100석 미만의 오프오프브로드웨이Off-off-Broadway까지 등장했다.

〈쓰릴 미〉

했고, 그해 드라마 데스크 어워즈^{Drama Desk Awards}●에서 최고뮤지컬, 최고음악 부문 등에 노미네이트되기도 했습니다. 국내에서는 2007년 3월 초연됐는데, 5월 공연장을 바꿔 앙코르 무대를 이어갈 만큼 인기가 대단했죠. 실제로 90분의 이야기는 탄탄한 구성을 토대로 잠시의 틈도 주지 않고 긴박하게 흘러갑니다. 단 두 명의 배우와 한 대의 피아노로 이렇게도 흡입력 있고 몰입도 높은 무대를 선사할 수 있다는 것이 신기할 뿐입니다.

과연 누가 누구를
조종하는가?!

무대는 34년을 교도소에 갇혀 생활한 '나'의 7번째 가석방 심의로 시작합니다. 부유한 가정에서 태어나 19세에 법대를 졸업할 정도로 명석한 두뇌를 지닌 '나'와 '그'. 이들이 인생의 대부분을 갇혀 지낸 이유는 무엇일까요? 나와 그는 서로 사랑하는 사이입니다. 두 사람은 모두 남성이고요. 나는 그와의 안정적인 사랑을 원하는 반면 그는 금기된 것에서 희열을 느끼는 듯합니다. 그의 희열은 내가 갈구하는 사랑의 발화점이기에 나는 그의 반사회적인 행동에 동참할 수밖에 없습니다. 창고에 불을 지르고, 빈집을 털고. 하지만 더 극한 자극을 원하는 그의 범행은 갈수록 수위가 높아지죠.

작은 무대는 탄탄한 구성을 토대로 잠시의 틈도 주지 않고 꼬리에 꼬리

● 드라마 데스크 어워즈 – 토니 어워즈가 브로드웨이 공연을 대상으로 한다면 드라마 데스크 어워즈는 오프, 오프오프브로드웨이 공연까지 포함한다.

를 물고 긴박하게 이어집니다. 극이 전개될수록 '작가의 상상력이 지나치지 않나' 생각할 수 있는데, 믿기지 않겠지만 〈쓰릴 미〉는 네이슨 레오폴드와 리차드 로브가 1924년 미국 시카고에서 저지른 실제 범행을 바탕으로 쓴 작품입니다. 공연 때마다 항상 '과연 누가 누구를 조종하는가'라는 부제가 붙는데요. 당시 이 사건이 미국 사회에 큰 반향을 불러일으켰다면 무대에서는 두 남자의 사랑과 그들의 두뇌 싸움이 극의 축을 이룹니다. 사랑을 휘두르는 자와 그 사랑을 결코 포기할 수 없어 말려드는 자의 절실함이 명석한 두뇌와 만나 반전의 '쓰릴'을 선사합니다.

'나'가 돌이킬 수 없는 범행을 저지른 이유는 단 하나, 사랑하는 '그'가 원했고, '그'를 원해서였습니다. 어떤 관계든 그 관계를 유지하는 데 더 많은 에너지를 쏟는 사람이 있죠. 나 역시 항상 그에게 맞추고 노력해야 하는 사람입니다. 하지만 먼저 뒤돌아서는 자는 등 뒤에 남은 사람이 어떤 표정을 짓고 있는지 모르죠. 그가 우월함에 젖어 앞만 보고 달릴 때 등 뒤에 선 나는 치밀한 섬세함으로 무장했던 겁니다.

〈쓰릴 미〉가 지닌 팽팽한 긴장의 끝은 바로 '나'의 '잔혹한 사랑'이 만들어낸 반전에 있습니다. 34년 전 완전 범죄를 꿈꿨던 범행 현장에는 '나'의 흔적이 남아 있습니다. 그로 인해 '나'와 '그'는 오랜 세월 교도소에 "함께" 갇힐 수밖에 없었습니다. 결국 누가 누구를 조종한 것일까요?!

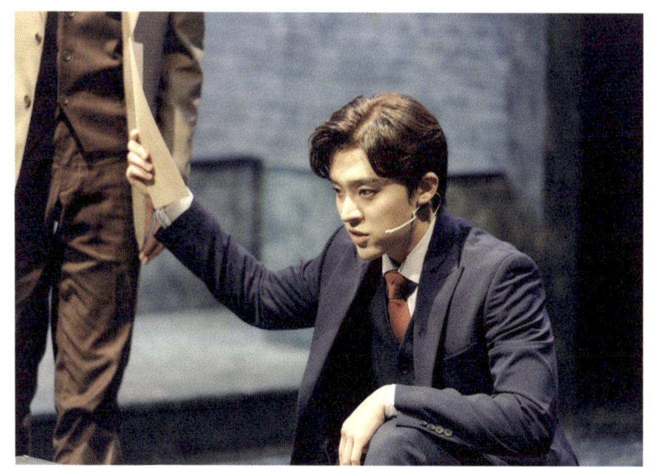

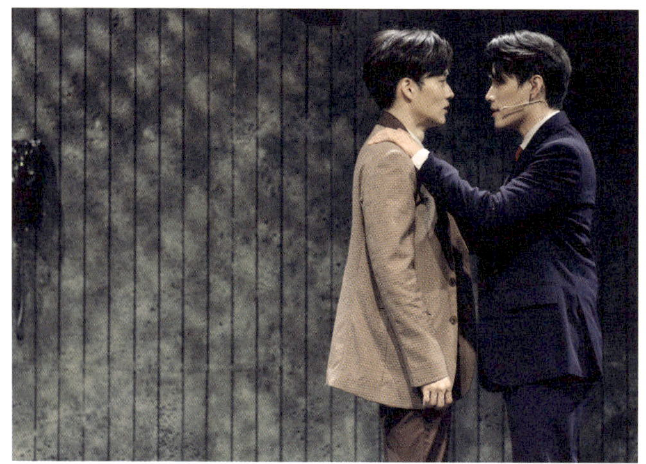

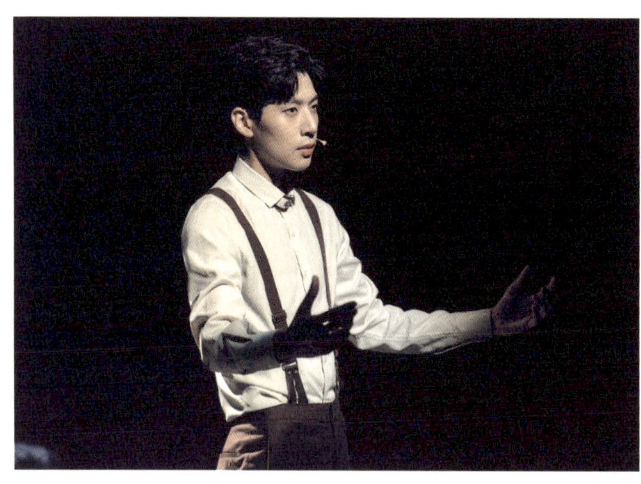

제3의 배우,
단 한 대의 피아노

뮤지컬 〈쓰릴 미〉의 무대는 빈약합니다. 여느 뮤지컬과 달리 무대 전환도 없고, 배우들이 옷을 갈아입거나 춤을 추지도 않습니다. 게다가 20여 곡에 달하는 뮤지컬 넘버는 달랑 피아노 한 대가 도맡는데요. 아이러니하게도 바로 이 점이 〈쓰릴 미〉의 매력입니다. 전체적으로 모든 장치가 빈약한데도 전혀 허하게 느껴지지 않습니다.

피아노 연주로 시작해 피아노 연주로 막을 내리는 〈쓰릴 미〉는 극의 배경과 등장인물, 스토리 전개까지 철저하게 피아노에 의탁합니다. 특히 두 인물의 종잡을 수 없는 감정부터 음산함, 터질 것 같은 흥분과 두려움은 물론이고 긴박함까지 화려하면서도 절도 있는 연주로 섬세하게 드러내다 보니, 〈쓰릴 미〉의 피아니스트는 제3의 배우로 불릴 정도입니다. 시즌마다 극을 치밀하게 분석하고 외울 정도로 마니아 팬이 많은 작품이라서 피아니스트가 기계적인 연주만 할 뿐 극을 제대로 이해하지 못했다 싶으면 쏟아지는 거센 비난 역시 감수해야 합니다. 그래서 〈쓰릴 미〉는 피아니스트들 사이에서 반갑고도 긴장되는 작품으로 통합니다.

참, 뮤지컬 〈더 맨 인 더 홀〉, 〈인터뷰〉, 〈나와 나타샤와 흰 당나귀〉, 〈머더 포 투〉 등은 모두 피아노 한 대 구성으로 공연되는데요. 이들에 앞서 그 가능성을 확실하게 보여준 작품이 바로 〈쓰릴 미〉였던 겁니다!

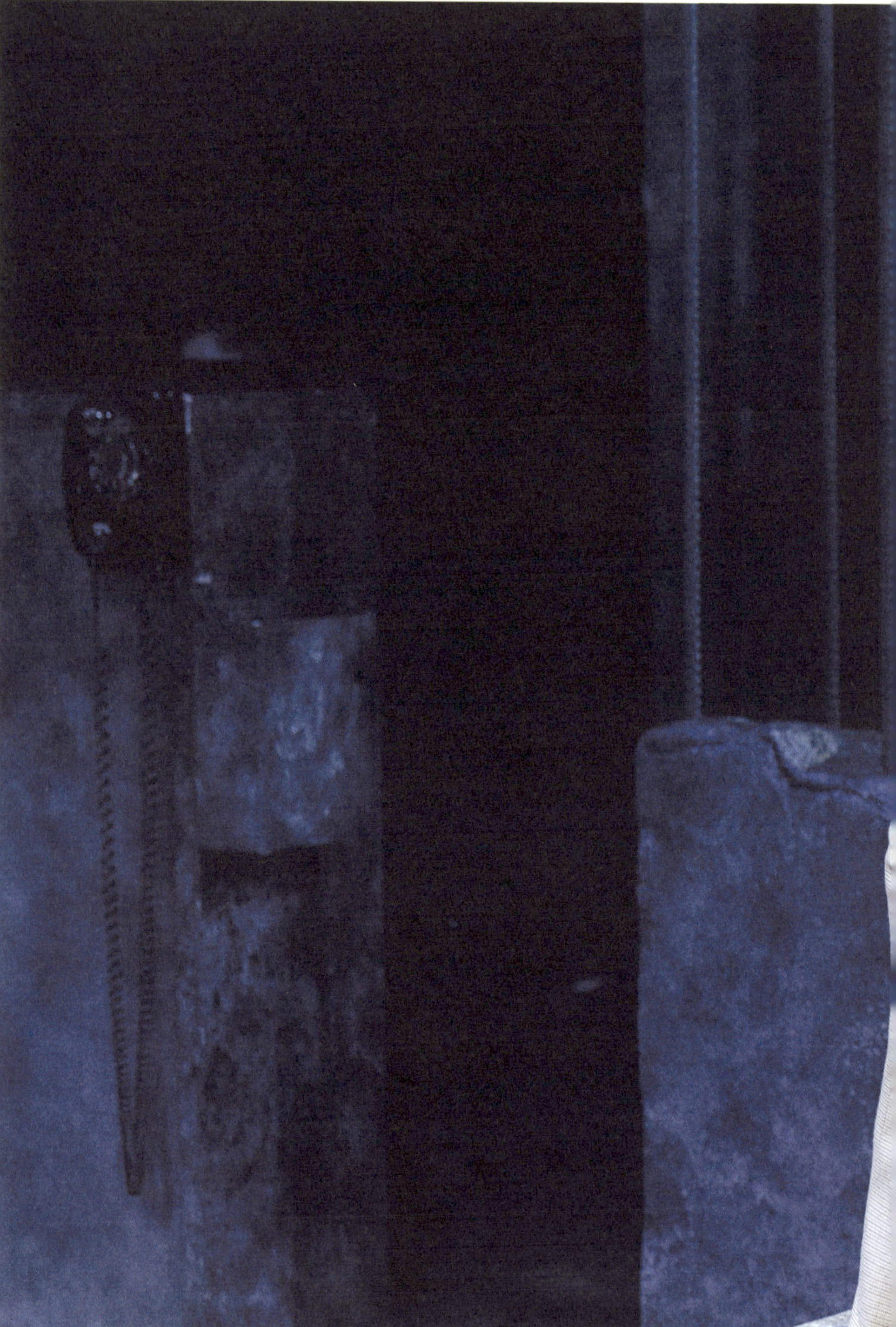

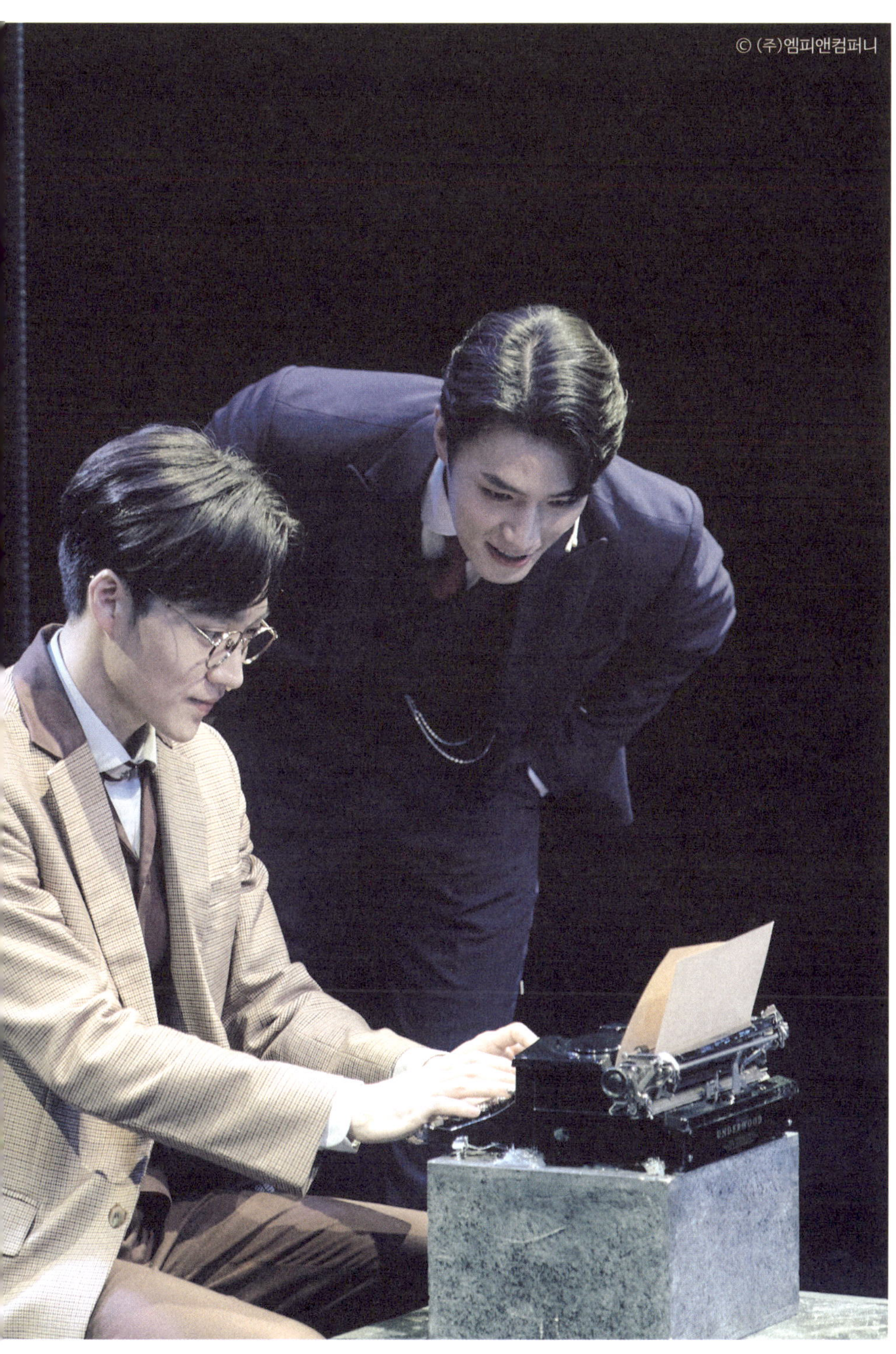
UNDERWOOD

〈쓰릴 미〉 10년,
그 수많은 이야기

〈쓰릴 미〉가 초연됐던 2007년 즈음 저도 본격적으로 뮤지컬을 취재하기 시작했습니다. 그전에는 주로 콘서트를 취재하면서 가수나 연주자들을 인터뷰했고, 뮤지컬을 취재하면서는 당연히 배우들을 만나게 됐는데요. 돌이켜 보니 가장 많은 배우를 만날 수 있었던 작품 역시 〈쓰릴 미〉입니다. 공연 자체도 이목을 끄는 데다 〈쓰릴 미〉에 캐스팅됐다는 것은 배우로서 당시 대학로에서 가장 주목받고 있거나 성장 가능성이 크다는 상징과도 같거든요. 깔끔한 슈트에 말끔하게 빗어 넘긴 헤어스타일로 객석의 90퍼센트 이상을 차지하는 여성 관객들의 마음을 사로잡을 수 있는 데다, 무엇보다 배우로서 지금까지와는 전혀 다른 면모를 드러낼 수 있음을 입증한 셈이라고 할까요.

실제로 〈쓰릴 미〉에 참여한 배우들은 그야말로 쟁쟁하고, 그만큼 공연 덕후들에게 잊을 수 없는 수많은 이야기를 남기기도 했습니다. 일단 2007년 초연 멤버는 류정한, 최재웅, 김무열, 강필석, 이율 씨였는데, 당시 '(인기 절정의) 류정한을 보러 갔다 (신인) 김무열의 팬이 됐다'는 말이 나올 정도였죠. 저도 초연을 '김무열-최재웅' 페어[1·2·3]로 봤는데요. 2017년 10주년 공연에 이들이 고정 페어로 다시 무대에 선다는 보도자료를 보고 홍보 담당자에게 바로 "김무열 김무열 김무열 김무열 배우님 인터뷰하게 해주세요!"라고 메시지를 보냈던 기억이 납니다. 다른 배우들은 무대에서 자주 만났지만, 이후 스크린에서 주로 활동했던 김무열 씨는 인터뷰하기 쉽지 않았기 때문이죠.

운 좋게도 연습 기간에 정말 김무열 씨를 만나 이런저런 얘기를 나눴는데요. "몸이 다 기억하고 있는지, 대본 몇 번 보고 재웅이 형이랑 바로 일어서서 해 봤는데 됐다"고 합니다(김무열 배우는 <쓰릴 미> 2007년 초연은 물론이고 2008년, 2010년 공연에도 참여했다). "워낙 견고한 작품이고 관객분들이 대본을 다시 쓸 정도로 마니아가 많은 공연이라 부담도 됐지만, 초연 멤버들이 함께 감사의 마음을 전하고 싶었다"며 출연 소감을 밝히기도 했습니다. 또 상대역인 최재웅 배우의 해석이 매력 있다며 "똑똑하고 안 그렇게 생겼는데 음흉해서 재웅이 형이랑 공연하면 스포츠 경기를 하는 기분"이라고 말하더군요. '나'를 연기하고 싶기도 했답니다. 성별로 나누자면 '그'는 여성인 듯하고, 두 사람의 사랑 방식 중 일상의 김무열 배우는 '나'에 가까운 것 같다고요. 그런가 하면 "초연 당시에는 배우끼리 얼굴 한 번 쓰다듬는 것도 무척 힘들어했다"며 달라진 공연계 문화도 언급했습니다. 하긴 초연 때는 없던 입맞춤 장면이 앙코르 무대에서 처음 등장해 큰 파장을 일으켰고 시즌 초반만 해도 인터뷰 때 극중 스킨십이 화제였다면, 그간 무대 안팎의 문화가 얼마나 달라졌는지 실감할 수 있을까요?

1 <쓰릴 미> 2010시즌 최재웅–김무열 배우다. 흔히 '웅무' 페어로 불린다.

2 대표 넘버 'Thrill Me', 격정적인 상황을 그대로 담아낸 피아노 연주가 압권이다.

3 2017년 <쓰릴 미> 10주년 공연에서 다시 만난 '웅무' 페어의 'My Glasses&Just Lay Low'다. 20주년에도 다시 무대에서 만날 수 있기를!

〈쓰릴 미〉는 작품 해석은 물론이고 캐릭터를 표현하는 방식에 있어서도 결코 쉽지 않아서 배우들도 많은 어려움을 겪는데요. 초연 때 이율 배우는 생각만큼 잘 풀리지 않았는지 갑자기 삭발을 하고 나타나 동료 배우들을 놀라게 했고, 몇 년 전 이재균 배우는 감정을 좀 더 안으로 삼켜보라는 연출의 말을 따르다 공연 중 짧게 기절한 적도 있습니다.

같은 실화를 바탕으로 제작된
또 다른 무대《네버 더 시너》

뮤지컬 〈쓰릴 미〉와 같은 실화를 바탕으로 제작된 작품도 있습니다. 국내에서는 2018년 초연된 연극《네버 더 시너》인데요. 〈쓰릴 미〉가 네이슨(나)과 리차드(그) 두 사람의 관계를 보여주는 데 중점을 두고 있다면《네버 더 시너》는 사형제도에 대한 찬성과 반대 등 관객들에게 질문을 던지는 면이 강합니다. 'Thrill Me'와 'Never The Sinner'라는 영어 표기를 보면 확실히 비교가 될 텐데요.《네버 더 시너》에서는 인권 변호사 클라렌스 대로우가 핵심 인물입니다. 두 사람을 변호하는 과정에서 '죄는 미워하되 사람은 미워하지 말라Hate the sin, never the sinner'는 명언을 남겼습니다.

남성들만의 무대를 파고든 혼성 2인극 〈키다리 아저씨〉

"이 작품이 '신데렐라 콤플렉스'를 넘어
관객들의 매서운 비판에서 벗어나
21세기에도 무대에 오를 수 있는 이유는
'구원'이 아니라 '성장'에 있기 때문"

창작진
**Original
Creative
Team**

극작/연출　존 캐어드 John Caird
작곡/작사　폴 고든 Paul Gordon

등장인물
Characters

제르비스 펜들턴 Jervis Pendleton
제루샤가 보육원을 벗어나 대학 생활을 할 수 있게 후원한다. 제루샤의
편지와 그 안에 비친 자신의 모습을 보며 변화한다.

제루샤 애봇 Jerusha Abbott
보육원에서 자랐지만 긍정적이고 적극적인 성격을 지닌 소녀, 작가가
꿈인 그녀는 키다리 아저씨의 도움으로 독립적인 여성으로 당당하게 성
장한다.

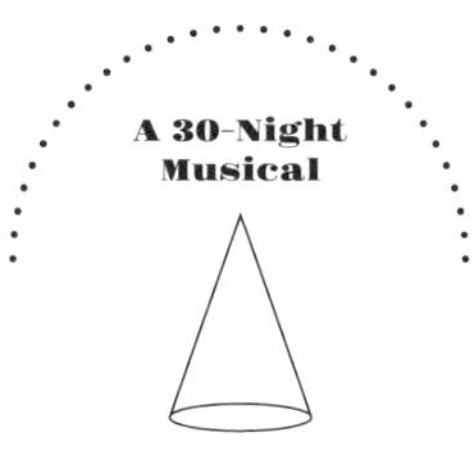

기자로서 좋은 공연을 보고, 그 무대에 선 배우들을 만나 함께 작품 얘기를 나눌 수 있다는 건 무척 행복한 일입니다. 아쉬운 게 있다면 '성비의 불균형'이라고 할까요. 대부분 작품의 주인공과 인터뷰하게 되는데, 공연에서는 남자배우들을 만날 기회가 압도적으로 많거든요. 남자가 주역인 작품이 훨씬 많다는 얘기입니다. 심지어 남자만 나오거나 등장인물 대다수가 남성인 작품도 많습니다.

특히 이런 현상은 중소극장 공연에서 두드러지는데, 〈쓰릴 미〉 이후 국내 공연시장에서 두드러진 2인극이 대표적입니다. 꾸준히 무대를 이어오고 있는 뮤지컬 〈스토리 오브 마이 라이프〉, 〈마마, 돈크라이〉, 〈트레이스 유〉, 〈구텐버그〉, 〈빈센트 반 고흐〉, 〈라흐마니노프〉, 〈최후진술〉 등도 모두 남성 2인극인데요. 요즘은 주인공에 트리플, 쿼드러플 캐스팅도 많으니 남녀 인터뷰이의 격차는 해가 갈수록 커졌습니다. 남성 중심 사회였던 과거를 배경으로 하는 작품이 많고, 그 공연을 관람하는 지금의 절대다수는 여성이라는 점을 무시할 수 없지만, 관객으로서, 취재하는 기자로서 씁쓸한 마음 역시 짙어갔죠.

그 답답함에 지치고 새로운 무대에 대한 목마름이 극에 달했을 때 등장한 작품이 뮤지컬 〈키다리 아저씨〉입니다. 지난 2016년 국내에 첫선을 보인 〈키다리 아저씨〉는 남녀 혼성 2인극인 데다, 여성이 극의 주변인물이 아니라 주인공이며, 그 여성의 성장기가 핵심입니다. 더불어 절대다수인 여성 관객의 극찬을 받으며, '객석에서는 남성 2인극, 마이너하거나 자극적인 소재만 원한다'던 오랜 오해를 말끔히 씻어냈습니다.

뮤지컬 〈키다리 아저씨〉의 원작은 1912년 발표된 진 웹스터[Jean Webster, 1876~1916]의 소설인데요. 제루샤가 '키다리 아저씨'에게 보낸 편지로 한 편의 글이 엮여 있습니다. 불우한 환경에서 자란 제루샤의 성장 스토리와 모습을 드러내지 않은 채 그녀를 지원하는 키다리 아저씨와의 사랑 이야기는 책은 물론이고 지금껏 연극, 뮤지컬, 영화, 애니메이션 등으로 제작되며 꾸준히 사랑받았는데요. 혼성 2인극 형태의 뮤지컬 〈키다리 아저씨〉는 2009년 미국 캘리포니아에서 초연됐습니다. 이후 미국 순회공연과 런던, 캐나다 등을 거쳐 뉴욕 오프브로드웨이에서 공연됐고, 2016년 드라마 데스크 어워즈에서 뮤지컬 대본상을 받았습니다.

무대에서 새롭게 피어난
100년 전 이야기

이야기는 20세기로 넘어가는 미국 뉴잉글랜드의 한 보육원에서 출발합니다. 나이가 많은 제루샤에게 한 남자가 대학 공부를 후원해 주겠다고 제안하는데요. 후원의 조건은 단순합니다. 그의 정체를 알려고 하지 말 것, 그리고 한 달에 한 번 편지를 보낼 것. 제루샤는 그에게 '키다리 아저씨'라는 별명을 짓고, 매달 편지를 보내며 좌충우돌 대학 생활을 이어 나가죠.

'고아 아가씨'와 '부잣집 아저씨'라는 인물 설정은 100년 전이나 지금이나 꽤 자극적입니다. 그뿐인가요. 편지라는 독특한 형식과 섬세하고도 산뜻한 묘사, 그리고 유머까지. 「키다리 아저씨」는 한 세기가 지난 지금도 몰입도 최강의 로맨스가 아닐 수 없는데요. 물론 지금 시선에서는 시대착오적인 불편한 장치들도 보일 겁니다. '키다리 아저씨'는 동화에 나오는 숱한 왕자들과 함께 힘든 환경에 있는 여성을 '구원'해 주는 인물의 대명사니까요.

하지만 이 작품이 '신데렐라 콤플렉스'를 넘어, 평론가보다 무서운 관객들의 매서운 비판에서 벗어나 21세기에도 무대에 오를 수 있는 이유는 '구원'이 아니라 '성장'에 있기 때문입니다. 제루샤는 누군가에 의해 구원받은 것이 아니라, 자신의 불우한 환경과 콤플렉스를 스스로 부딪혀 극복하고 주체적으로 성장하거든요. 이 진솔한 변화의 모습을 편지로 접한 키다리 아저씨 역시 함께 달라집니다. 그들의 '성장'이 사랑으로 이어졌기에 이 작품은 '지금의 시선'을 지닌 관객들에게도 사랑받는 게 아닐까요!

제루샤를 연기했던 임혜영 배우도 "거침없이 말하고 성장하는 그녀의 모습이 자신의 과거와 닮았다"고 말했던 기억이 납니다. 작가인 진 웹스터도 여자입니다. 대학에서 영문학과 경제학을 전공했고, 당시 교도소와 소년원, 고아원 등을 자주 견학하며 자신의 대학생활을 작품에 많이 녹여냈는데요. 제루샤의 거침없고 당찬 모습, 그녀로 인해 달라진 제르비스 등 극의 전체적인 흐름을 고려하면 진 웹스터는 당대 손에 꼽히는 진취적인 여

〈키다리 아저씨〉

성이 아니었을까 생각합니다. 실제로 이 소설을 통해 미국 내 고아들의 복지 문제가 재조명되기도 했다고 해요.

21세기에 뮤지컬로 다시 태어난 〈키다리 아저씨〉[1]는 20세기의 소박하고 아늑한 감성을 좇습니다. 소탈한 무대언어, 원작의 따뜻함을 잘 살린 서정적인 음악과 세트 등으로 기존 작품과는 또 다른 감동을 선사하는데요. 특히 원작처럼 편지로 드라마 라인이 이어지도록 대본 첫 페이지에 무대 구현을 위한 디렉션으로 '이 극은 두 남녀가 마지막까지 보면 안 된다. 관객한테 상대방인 것처럼 대사를 한다' 등이 적혀 있다고 합니다. 소극장에서 서로 얼굴을 마주 보지는 않지만 오랜 시간 편지로 연결된 두 남녀를 연기하는 배우, 그들과 그 극을 바라보는 관객. 이렇게 독특한 형태의 극 안에 갈등과 이해, 성장과 사랑, 그리고 웃음을 잘 녹여냈습니다.

초연부터 삼연까지 제르비스 역을 맡았던 강동호 씨를 인터뷰한 적이 있는데 〈키다리 아저씨〉는 스토리적으로 잘 압축된 데다 대사나 음악의 타이밍이 굉장히 디테일하다"고 말하더군요. "관객들 눈에는 자연스럽고 편하게 흘러가는 것처럼 보이겠지만, 사실 배우들은 오차 없이 연기하느라 백조처럼 물 밑에서 부지런히 움직이고 있다"고요. 그 탄탄한 짜임새가 이렇다 할 무대 장치나 의상의 전환 없이도 공연 때마다 관객들을 불러 모으는 원동력일 겁니다.

1  따뜻하고 서정적인 무대 세트가 돋보이는 뮤지컬 <키다리 아저씨>. 2017년 강지혜-강동호 배우 버전의 '난 바보야'와 'All This Time'이다.

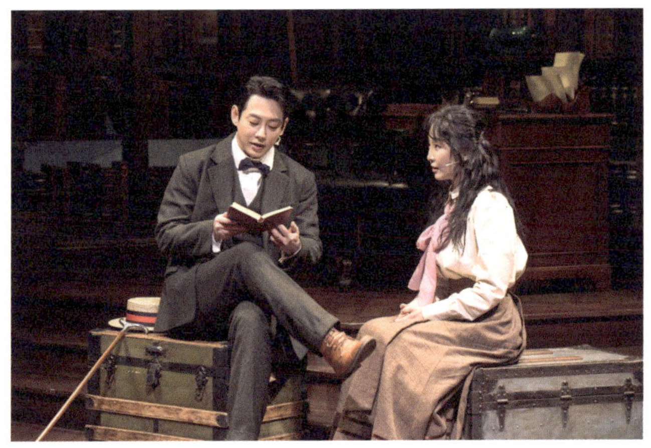

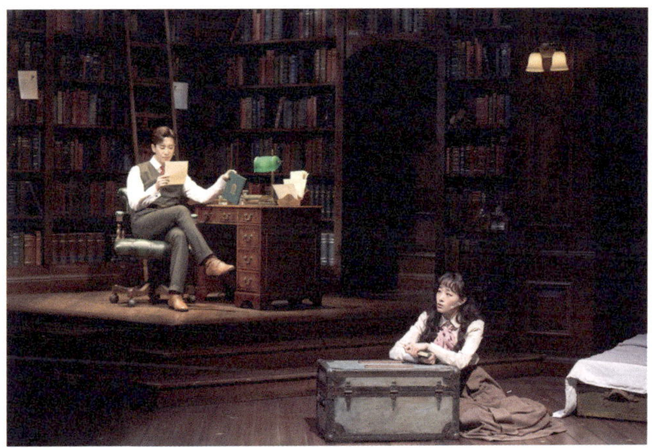

© (주)엠피앤컴퍼니

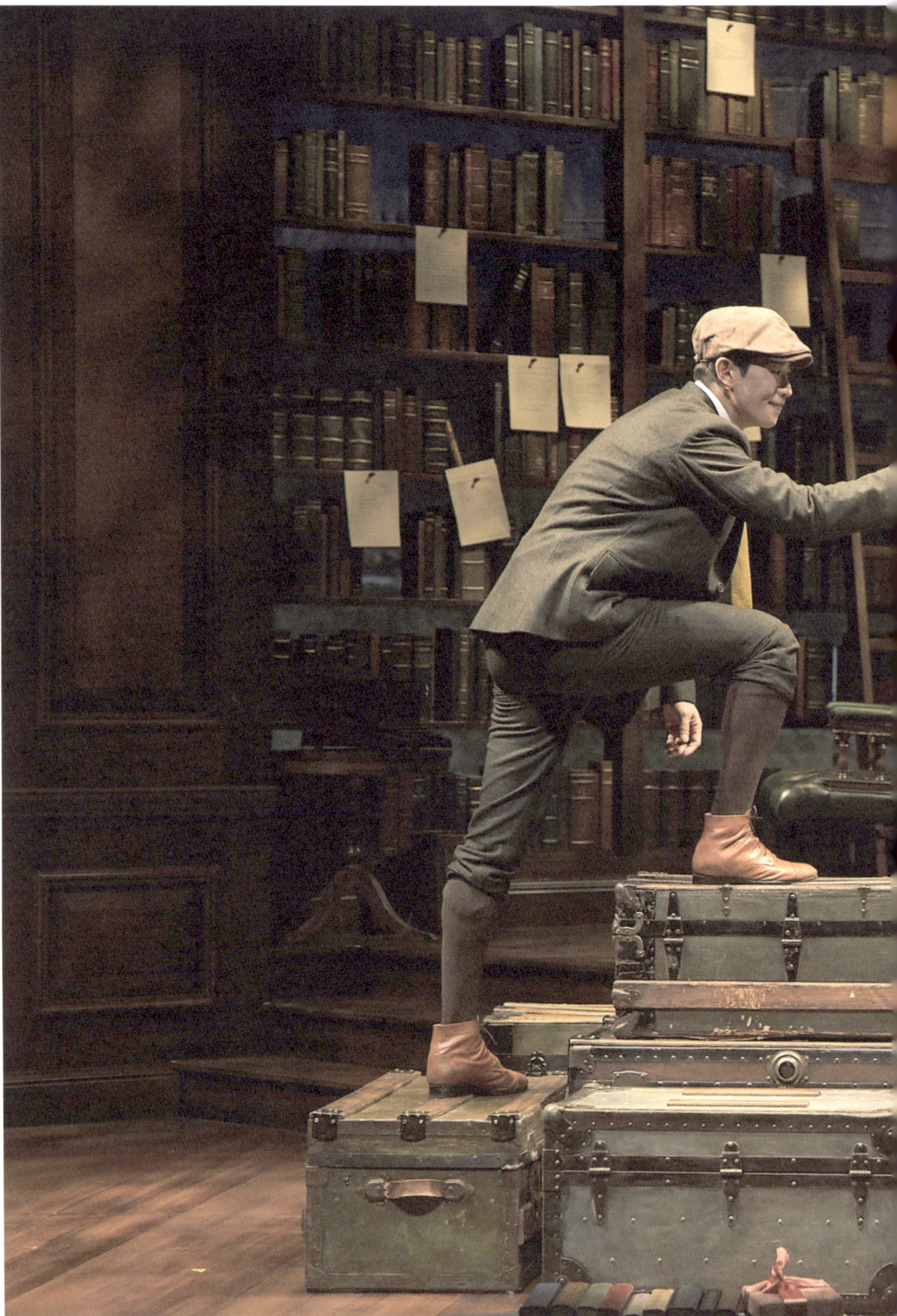

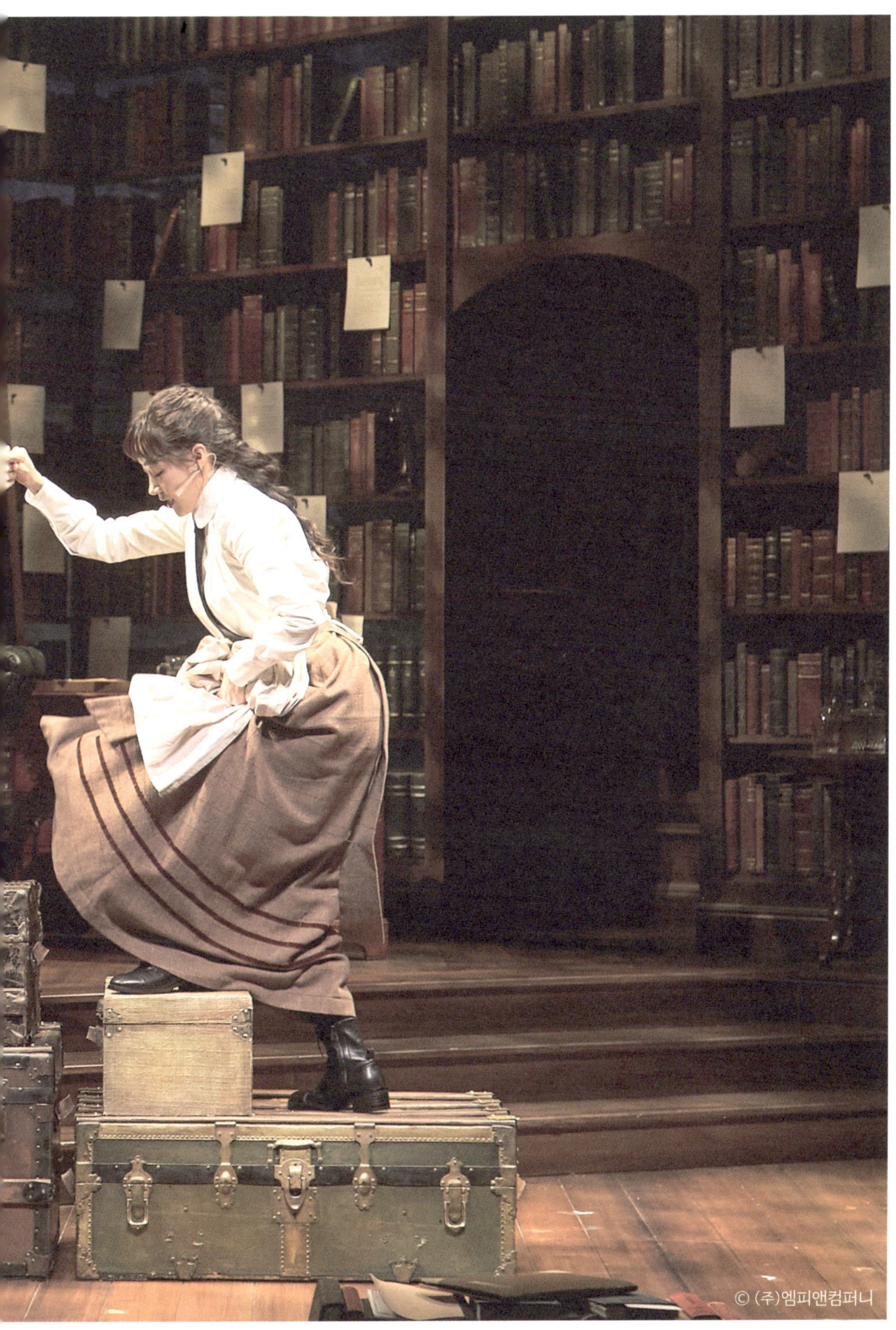
© (주)엠피앤컴퍼니

'키다리 아저씨'는
키 큰 배우만 연기할 수 있을까?

〈키다리 아저씨〉라는 제목 때문인지 공연 때마다 누가 제르비스를 연기할지 화제가 되곤 하는데요. 국내 초연부터 삼연까지 신성록, 송원근[2], 강동호 배우가 캐스팅됐습니다. 이들의 평균 키가 187센티미터(신성록 189, 강동호 187, 송원근 185)였으니 물리적인 '키'를 무시할 수는 없나 봅니다. 송원근 씨를 만났을 때 "지금껏 어디 가서 키 작다는 소리는 안 들어봤는데, 〈키다리 아저씨〉에서는 가장 단신"이라며 속상해했던 기억도 나네요. 이후 제르비스를 맡은 김지철 배우는 섭외 연락을 받고 바로 "내가 그렇게 키가 크지는 않다"고 말했답니다(웃음).

원제가 「Daddy-Long-Legs」이기는 하지만, 제르비스를 연기하는 배우가 꼭 키가 클 필요는 없을 듯합니다. 제루샤가 보육원을 나서는 제르비스의 모습을 얼핏 봤을 때 키가 크다는 인상을 받았고, 자동차 불빛에 반사된 그림자의 팔다리가 길게 늘어져 커다란 '장님거미' 같다고 생각해 '키다리 아저씨'로 부른 거니까요. 그러니 '실제는 크지 않더라'라고 해도 문제될 게 없는 거죠. 그래서인지 제르비스를 연기하는 배우들의 키도 점점 다양해지고 있습니다.

2 'The Color Of Your Eyes'와 '아저씨를 모르겠어요'. 각각 (초연부터 삼연까지 키다리 아저씨로 열연한) 신성록, 송원근 배우의 모습을 확인할 수 있다.

앞으로가 더 기대되는
소극장 혼성극&여성들의 무대

〈쓰릴 미〉가 남성 2인극의 문을 활짝 열었듯이 〈키다리 아저씨〉 이후 혼성 2~3인극도 인기를 더해가며 성장하고 있는데요. 혼성 3인극인 뮤지컬 〈어쩌면 해피앤딩〉, 〈나와 나타샤와 흰 당나귀〉, 〈스모크〉, 〈인터뷰〉, 〈난설〉 등이 꾸준히 무대에 오르고 있고, 혼성 2인 연극《오만과 편견》에 이어 여성 2인극《제인》, 여성 4인극 〈프리다〉, 〈리지〉까지 무대에 올랐으니 앞으로 여배우를 인터뷰할 기회도 더 많아질 겁니다.

예술가의 힘겨운 삶이
꽃피워낸 따뜻한 감동

〈빈센트 반 고흐〉 & 〈라흐마니노프〉

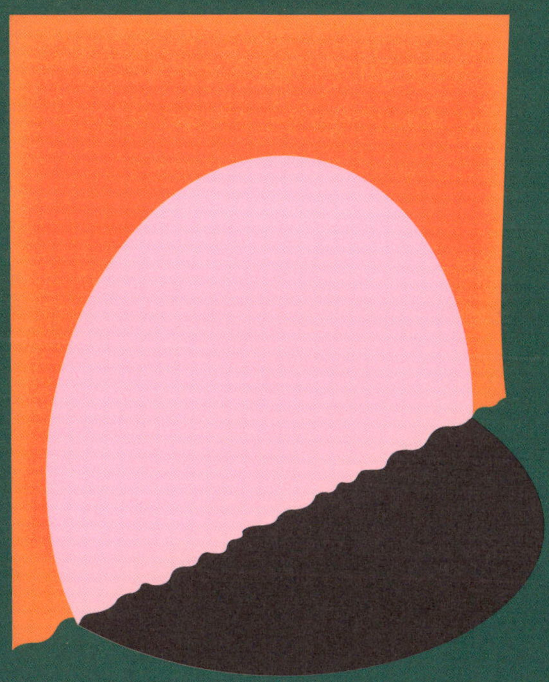

예술가들의 이야기는 공연계에서 좋아하는 소재입니다. 드라마틱한 그들의 삶은 스토리텔링하기에 좋은 데다 작품 역시 글이나 음악, 그림 등으로 무대에서 적극 활용할 수 있기 때문이죠.

그렇게 무대에 오른 수많은 예술가 가운데 가장 따뜻한 감동을 준 두 인물은 '빈센트 반 고흐'와 '라흐마니노프'가 아닐까 합니다. 두 작품 모두 HJ컬쳐가 제작한 창작뮤지컬인데요. 화가인 반 고흐와 음악가인 라흐마니노프의 삶도, 그들의 작품을 무대에서 담아낸 방식도 사뭇 다른 2인극입니다. 하지만 이들 작품에는 뭔가 선하고 소박한 따뜻함이 배어 있고, 그래서 가슴을 파고드는 감흥 역시 순수하다는 공통점이 있습니다.

인상주의를 대표하는 화가 그리고 뮤지컬 〈빈센트 반 고흐〉

"아마도 우리는

좌절한 빈센트의 모습에서

자신의 모습을 발견하고,

그럼에도 찬란한 빛을 머금은

반 고흐의 그림에서

희망과 위로를 얻고 있을 것"

창작진 **Original** **Creative** **Team**	**극작/작사** **작곡** **연출**	최유선 선우정아 김규종

등장인물
Characters

빈센트 반 고흐 Vincent Van Gogh

그림을 사랑하는 청년 화가, 경제적인 궁핍과 소심하고 순수한 성격으로 힘들어한다.

테오 반 고흐 Theo Van Gogh

빈센트의 동생, 화가로서의 형을 이해하고 경제적·정신적으로 지지한다.

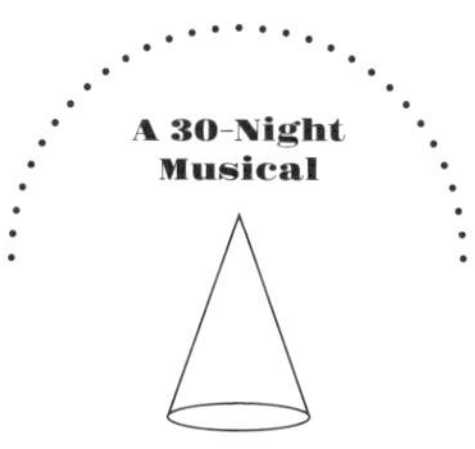

모네, 르누아르, 마네, 고갱, 시냐크 등은 모두 인상주의를 대표하는 작가들입니다. 인상주의는 19세기 후반에서 20세기 초 프랑스를 중심으로 형성된 예술운동의 한 갈래인데요. 태양에 의해 시시각각 변하는 대상의 순간적인 색채, 화가의 눈에 보이는 세계를 화폭에 담았던 미술 사조입니다. 그 풍성한 빛과 색으로 여전히 가장 대중적인 인기를 얻는 화풍일 겁니다.

'인상주의'를 얘기할 때 바로 떠오르는 화가는 모네겠지만, 그림만큼이나 삶이 또 한 편의 작품이 되어 사랑받는 화가는 단연 반 고흐가 아닐까요. 빈센트 반 고흐[1853~1890]가 그린 원화는 물론이고 동생 테오와 주고받은 700여 통의 편지를 통해 그의 삶은 다양한 책과 영화, 전시로 재해석돼 끊임없이 전 세계인을 만나고 있습니다.

국내에서는 지난 2014년 뮤지컬 〈빈센트 반 고흐〉[1]가 초연돼 이후 무대에 오를 때마다 많은 사랑을 받고 있는데요. 빈센트와 테오를 중심으로 펼쳐지는 2인극에 반 고흐의 작품이 제3의 배우로 무대를 가득 채웁니다.

〈빈센트 반 고흐〉

인정받지 못했던
청년예술가

무대는 빈센트 반 고흐가 생을 마감한 지 6개월 뒤 동생 테오가 형을 위한 유작전을 열기 위해 서로 주고받았던 편지와 그림들을 정리하는 모습으로 출발합니다. 1853년 네덜란드 준데르트Zundert에서 태어난 빈센트는 20대 초반까지 구필화랑의 헤이그, 런던, 파리 지점에서 일했습니다. 그러다 아버지의 뒤를 이어 성직자가 되고자 벨기에 보리나주Borinage 탄광촌에서 전도 활동에 전념했지만, 그의 격정적인 성격은 교회 지도부의 거부감을 사게 되죠. 가치 있는 일을 꿈꾸던 빈센트는 27세에 화가가 되기로 결심하고 벨기에와 네덜란드, 프랑스로 이동해 그림 수업을 받습니다. 하지만 이상과 현실의 차이는 컸고, 사랑은 쉽지 않았으며, 아버지의 인정을 받는 것도 힘들었습니다. 아버지가 돌아가시고, 하루 한 끼도 챙겨 먹기 힘든 가난한 예술가가 된 빈센트는 정신적으로 기댔던 테오에게 경제적으로도 의지합니다. 그림을 향한 순수한 열정이 커지는 만큼 예술가로서 인정받지 못하는 불안감과 절망감, 테오에 대한 미안함도 깊어지죠.

냉정하게 말해서 빈센트 반 고흐만큼 스토리텔링하기에 좋은 인물도 없을 겁니다. 전 세계에서 대중적으로 가장 사랑받는 화가지만 불행히도

1  동생 테오와 주고받은 700여 통의 편지를 통해 극이 전개됨을 알리는, 뮤지컬 <빈센트 반 고흐>의 대표 넘버 'From 빈센트 반 고흐'다. 빈센트의 생각과 주변 환경이 서정적인 가사와 멜로디에 스며 있다. 초연부터 빈센트로 열연한 김보강 배우 뮤직비디오 버전이다.

 예술가의 힘겨운 삶이 꽃피워낸 따뜻한 감동

그는 그 사실을 알지 못하잖아요. 활동하던 당대와 사후 평가가 이렇게 극명한 차이를 보이는 예술가가 또 있을까요. 27세의 늦은 나이에 그림을 시작해 10년간 2천여 점의 작품을 그렸지만, 살아생전에 팔린 그림은 단 한 점입니다. 지금의 위대한 화가 빈센트 반 고흐는 1890년 7월 29일 생을 마감할 때까지 인정받지 못한 화가, 덕분에 가난과 고독, 끊임없는 자학에 시달려야 했던 청년예술가였죠. 고국인 네덜란드에서도, 수많은 화가를 만날 수 있었던 프랑스 파리에서도, 지중해의 따사로운 햇살과 향기가 가득한 아를^{Arles}에서도, 새롭게 출발하고 싶었던 오베르 쉬르 우아즈^{Auvers-Sur-Oise}에서도 그는 인정받지 못했고 사람들과 섞이지 못했습니다. 30대 후반이 되도록 생계도 책임지지 못한 상황에서 깊어진 자괴감은 그림을 향한 변함없는 순수한 열정과 더해져 스스로 목숨을 끊는 것으로 마무리됐는지도 모릅니다.

역설적이게도 반 고흐가 탄탄대로를 걷는 화가였다면, 충분히 인정받는 화가였다면, 위대한 예술가로는 기록됐겠지만 지금처럼 많은 사랑을 받지는 못했을 겁니다. 결국은 그가 겪은 절망과 슬픔, 아픔과 상처가 훨씬 풍성한 수용체가 되어 더 넓고 깊은 공감을 끌어내고 있는 게 아닐까요. 아마도 우리는 좌절한 빈센트의 모습에서 자신의 모습을 발견하고, 그럼에도 찬란한 빛을 머금은 반 고흐의 그림에서 희망과 위로를 얻고 있을 겁니다.

무대 위에 펼쳐진
반 고흐의 그림&선우정아의 음악

이렇게나 다양하고 복잡한 내면을 마주해야 하는 빈센트 반 고흐의 이야기는 무대에서 그만큼 깊은 감동을 선사할 수 있는 물꼬가 됩니다. 게다가 등퇴장이 없는 2인극으로 몰입도 높게 진행돼 누구라도 반 고흐 형제의 스토리에 쏙 빠져들게 되죠.

그런데 뮤지컬 〈빈센트 반 고흐〉에는 제3의 배우²가 등장합니다. 그들이 없다면 이 작품은 참으로 밋밋해질 텐데, 바로 반 고흐의 그림들입니다. 프로젝션 맵핑 기술을 통해 반 고흐의 그림 20여 점이 3차원으로 생생하게 재현되는데요. 스토리에 맞춰 아를의 여인숙 주인은 눈을 깜빡이고, 아몬드 나무의 꽃잎이 흩날리고, 밀밭에서 까마귀가 울고 바람이 불어옵니다. 무엇보다 무대 전면을 미술관 벽면처럼 조성해 그의 그림이 차례로 걸리는 마지막 장면은 눈물이 날 정도로 아름답습니다. 화가인 빈센트 반 고흐의 이야기를 무대에서 완벽히 구현해 낸 겁니다.

그런가 하면 이 작품은 싱어송라이터 선우정아 씨가 음악을 맡아 여느 뮤지컬과는 다른 느낌의 넘버들을 감상할 수 있는데요. 초연 당시 그녀를 인터뷰했을 때 "그래도 반 고흐인데 이 정도는 해줘야지"가 아니라, "예술 활동이 밥벌이에 큰 도움이 되지 않는 보편적인 아티스트의 삶, 그들의 고뇌와 젊음, 내면의 약함 등을 표현했다"고 말했습니다. 그래서일까요, 여느

2 빈센트 김경수-테오 황민수 배우 버전의 넘버 '나를 행복하게 하는 것들'이다. 무대를 가득 채우는 반 고흐의 그림을 감상할 수 있다.

  예술가의 힘겨운 삶이 꽃피워낸 따뜻한 감동

뮤지컬과 달리 인디 음악을 듣는 것처럼 노랫말도 멜로디도 소곤소곤 와 닿는 듯합니다.

인기 뮤지컬인 만큼 〈빈센트 반 고흐〉가 무대에 오를 때마다 주연 배우들도 인터뷰했는데요. 빈센트로 변하는 과정이 쉽지만은 않다고 합니다. 일단 빈센트의 노란 머리카락을 재현하기 위해 탈색과 염색을 반복하고, 미술 전문가에게 구도를 잡거나 붓을 쓰는 모습도 지도받습니다. 영상이 스토리 전개에 있어 중요한 장치인 만큼 그림과 동선의 큐^{cue}를 맞추는 것도 각별히 신경 써야 한다고 해요. 하지만 김경수, 조상웅, 배두훈[3] 씨 등 반 고흐를 연기하는 배우들이 공통적으로 했던 말은 "빈센트가 무척 순수한 사람이고 그림을 그리는 순간만큼은 굉장히 행복했던 것 같다"였습니다. "그래서 작품을 준비하고 공연하는 내내 더불어 행복했다"고요.

머문 곳도 작품도
넘치게 사랑받는 빈센트 반 고흐

40년도 채우지 못한 짧은 생애였지만, 그가 머문 곳은 어디나 세계적인 명소죠. 고향 준데르트부터 짧게 머문 뉘넨, 프랑스의 파리, 아를, 오베르 쉬르 우아즈까지, 대부분 그림 한 점 남아 있지 않는데도 빈센트의 흔적을 찾으려는 관광객은 연중 끊이지 않습니다.

[3]  배두훈 빈센트가 말하는 '4테오'(박유덕-박정원-송유택-황민수)

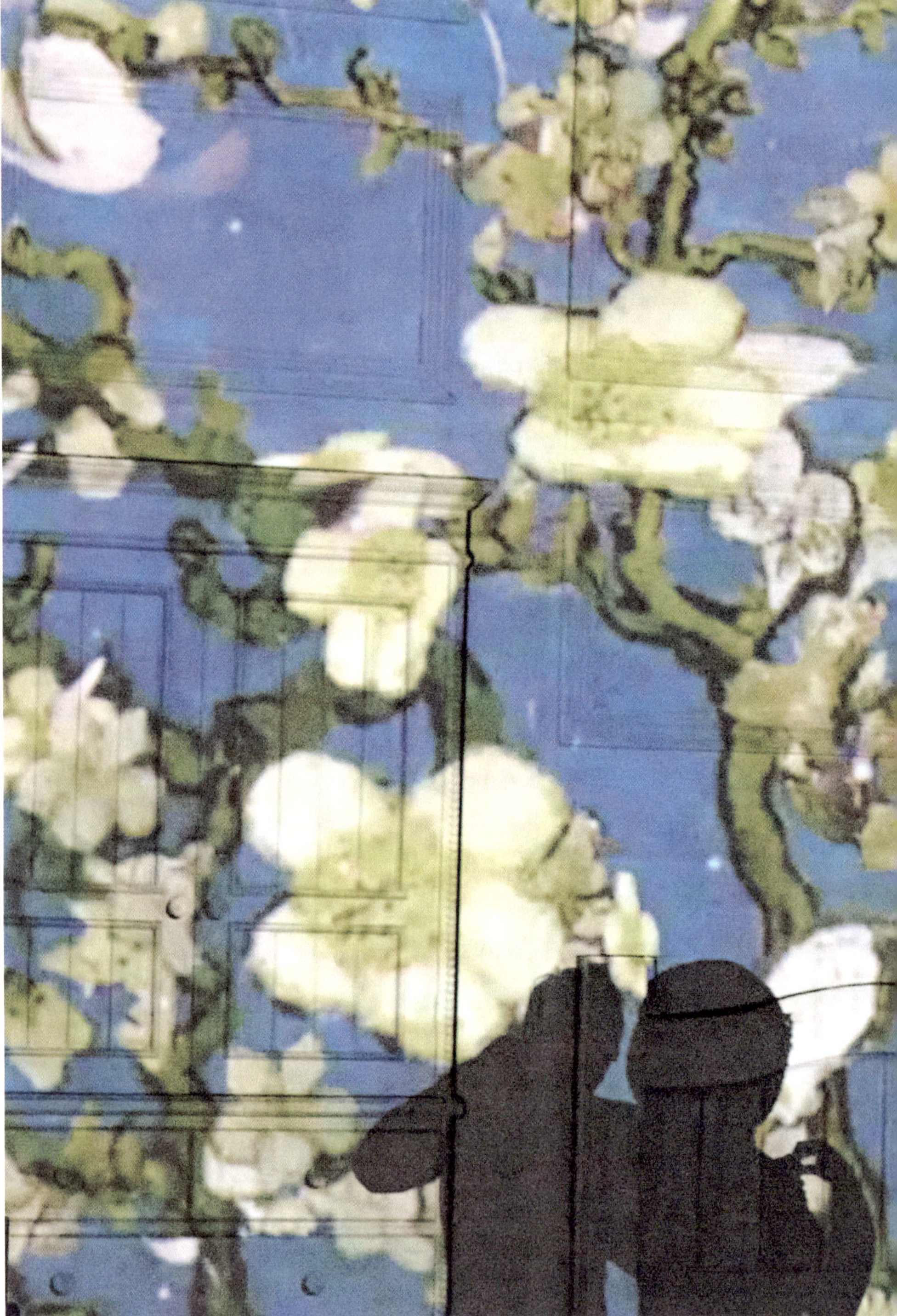

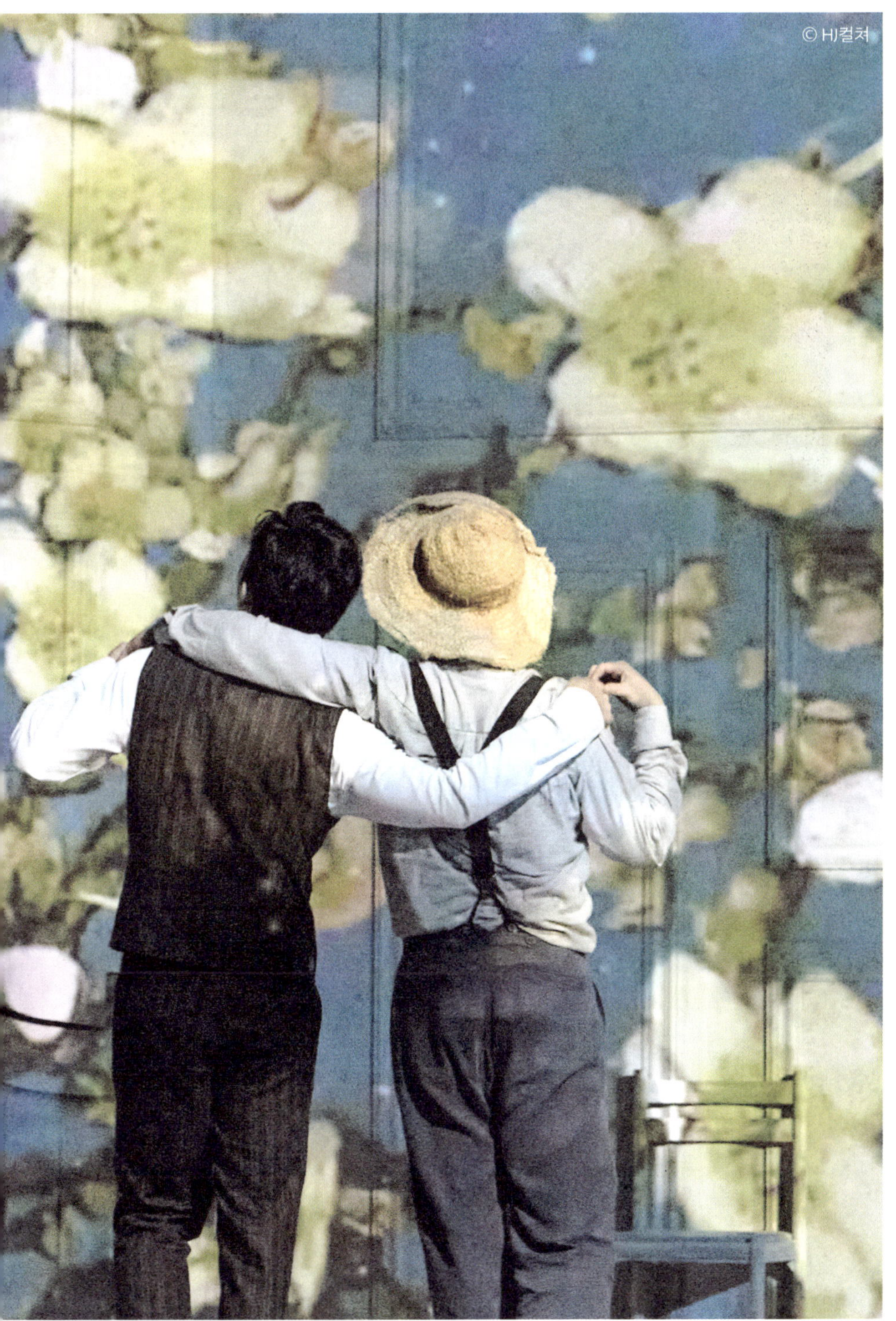
ⓒ HJ컬쳐

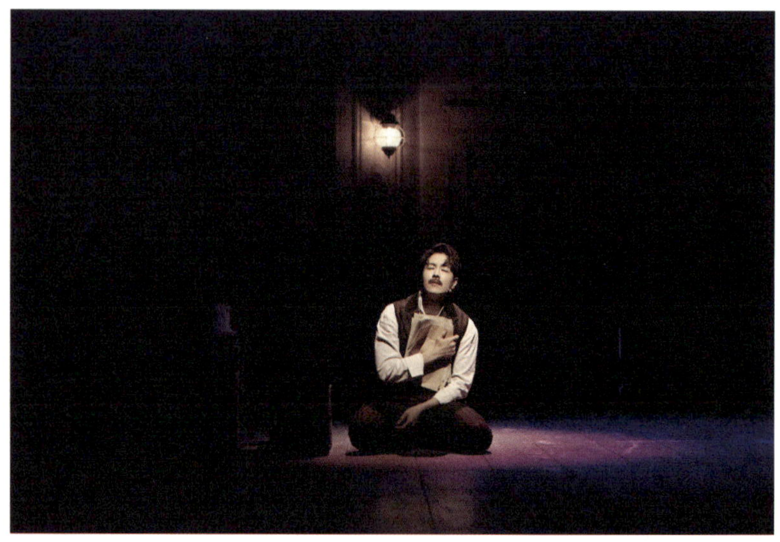

암스테르담의 반 고흐 미술관을 비롯해 파리의 오르세 미술관 등 그의 그림이 있는 곳은 말할 것도 없는데요. 하지만 정작 본인은 그 사실을 전혀 알지 못한다는 것이 너무 안타깝습니다. 이런 마음은 저뿐만이 아닌가 봅니다. 영국 드라마 〈닥터후〉⁴를 보면 빈센트를 오르세 미술관에 데려가 사후에 그의 그림이 얼마나 많은 사랑을 받는지 보여주는 장면이 있습니다. 따로 조성된 '반 고흐'관에 빈센트의 수많은 그림이 걸려 있고, 그보다 많은 관람객이 그의 그림을 보며 행복해하죠. 가능하다면 뮤지컬 〈빈센트 반 고흐〉 객석에도 데려와 그가 얼마나 사랑받는지, 우리가 그의 마음을 얼마나 잘 이해하고 또 위로받는지도 알려주고 싶습니다.

4  이 동영상을 볼 때마다 또르르 눈물이 흐른다. 정말 영혼이 있어서 반 고흐가 그와 그의 그림이 사람들에게 얼마나 사랑받는지 알았으면 좋겠다.

 예술가의 힘겨운 삶이 꽃피워낸 따뜻한 감동

천재 작곡가, 피아니스트 그리고 뮤지컬 〈라흐마니노프〉

"유명한 예술가, 그 작품에 깃든 삶의 굴곡,

그래서 더욱 와닿는 예술작품.

어쩌면 뻔한 공식이지만

공식대로만 해도, 너무 거창하지 않아도,

이렇게 멋진 작품이 나올 수 있다는 것을

보여준 무대"

창작진
**Original
Creative
Team**

극작   김유현
작곡   이진욱, 김보람
연출   오세혁

등장인물
Characters

세르게이 라흐마니노프 Sergei Rachmaninoff
교향곡 1번의 실패로 3년째 은둔 중, 음악을 하면서 쌓인 겹겹의 트라우마가 존재한다.

니콜라이 달 Nicolai Dahl
라흐마니노프 치료에 도전한 정신의학자, '자기암시 요법'을 처방한다.

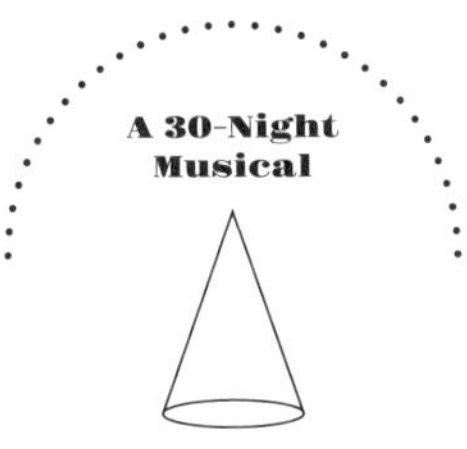

그의 '피아노 협주곡 2번'이나 '보칼리제'를 들려주면 클래식에 관심이 없는 사람들도 누구나 들어봤다고 할 겁니다. 이렇듯 유명한 곡들이지만, 정작 작곡가인 세르게이 라흐마니노프[1873~1943]에 대해 아는 사람은 많지 않죠. 단명한 천재음악가 모차르트, 청력을 잃고도 완벽한 음악을 만든 베토벤, 친구의 아내를 사랑한 브람스, 연주 실력이 뛰어나서 악마라고 불렸던 파가니니 등의 삶은 그들의 음악만큼 유명하지만, 어찌 된 일인지 라흐마니노프의 삶에 대해서는 아는 게 없지 뭡니까.

세상에 알려지지 않았던 그의 이야기가 지난 2016년 국내 무대 위에 펼쳐졌습니다. 교향곡 1번의 실패로 오랜 슬럼프를 겪어야 했던 음악가 라흐마니노프와 그를 치유한 정신의학자 달 박사[1860~1939]의 이야기를 담은 2인극인데요. 위로가 있는 이야기와 감동적인 음악이 더해져 공연 때마다 객석을 뜨겁게 달구는 작품입니다.

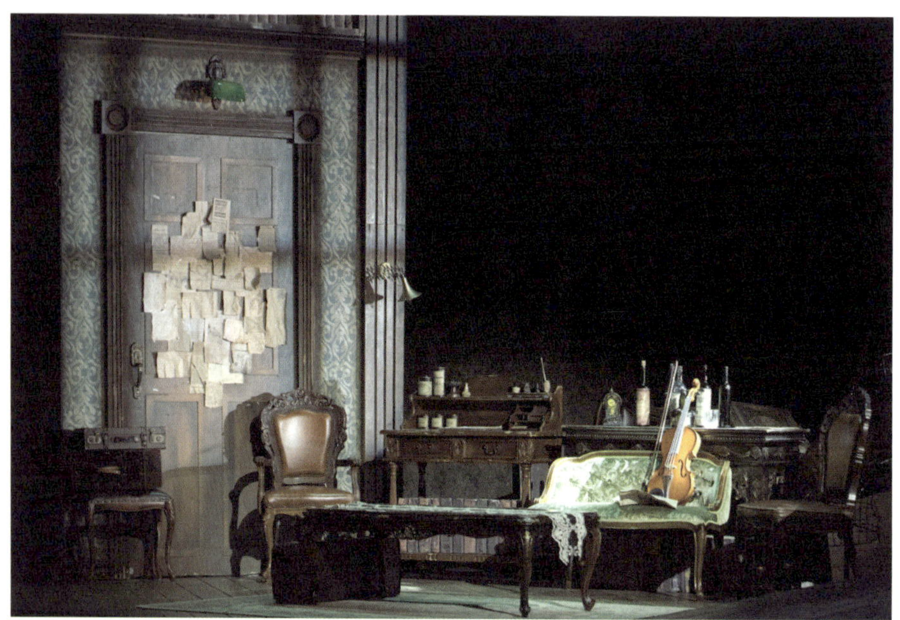

정신의학자 달 박사에게 헌정한
'피아노 협주곡 2번'

라흐마니노프는 러시아 낭만주의의 대미를 장식한 작곡가이자 당대 최고의 피아니스트로 손꼽힙니다. 유년 시절부터 피아노를 익히며 실력을 인정받았던 라흐마니노프는 상트페테르부르크 음악원을 거쳐 모스크바 음악원에서는 작곡법을 배우며 '제2의 차이콥스키'로 불렸는데요. 특히 1901년에 발표된 '피아노 협주곡 2번'으로 명성을 얻어 유럽 전역을 다니며 연주와 작곡을 병행했고, 1910년부터는 모스크바 대극장, 마린스키

     예술가의 힘겨운 삶이 꽃피워낸 따뜻한 감동

극장의 지휘자 등을 역임하며 고국인 러시아를 기반으로 활동했습니다. 1917년 러시아 혁명 당시 미국으로 망명한 뒤에는 두 번 다시 고국 땅을 밟지 못해, 생을 마감할 때까지 러시아를 그리워했는데요. 190센티미터가 넘는 체구와 13도의 음정까지 낼 수 있는 커다란 손으로 빚어내는 파워풀하면서도 전설적인 기교의 연주는 러시아뿐만 아니라 세계적으로 많은 사랑을 받았습니다.

특히 '피아노 협주곡 2번'[1]은 정신의학자 달 박사에게 헌정된 곡으로도 유명한데요. 뮤지컬 〈라흐마니노프〉는 바로 그 이야기를 담고 있습니다.

너무 잘해야만 했던
세르게이 라흐마니노프

'피아노 협주곡 2번'이 발표되기 전, 라흐마니노프는 극심한 우울증을 앓았습니다. 모스크바 음악원 시절 그의 모든 것을 쏟아부은 '교향곡 1번'이 철저히 외면당하며 깊은 실의에 빠졌기 때문인데요. 3년째 극심한 슬럼프로 피아노 연주마저 할 수 없었던 라흐마니노프에게 니콜라이 달 박사가 나타납니다. 그리고 교향곡 1번이 그에게 어떤 의미인지, 무엇 때문에 대단하고 위대한 곡을 만들어야 했는지, 마음 깊게 자리한 후회와 미안함은 누구를 향한 것인지… '그가 지금 아무것도 할 수 없는 이유'와 서서히 마

1 조성진 씨의 연주로 들어보자!

주하게 됩니다.

재밌는 것은 이 과정에서 라흐마니노프뿐만 아니라 그 주변에 있는 사람들, 이른바 '2인자'들의 내면과도 마주하게 되는데요. 2인극인 만큼 라흐마니노프 상대역을 맡은 배우가 달 박사와 라흐마니노프를 가르친 즈베레프 교수를 함께 연기하게 되는데, 두 인물은 무척 다른 것 같으면서도 닮아 있습니다(그들의 이름은 모두 니콜라이다. 니콜라이 달, 니콜라이 즈베레프). 실존 인물인데도 우리는 즈베레프와 달에 대해 잘 모르죠. 하지만 동시대 인물인 차이콥스키와 프로이트는 잘 알지 않나요? 당시 차이콥스키에게 밀렸던 즈베레프 교수는 엄격하고 혹독하게 라흐마니노프를 가르친 반면 프로이트에게 가렸던 달 박사는 긍정과 격려로 라흐마니노프를 치료합니다. 다른 듯하지만, 두 사람이 라흐마니노프를 대한 방식의 이유와 목표는 같습니다. 결국 라흐마니노프를 통해 자신의 열등감을 만회하는 것, 자신의 방식이 경쟁자의 것보다 '맞다'는 것을 세상으로부터 '인정'받고 싶었는지도 모릅니다.

그런 차원에서 한 인물의 심리치료로 자칫 단편적인 이야기가 될 수 있었던 무대는 많은 인물의 내면과 마주하는, 나아가 관객 자신의 마음까지 들여다보는 상호적인 치료와 치유의 기회를 제공합니다.

절제된 무대, 따뜻한 위로가 주는
커다란 감동

〈빈센트 반 고흐〉 무대에서 그의 그림이 제3의 배우였다면, 〈라흐마니노프〉는 음악가의 이야기이니 그의 곡은 엄청난 무기가 아닐 수 없습니다. 악보로 장식된 무대도 일맥상통할 텐데요. 하지만 뮤지컬 〈라흐마니노프〉에서는 오히려 그의 곡을 철저히 절제함으로써 작품의 완성도를 높입니다. 예를 들어 그 유명한 '보칼리제'는 라흐마니노프가 즈베레프 교수의 무덤을 찾아가는 장면에서 짧게 허밍으로 처리됩니다. 극 자체도 라흐마니노프가 '교향곡 1번'에 실패한 뒤 '피아노 협주곡 2번'으로 재기하기까지 3년에 집중합니다. 실존 인물을 다룰 때면 연대기적으로 극을 풀어나가다 결국 인물에 대한 요약 노트 같은 느낌을 줄 때가 많은데 말이죠.

유명한 예술가, 그 작품에 깃든 삶의 굴곡, 그래서 더욱 와닿는 예술작품. 어쩌면 뻔한 공식이지만, 공식대로만 해도, 너무 거창하지 않아도, 이렇게 멋진 작품이 나올 수 있다는 것을 보여준 무대가 〈라흐마니노프〉가 아닐까 합니다. 소심하고 예민한 라흐마니노프와 가벼운 듯 진지한 달 박사 간의 캐릭터 대비도 자칫 밋밋할 수 있는 2인극을 다채롭게 자극합니다.

그리고 그 흔한 따뜻함! 달 박사가 라흐마니노프에게 처방한 자기암시 요법은 "나는 사랑받는 음악가입니다. 새로운 곡을 쓰면 관객들이 나를 사랑해 줄 겁니다"라는 자기 최면입니다. 이 말이 뭐라고 그렇게까지 울컥할까요. 심지어 3년간 은둔 생활을 했던 라흐마니노프는 이를 통해 그 깊은 슬럼프를 딛고 '피아노 협주곡 2번'으로 화려하게 부활합니다. 덕분에 그를 지도한 두 명의 니콜라이 역시 모두 열등감의 굴레에서 벗어날 수 있었죠.

〈라흐마니노프〉

하지만 단순히 따뜻한 말 한마디, 긍정의 자기 최면이 열쇠는 아닐 겁니다. 이 작품에서는 '왜'라는 대사가 중요합니다. 왜 즈베레프 교수가 라흐마니노프에게 그렇게 엄격했는지, 왜 라흐마니노프가 이른 나이에 모든 것을 쏟아 교향곡 1번을 작곡할 수밖에 없었는지, 왜 달 박사가 라흐마니노프를 치료하려 했는지. 그 '왜'를 둘러싼 무의식적인 이유 때문에 모두가 힘든 길을 걸었고, 그 '왜'라는 물음[2]에 직면한 뒤에야 본격적인 치유도 가능했으니까요. 하긴 우리 모두에겐 저마다의 '왜'가 있을 겁니다. 이렇게 살아가고 있는, 이럴 수밖에 없는, 누구에게도 말 못 할, 하지만 누군가에게 말하고 싶고 누군가 알아줬으면 좋겠는 이유들 말입니다.

뮤지컬 〈라흐마니노프〉 역시 위대한 음악가가 아니라 좌절하고 아파했던 한 사람의 이야기입니다. 달 박사는 라흐마니노프의 '마음의 소리'를 들었고, 라흐마니노프는 자신의 '마음의 소리'를 음악으로 들려주는데요. 그래서 그의 음악이 사람들을 위로하고, 뮤지컬 〈라흐마니노프〉가 관객들에게 따뜻한 감동과 희망을 선사하는 게 아닐까요!

2  라흐마니노프의 곡이 녹아 있는 주요 넘버와 '왜'에 대한 이야기가 담겨 있다.

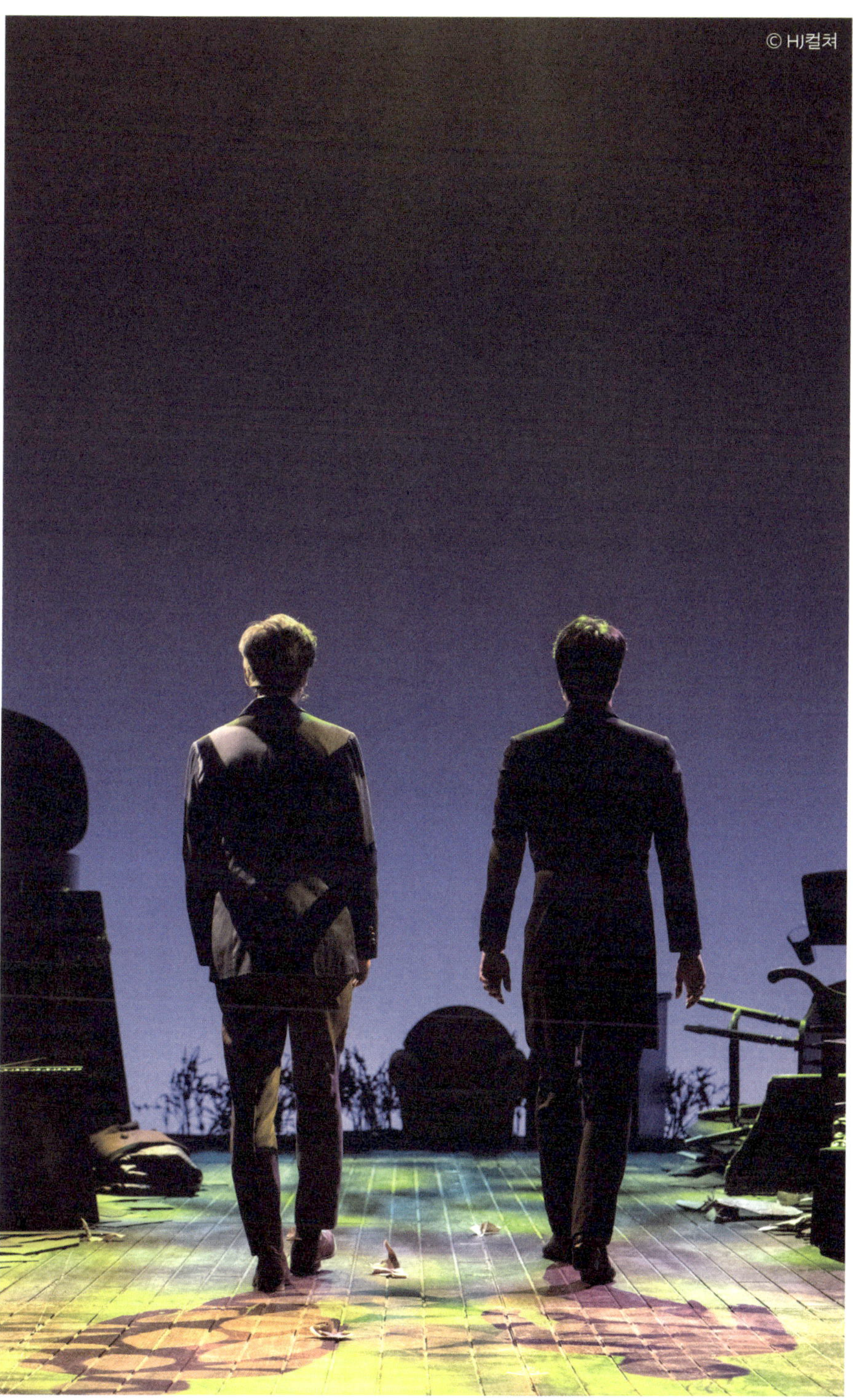
© HJ컬쳐

시인의 뜨겁고
시린 이야기

〈나와 나타샤와 흰 당나귀〉 & 〈윤동주, 달을 쏘다.〉

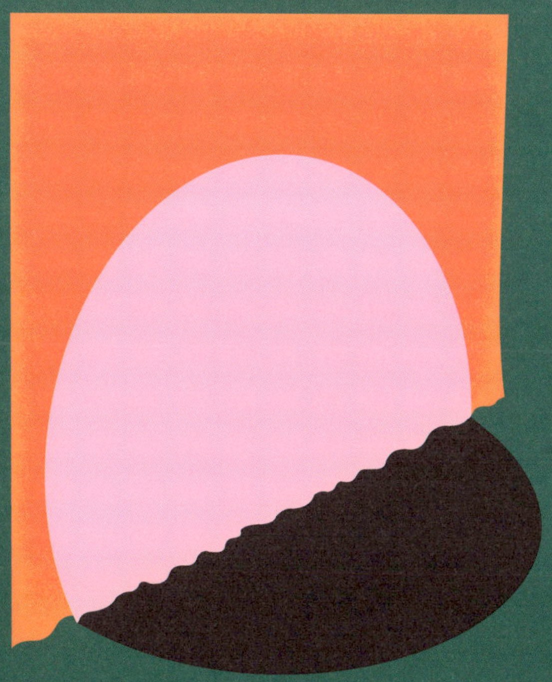

우리나라 창작뮤지컬에서 가장 많이 다루는 시기는 일제 강점기와 한국전쟁 즈음입니다. 근현대사에서 가장 굴곡진 시기며 모두의 삶이 송두리째 짓밟힌 참혹한 시절, 그래서 아이러니하게도 평소와는 전혀 다른 이야기가 쏟아져 나올 수 있었던 기간인데요. 무대에서 다루는 우리 예술가들의 이야기도 그 시절과 맞물립니다. 시대를 뛰어넘어 사랑받는 '고전'을 만들어낸 서양의 예술가들은 400여 년 전까지 시간도 거스르고, 음악가에서 문인, 미술가, 무용가까지 분야도 폭넓지만, 우리의 이야기는 작가의 인지도와 작품의 대중성 등에 한계가 있어서인지 아직까지는 대부분 문인에 집중되는 편입니다. 극작가에게 좀 더 익숙한 분야일 테고, 그들의 특별한 이야기를 실제 문학 작품을 인용해 아름다운 대사와 선율로도 표현할 수 있으니 다른 장르에 비해 '무대화'가 조금은 더 수월하다고 할까요.

대부분 역사적 사실에 상상을 더한 이른바 팩션(fact+fiction) 뮤지컬로, 경성시대 문인 사회를 배경으로 펼쳐지는 〈팬레터〉, 이상이 지은 연작시 '오감도烏瞰圖 제15호'를 모티브로 제작된 〈스모크〉, 허난설헌으로 알려진 조선시대 여류 시인 허초희의 이야기를 담은 〈난설〉 등이 대표적입니다. 물론 백석, 윤동주 시인도 빼놓을 수 없죠!

쌓인 눈처럼
사무친 그리움
〈나와 나타샤와 흰 당나귀〉

"배우도 관객도 모두

엷은 미소를 지으며 눈물을 흘리게 되는

따뜻하고 시린 이야기"

<table>
<tr><td>창작진
Original
Creative
Team</td><td>극작/작사
작곡/작사
연출</td><td>박해림
채한울
오세혁</td></tr>
</table>

<table>
<tr><td>등장인물
Characters</td><td>백석
당대 최고의 모던 보이이자 시인들의 선망의 대상

자야
평생을 백석과 헤어지던 순간을 반복하며 그리움 속에 살았던 여인

사내
작품 안팎에서 백석과 자야의 사랑을 지켜보는 인물</td></tr>
</table>

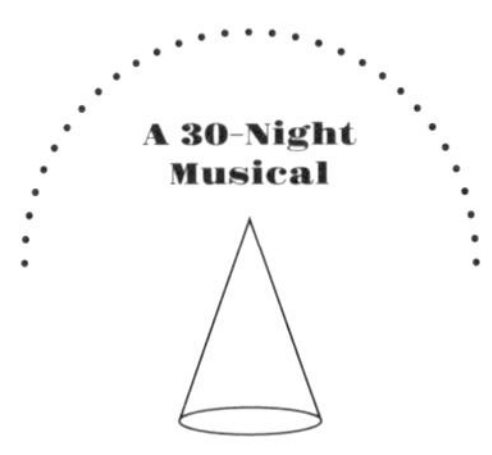

가난한 내가
아름다운 나타샤를 사랑해서
오늘밤은 눈이 푹푹 나린다.

눈은 푹푹 나리고
나는 나타샤를 생각하고
나타샤가 아니 올 리 없다.

눈은 푹푹 나리고
아름다운 나타샤는 나를 사랑하고
어데서 흰 당나귀도 오늘밤이 좋아서 응앙응앙 울을 것이다

백석의 시 '나와 나타샤와 흰 당나귀'의 일부입니다. 이 시에서 영감을 얻
어 제작된 창작뮤지컬 〈나와 나타샤와 흰 당나귀〉는 무대에 오를 때마다

〈나와 나타샤와 흰 당나귀〉

인기가 대단한데요. 시인 백석과 백석을 잊지 못해 평생 그리워한 기생 자야의 이야기입니다. 실존했던 인물의 스토리에 작가의 상상력이 더해진 극은 과거와 현재, 함흥과 서울, 정주를 넘나들며 어여쁜 젊은 날의 사랑부터 그 사랑을 간직하느라 홀로 쓸쓸하게 늙어버린 한 여자의 삭은 그리움까지 담아냅니다. 2016년 2월 트라이아웃(시범) 공연부터 화제더니 2017년 제1회 한국 뮤지컬 어워즈에서 작품상, 극본/작사상, 연출상 등을 휩쓸었고, 차범석 희곡상 뮤지컬 극본 부문에서 수상하기도 했습니다.

뮤지컬 〈나와 나타샤와 흰 당나귀〉[1]의 가장 큰 매력은 백석의 아름다운 시 20여 편이 대사와 가사에 고스란히, 무척이나 자연스럽게 녹아들어 있다는 점인데요. 평안북도 사투리가 쓰인 시어는 따뜻한 울림이 참 좋습니다.

하지만 무대의 나머지 부분은 간결하고 절제되어 있습니다. 시에 담긴 쓸쓸함과 외로움, 한국적인 운치를 표현하듯 무대는 대나무로 정갈하게 둘러싸여 있고, 모든 음악은 단 한 대의 피아노가 이끌어갑니다. 그리고 백석과 자야를 연기하는 남녀, 극의 전체적인 해설을 비롯해 소소하게 필요한 인물을 연기하는 사내까지 단 3명의 배우만 등장합니다. 자야를 아끼는 백석의 마음도, 백석을 사무치게 그리워하는 자야의 마음도 넘치지 않는데요. 그러나 지극히 간결하고 담백한 무대와 절제된 배우들의 호연은 그 어느 작품보다 관객들에게 풍성한 감동을 안겨줍니다.

1  트라이아웃 공연부터 함께 했던 정인지-이상이-유승현 배우 버전이다. 방송에서도 활약하고 있는 이상이 씨의 초창기 무대 연기를 확인할 수 있다.

백석^{1912~1996}과 자야^{1916~1999}

무대 위, 노인이 된 한 여인 앞에 여전히 활기 넘치는 말쑥한 정장 차림의 남자가 등장합니다. 그녀의 옛사랑, 모던 보이 백석입니다. 그는 여인에게 여행을 떠나자고 말하는데요. 그렇게 시인 백석과 기생 자야의 이야기가 펼쳐집니다. 우연히 만난 그들은 뜨겁게 사랑하지만, 기생과 살림을 차린 아들을 그냥 둘 수 없어 백석의 집안에서는 강제로 다른 여자와 결혼하게 합니다. 하지만 신부의 얼굴도 보지 않고 백석은 자야에게 돌아옵니다. 사람들의 눈이, 가난이 그들을 괴롭히지만 '이 사람만 있다면 다른 것은 아무래도 좋다'는 마음으로 서로를 사랑합니다. 그러나 백석이 만주로 떠난 사이 해방이 되고, 다시 고향 정주에 있는 사이 삼팔선으로 남북이 분단되면서 두 사람은 눈을 감는 날까지 두 번 다시 만날 수 없었습니다.

　뮤지컬 〈나와 나타샤와 흰 당나귀〉를 보고 나면 백석과 자야라는 인물이 궁금해질 겁니다. 평안북도 정주 출신인 백석의 본명은 백기행입니다. 1930년 조선일보 신춘문예 단편소설 부문에 당선돼 등단했지만 주로 시를 썼고, 문인들이 더 사랑한 시인이라고 해요. 그가 1936년에 발표한 시집 「사슴」은 100부 한정판이었는데, 시집을 구하지 못한 윤동주는 도서관에서 백석의 시를 하루 종일 필사할 정도였다고 합니다. 한때 함흥에서 영어교사로 일하다 교직도 그만두고 서울을 거쳐 만주로 갔고, 광복 이후에는 고향인 정주로 돌아갔는데요. 이후 남북한 분단으로 다시는 남쪽 땅을 밟지 못하게 됩니다. 한때는 '월북 작가'라는 이유로 그의 작품마저 접할 수 없었는데요. 1988년 월북 문인 해금 조치 이후 뜨겁게 재조명받고 있는 백석의 시는 고향인 평안북도 방언을 그대로 사용해서 토속적이고 향

토색이 짙으면서도 소박하고 아름다운 시로 평가받고 있습니다.

서울에서 태어난 자야는 김영한이라는 본명보다 백석이 지어준 별호인 '자야'로 많이 알려졌는데요. 어려운 가정 형편으로 16세에 기생이 됐습니다. 춤과 노래는 물론이고 글과 그림에도 재능이 있었다고 합니다.

함흥에서 백석이 영어교사로 일하던 시절, 두 사람은 학교 회식자리에서 만나 사랑에 빠지는데요. 이후 백석과 자야는 청진동에 살림을 차리고 서울과 함흥을 오가며 3년간 동거했습니다. 하지만 백석이 만주를 거쳐 고향에 가 있는 동안 남북이 분단됩니다. 홀로 남은 자야는 성북동의 배밭골을 사들여 한식당을 운영했는데요. 이곳이 이후 국내 3대 요정의 하나였던 '대원각'이 됩니다. 또 대학에서 영문학을 전공한 뒤 백석에 관한 책을 내고, '백석문학상'도 만듭니다.

김영한 씨는 노년에 법정 스님의 「무소유」를 읽고 "누구나 와서 마음의 평안을 찾는 곳이 되길 바란다"며 법정 스님에게 대원각을 시주할 테니 절로 만들어달라고 부탁합니다. 그곳이 지금의 '길상사'죠. 당시 시가 천억 원 규모였다고 하는데요. "전 재산을 다 시주하여 후회하지 않느냐"는 물음에 그녀는 "천억 원이 그 사람 시 한 줄만 못해"라고 답했다고 합니다.

눈, 길상사, 사랑

〈나와 나타샤와 흰 당나귀〉가 공연되는 대학로에서 조금만 이동하면 성북동에 자리한 길상사에 도착할 수 있습니다. 법정 스님이 머물러 유명해진 그 절은 이렇게 태어났는데요. 자야 김영한 씨 역시 이곳에서 눈을 감았고,

유골은 유언대로 첫눈이 도량을 순백으로 뒤덮은 날 길상헌 뒤쪽 언덕바지에 뿌려졌다고 합니다.

뮤지컬 〈나와 나타샤와 흰 당나귀〉는 뜨겁게 사랑했던 한 남자를 평생 잊지 못한 한 여자의 시선에서 펼쳐지는 이야기[2]입니다. 이루지 못해 더욱 애절한 사랑 이야기, 오랜 시간과 수많은 사연을 지나와 마지막에 남겨진 이야기는 첫눈처럼 아름답게 울리지만, 60년의 시간을 외롭고 쓸쓸하게, 서럽고 사무치게 버텨야 했던 한 여자의 모습은 너무나 가슴 아픈데요.

"모두 사라지고 남은 것은 거울 속에 비친 늙은 여자의 얼굴"이라는 대사가 있습니다. 누군가의 손을 놓치고, 마음에 다른 이는 들일 수 없어 같은 자리에 오랜 시간 머물러본 사람이라면 깊게 공감할 겁니다.

하지만 자야는 그런 이야기도 합니다. 계속 함께했다면, 결혼해서 아이 낳고 지지고 볶고 살았다면, 이렇게 평생 사랑하고 그리워할 수도 없었을 거라고요. 자신의 가장 예쁘고 아름답던 모습은 백석의 시에 고스란히 간직돼 있다고 말입니다.

이룰 수 없었지만 영원히 아름다운 모습으로 머물러 있는 사랑, 함께하지만 처음과는 달리 변해가는 사랑, 어떤 것이 나을까요? 뮤지컬 〈나와 나타샤와 흰 당나귀〉를 보고, 백석과 자야의 이야기를 알고 난 뒤 길상사에 가면 이전과는 사뭇 느낌이 다를 수 있습니다. 눈이라도 내릴 때면 그들의 이야기가 소곤소곤 들려오는 것 같은데요. 사랑에 많이 아파했던 사람이라면 김영한 씨의 바람처럼 그곳에서 좀 더 위로를 얻을 수 있지 않을까요.

[2]  2020년 시즌을 함께한 이하나-송원근-장민수 배우 버전도 극 전체를 조망하기에 좋다.

그러고 보니 뮤지컬 〈나와 나타샤와 흰 당나귀〉는 항상 눈 내리는 즈음 공연됩니다. 배우도 관객도 모두 엷은 미소를 지으며 눈물을 흘리게 되는 따뜻하고 시린 이야기. 언젠가부터 눈이 오면 자연스레 〈나와 나타샤와 흰 당나귀〉가 떠오르는 것 같습니다. 가난한 내가 아름다운 나타샤를 사랑해서 오늘밤은 눈이 푹푹 나린다. 눈은 푹푹 나리고 나는 나타샤를 생각하고 나타샤가 아니 올 리 없다….

처연한 절규
〈윤동주, 달을 쏘다.〉

"참혹한 시대에 스스로 느꼈던

'부끄러움'을 달로 형상화해

그 달을 쏘려 했던 그의 마음이

고스란히 전해진다."

창작진	**극작/작사**	한아름
Original	**작곡**	오상준
Creative	**연출**	권호성
Team		

등장인물
Characters

윤동주
총 대신 연필을 든 자신을 부끄러워하면서도 우리말과 글로 시대에 저항했던 청년

송몽규
동주의 사촌이자 가장 친한 벗, 리더십 있고 활달한 성격으로 직접 독립운동에 뛰어든다.

강처중
동주의 연희전문 문과 동기, 불의에 대항해 학생들의 시위를 이끈다.

정병욱
동주의 후배, 동주가 일본 유학을 떠나며 남긴 자필 원고를 마루 밑에 묻어 지켜낸다.

이선화
가상의 인물, 힘들어하는 동주에게 '시 쓰는 것을 부끄러워하지 말라'며 용기를 준다.

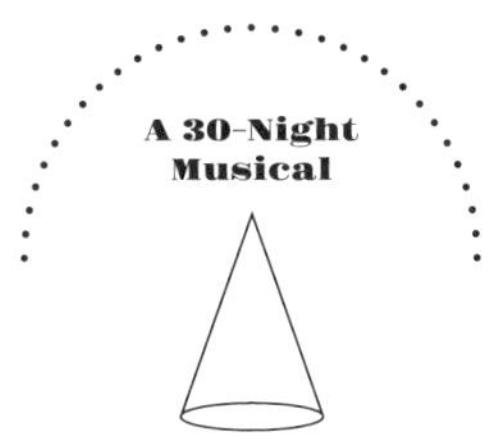

날 바라보는 저 달이 미워져

내 부끄러움을 비추는 달이 미워

저 달을 원망하며

돌을 찾아 저 달을 향해 던진다

던져도 던져도 죽어라 던져도

내 머리 위에서 빈정댈 달이지만

뜨는 해는 내일이 아니라 오늘이오

친구여 우리에게 내일은 없으니

좀 더 탄탄한 갈대로

화살을 삼아서

무사의 마음으로

무사의 맘으로 달을 쏜다

<윤동주, 달을 쏘다.>

통쾌하다
부서지는 저 달빛이

우습구나
쪼개지는 저 그림자

오늘도 내일도 나는 무사의 마음으로
너를 쏜다
시를 쓴다
삶이 쓰다
달을 쏘다

윤동주의 산문을 노랫말로 녹인 넘버 '달을 쏘다'의 일부입니다. 한국 문화계에서 가장 사랑받는 예술가는 윤동주일 겁니다. 위대한 시인이 아니라, 일제강점기 29년의 짧은 생을 일본 후쿠오카 형무소에서 마감한 푸르른 청년으로 말이죠. 서점가에서는 유고 시집「하늘과 바람과 별과 시」가 꾸준히 인기를 얻고 있고, 지난 2016년에는 이준익 감독의 영화《동주》가 개봉해 많은 사랑을 받기도 했습니다.

청년 윤동주의 이야기는 영화에 앞서 2012년 무대에서도 큰 감동을 선사했는데요. 바로 서울예술단이 선보인 창작가무극 〈윤동주, 달을 쏘다.〉입니다. 〈윤동주, 달을 쏘다.〉는 감당하기 힘든 시대를 온몸으로 겪어야 했던 위대한 시인이 아니라, 친구들과 우정을 나누고 문학을 얘기하던 평범한 청년의 모습을 고스란히 담아내 관객들에게 더욱 깊은 공감과 울림을 선사합니다.

윤동주[1917~1945]와 송몽규[1917~1945]

윤동주와 송몽규는 같은 해 같은 곳에서 태어나, 같은 해 같은 곳에서 세상을 떠났습니다. 격변의 소용돌이를 온몸으로 겪어야 했지만, 서로 의견이 다를 때도 있었지만, 그래도 두 사람이 늘 함께여서 많이 의지할 수 있었을 겁니다.

사촌인 두 사람은 우리에게는 북간도로 알려진 중국 길림성 화룡현 명동촌에서 태어났는데요. 명동촌은 당시 한인이 집단 이주해 세운 마을로, 일제강점기 북간도 민족교육의 거점이기도 했습니다. 두 사람은 어릴 때부터 문학에 남다른 재능이 있어 어린이잡지를 구독하고, 동기들과 잡지를 만들었습니다. 윤동주는 이곳에서 14년을 보낸 뒤, 평양을 거쳐 22세 되던 1938년 서울 연희전문 문과에 입학하는데요. 앞서 군관학교에 입교하기 위해 중국으로 갔다 체포된 뒤 석방된 송몽규도 함께 입학했고, 강처중까지 3명[1]이 기숙사의 한방을 썼다고 합니다.

연희전문 졸업 후 1942년 3월 윤동주는 도쿄 릿쿄대학 문학부 영문과에, 송몽규는 교토제국대학 사학과에 입학합니다. 유학 초기 향수병에 시달렸던 윤동주는 그해 10월 송몽규가 있는 교토의 도지샤대학 영문과로

1 윤동주-송몽규-강처중으로 초연 때부터 함께한 과거 서울예술단 삼총사 박영수-김도빈-조풍래 배우, 이른바 '슈또풍'의 넘버 '시를 쓴다는 것'이다.

전입학했는데요. 도지샤대학은 윤동주가 가장 좋아하는 시인 정지용이 다닌 학교이기도 합니다.

하지만 1943년 윤동주는 중국 군관학교 입교 전력 때문에 일본 경찰의 감시를 받던 송몽규와 함께 독립운동 혐의로 검거되고, 1945년 후쿠오카 형무소에서 두 사람은 짧은 생을 마감합니다. 윤동주의 유시는 해방 후 1948년 1월 정음사에서 「하늘과 바람과 별과 時(시)」로 간행되는데요. 강처중이 자신이 보관하던 유고와 후배 정병욱이 가지고 있던 필사본 등 31편을 모았고, 윤동주가 그렇게나 좋아했던 정지용이 강렬한 서문을 남겼습니다.

무대에서 오롯이 담아낸
시어

일제가 국가총동원법을 조선에도 적용해 한민족 전체를 전시총동원체제의 수렁으로 몰아넣던 1938년. 무대 위 윤동주는 강처중, 정병욱 등과 함께 외솔 최현배 선생의 조선어 강의를 들으며 민족문화의 소중함을 깨닫고 자신만의 문학세계를 만들어갑니다. 하지만 이것은 참담한 민족의 현실에 눈뜨는 과정이기도 했는데요. 동주는 혼돈의 시대 속에서 절필과 시 쓰기를 반복하며 괴로워합니다. 졸업을 앞둔 동주는 그간 썼던 시 19편을 모아 시집 「하늘과 바람과 별과 時」를 엮지만, 일제 아래 신음하는 조선에서 '시'는 사치스러운 일이자 동시에 위험한 일이었기에 첫 시집은 출간되지 못합니다. 동주는 일본 유학 중 '조선인 유학생을 모아놓고 조선의 독립과 민족문화의 수호를 선동했다'는 죄목으로 몽규와 함께 경찰에 붙잡히고, 각각 징역 2년 형을 선고받아 후쿠오카 형무소에 갇히는데요. 그곳에서 반복적으로 정체불명의 주사를 맞으며 생체실험을 당하다 1945년 외마디 비명과 함께 29세로 짧은 생을 마감합니다. 20일 뒤 몽규도 그의 뒤를 따릅니다.

윤동주는 살아생전에 제대로 등단한 시인도 아니었고, 나라를 위해 몸을 불사른 독립운동가도 아니었습니다. 무대는 그러한 청년 윤동주의 모습을 담았기에 비범하거나 비장하지 않습니다. 그래서 이 작품의 제목이 〈윤동주, 달을 쏘다.〉가 아닐까 합니다. 참혹한 시대에 스스로 느꼈던 '부끄러움'을 달로 형상화해 그 달을 쏘려고 했던 그의 마음이 고스란히 전해지는데요. '달을 쏘다'는 윤동주가 쓴 산문입니다. 공연의 제목이며 마지막 넘버[2]이기도 하죠. 그러나 나머지 그의 시들은 20여 곡의 넘버와 분리됩니다. 가무극이지만 시를 노랫말로 담아내지 않은 겁니다. 이 작품의 백미죠. 무대에서 윤동주의 시를 온전히 감상할 수 있다는 점이요!

무대의 첫 장면은 취조실입니다. 사상범으로 잡힌 윤동주는 한국어로 썼던 모든 글을 일본어로 번역해야만 하는데요. 그때까지 뭘 하면서 어떻게 살았는지, 무대는 그가 쓴 시를 통해 과거부터 현재까지 회상합니다. 이 장면에서 제작진은 시를 온전히 남겨둡니다. '팔복', '십자가', '아우의 인상화', '간판 없는 거리', '이별' 등은 모두 극을 풀어가는 과정에서 배우가 독백하거나 낭독하고, '참회록'은 무대 전면에 글씨로 새깁니다. 대표작 '별

2      박영수 배우가 부르는 '달을 쏘다'.

헤는 밤'[3]은 한없이 처연하고 서정적인 분위기와 달리 형무소에 갇힌 윤동주가 절규하며 읊어내는데 그 어떤 음악보다, 그 어떤 장치보다 강렬합니다. 서울예술단만이 선보일 수 있는 한국적인 군무와 선율도 담담하고 고즈넉하게 작품의 완성도를 높입니다.

여러 차례 각각 윤동주, 송몽규로 참여했던 박영수, 김도빈 배우를 인터뷰[4] 한 적이 있는데요. 초연부터 참여했던 배우들인 만큼 작품과 캐릭터를 함께 만들었다고 할 수 있고, 그만큼 작품에 대한 애착도 컸습니다. 특히 〈윤동주, 달을 쏘다.〉를 공연할 때면 서울 종로구 청운동에 있는 '시인의 언덕'을 찾아 윤동주 시비 앞에서 술을 따르고 시도 읊는다는 얘기를 들었는데요.

윤동주의 흔적은 그가 다녔던 학교와 주변에서 지금도 찾을 수 있습니다. 일단 연세대 정문으로 들어가 백양로를 지나면 자그마한 시비가 보입니다. '서시'가 새겨져 있죠. 시비 뒤로 보이는 핀슨홀은 연희전문 시절 학생 기숙사로 쓰였던 건물로, 안에는 윤동주의 그 시절 흔적을 모아둔 기념실이 있습니다. 기숙사를 나온 윤동주는 후배 정병욱과 함께 종로구 누상동에서 하숙을 했습니다. 윤동주는 효자동길을 따라 인왕산에 오르곤 했는데요. 그곳이 '시인의 언덕'으로 조성된 겁니다. 시인의 언덕 바로 아래

[3] 윤동주 장인 박영수 배우의 열연이 조금은 정제된 동영상이다.

[4] '배역을 바꿔보면 어떨까?' 생각한다면 김도빈 배우에게 답변을 직접 들어보자.

에는 '윤동주문학관'이 있는데요. 친필 원고와 사진 자료, 그가 평소에 즐겼던 시집들을 볼 수 있습니다. 특히 눈에 띄는 낡은 우물은 시인의 생가에서 옮겨온 겁니다. '자화상'에 나오는 그 우물이 아닐까 싶네요.

참, 서울 서촌에는 윤동주 외에도 우리나라 근현대 예술가들의 흔적이 많이 남아 있습니다. 인왕산 자락을 따라가면 겸재 정선이 화폭에 담은 수성동 계곡이 펼쳐지고, 옥인동에는 박노수 화백이 40년 동안 살았던 집이 미술관으로 조성돼 있습니다. 또 누하동에는 한국화의 거목으로 불리는 이상범 화백의 가옥과 화실이, 통의동에는 시인 서정주, 오장환, 소설가 김동리 등이 기거했던 보안여관이 있고요. 이상이 차리고 박태원, 김유정 등 동료 문인들과 토론을 일삼던 제비다방도 인근입니다.

만화 찢고 나온 뮤지컬

〈데스노트〉 & 〈신과 함께〉

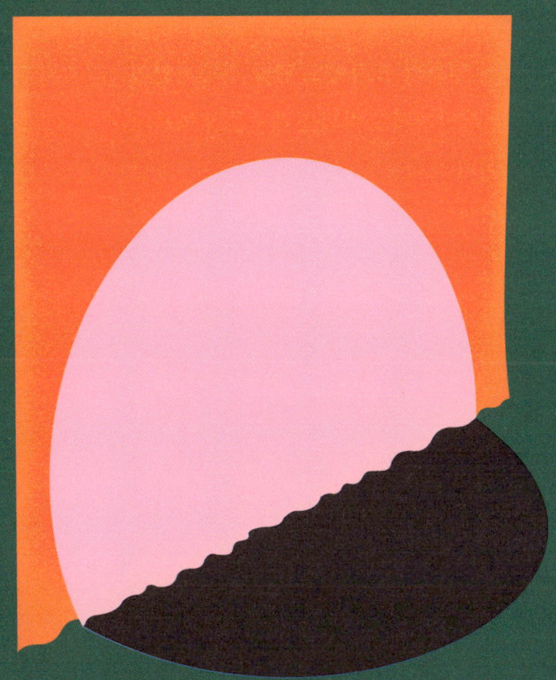

공연을 보면 새로운 이야기만큼이나 관객들이 이미 알고 있는 소재가 무대화될 때가 많습니다. 한 장르에서 사랑받은 이야기는 타 장르에서도 활용하기 마련이죠. 공연계가 꾸준히, 가장 많이 영감을 얻는 분야는 단연 문학이며, 영상매체의 발달과 함께 영화와 드라마도 단골 거래처인데요. 결국 그 시대 가장 활발하게 소비되는 대중문화가 무대로도 만들어집니다. 이미 소비층의 구미를 확인했고, 잘 알려져 친숙하다는 옵션까지 장착했으니 절반의 흥행은 안고 시작하는 셈이죠.

그런 차원에서 21세기 들어 문화 콘텐츠 시장에서 새롭게 각광받고 있는 장르는 만화입니다. 이미 드라마와 영화로까지 제작되고 있는 만화와 웹툰은 뮤지컬과 연극으로도 적극적으로 탈바꿈하며 관객들을 사로잡고 있는데요. 영상매체보다 더한 상상력과 극한의 캐릭터, 제한 없는 시공간이 펼쳐지는 만화를 지독히도 제약 많은 무대에서 무슨 수로 흥행까지 이끌어내는 것일까요?!

뮤지컬로
다시 인기몰이
〈데스노트〉

"의상이며 분장,

배우들의 움직임까지

원작 팬들이 봐도 손색없는,

아니 원작을 뛰어넘는 매력"

창작진
Original
Creative
Team

극작   이반 멘첼Ivan Menchell

작곡   프랭크 와일드혼Frank Wildhorn

작사   잭 머피Jack Murphy

연출   쿠리야마 타미야Kuriyama Tamiya

등장인물
Characters

야가미 라이토

법관을 꿈꾸는 대학생, 공부와 스포츠 등 모든 면에서 뛰어나다. 반복되는 일상에 따분함을 느낄 때 데스노트를 줍게 되고, '키라'라는 이름으로 세상을 개혁하려는 목표를 갖는다.

엘(L)

어떤 사건이든 해결해 내는 수사관, 구부정한 자세에 늘 사탕을 물고 다니는 등 겉모습은 탐정과 멀어 보이지만 상상을 뛰어넘는 추리력을 지니고 있다.

렘

미사에게 데스노트를 준 여자 사신, 미사에게 깊은 정을 품고 그녀를 위해 라이토의 계략에 동참한다.

류크

라이토에게 노트를 준 최초의 사신, 인간계의 사과를 좋아한다. 즐거움을 좇아 라이토의 범죄적 행동에 대해서도 방관하며 상황을 즐긴다.

아마네 미사

일본 최고의 가수, 밝고 천진한 모습으로 많은 사랑을 받지만 어렸을 때 부모가 살해된 아픔이 있다. 그 범인을 죽여준 키라를 우상으로 여기며, 온 마음을 다해 사랑한다.

야가미 소이치로

라이토의 아버지이자 일본 경찰청 형사국장, 라이토가 키라라는 것을 모른 채 키라를 잡기 위해 노력한다.

야가미 사유

라이토의 여동생으로 오빠를 따뜻한 마음으로 보듬어 주는 순수한 소녀다.

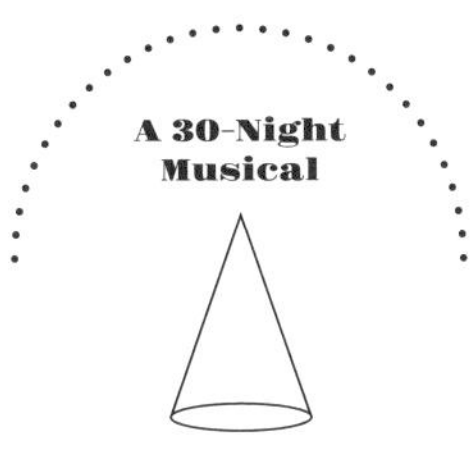

2000년 전후 한일 문화 시장을 비교하면 '역전'이라는 표현이 가장 적합하지 않을까 합니다. 구체적인 수출 규모를 언급하지 않더라도 K-POP을 필두로 드라마, 영화까지 현재 일본에서 소비되는 한국의 문화 콘텐츠 규모는 한국 내 일본의 그것과 비교되지 않는데요. 주변의 누군가에게 좋아하는 일본 가수나 드라마를 물었을 때 쉽게 답하지 못한다는 점에서 납득이 될 겁니다.

하지만 일본이 지금까지도 초강세인 분야가 있으니, 바로 '만화'입니다. 이제 J-POP 덕후는 찾기 힘들지만, 종이책부터 애니메이션에 이르기까지 일본 만화를 좋아하는 사람은 여전히 많습니다. 「은하철도999」, 「명탐정 코난」, 「원피스」, 「진격의 거인」 등은 주요 장면의 원화를 비롯해 캐릭터 피규어, 제작노트, 영상 등을 볼 수 있는 전시회도 열렸고, 「꽃보다 남자」, 「심야식당」, 「4월은 너의 거짓말」, 「베르사유의 장미」 등은 뮤지컬로도 제작됐는데요. 「데스노트」도 그 가운데 하나입니다.

오바 츠구미(원작)와 오바타 타케시(작화)의 「데스노트」는 2003년부터 슈에이샤「주간소년점프」에 연재된 만화입니다. 일본에서만 3000만 부 이상 발행됐고, 아시아를 넘어 유럽과 미국 등 전 세계 35개국에서 번역·출간된 히트작입니다. '데스노트에 이름이 적히면 죽는다'는 독특한 소재와 신선하고 매력적인 캐릭터까지 갖춘「데스노트」는 2006년 영화를 시작으로 애니메이션, 드라마 등으로 제작됐고, 2015년에는 뮤지컬로도 도쿄에서 초연됐습니다.

같은 해 우리나라에서도 라이선스 버전으로 첫선을 보였는데요. 일단 원작이 워낙 화제였던 데다 홍광호, 김준수, 정선아, 박혜나, 강홍석 등 초호화 캐스팅까지 더해져 공연 전부터 많은 관심을 받았습니다. 이후 만화 속 캐릭터가 무대만의 언어와 상상력으로 구현된 모습, 만화를 바로 찢고 나온 듯한 배우들의 호연으로 막공*까지 객석의 빈자리를 허락하지 않았습니다.

식상함을 벗어던진
참신한 스토리와 무대

반복되는 일에 지루해진 사신 류크는 일부러 인간세계에 '데스노트'를 떨어뜨립니다. '법과 정의'에 대해 고민하던 수재 야가미 라이토가 데스노트를 줍게 되는데요. '이 노트에 이름이 적힌 자는 죽는다'는 문구를 보고 TV 뉴스에 나온 유괴범의 이름을 적어 보죠. 노트의 힘을 알게 된 라이토는

● 막공 – 시즌 마지막 공연, 시즌 첫 번째 공연은 흔히 '첫공'이라 부른다.

 만화 찢고 나온 뮤지컬

법이 처단하지 못하는 악인을 자신의 손으로 없애 이상적인 세계를 만들기로 결심하고, 스스로 '키라'라는 이름의 사신이 됩니다. 이후 세계 각지의 범죄자들이 잇따라 의문의 심장마비로 사망하자, 사건을 해결하기 위해 수사관 엘(L)이 등장하며 두 사람의 치열한 심리·두뇌싸움이 시작되는데요.

전체적으로 만화 팬들에게는 무대가 한참 헐거워 보일 수 있습니다. 원작의 방대한 분량을 두 시간 남짓의 공연에서 모두 녹여내는 데는 한계가 있으니까요. 뮤지컬 〈데스노트〉 역시 곳곳에 아쉬움이 묻어나는데요. 특히 라이토와 엘(L)의 두뇌싸움이 핵심이건만, 장면 장면의 치밀함도 부족하고, 추리할 시간도 없이 스토리가 너무 쉽게 풀려 싱겁기도 합니다.

무대 연출은 어떨까요? 무한한 상상력이 펼쳐지는 만화를 뮤지컬로 만들었으니 대단하겠죠? 천만의 말씀, 〈데스노트〉의 무대는 단순합니다. 솔직히 너무 단출합니다. 사신들의 색다른 의상과 분장, 그들과 인간계를 구분 짓는 오케스트라 피트 쪽에 설치된 하얀 LED 무대, 그리고 엘(L)의 독특한 모습을 빼면 시각적으로 사로잡힐 일은 전혀 없는데요. 스펙터클한 공연에 싫증 난 관객이라면 식상하지 않은 무대가 오히려 참신하겠지만, 웅장한 대극장 무대를 기대한다면 상당히 섭섭할 만합니다. 하지만 〈데스노트〉라는 제목과 작품이 시사하는 주제를 생각하면 흑과 백, 선과 면으로 절제된 무대는 의도된 연출일 겁니다.

권태로움을 못 이겨 인간세계에 데스노트를 떨어뜨린 류크, 정의를 구현하려다 선을 넘은 라이토, 그를 파헤치려는 엘(L), 라이토를 추종하는 미사, 그런 미사의 사랑을 위해 자신의 모든 것을 희생하는 렘. 〈데스노트〉가 담고 있는 주제의식은 참신하면서도 상당히 무거운데요. 그 여백 많은 무대를 인물 간의 치열한 심리전, 정의, 사랑, 권태와 허무 같은 한껏 복잡하고 어려운 것들이 빽빽이 채우기 때문이죠. 또 프랭크 와일드혼 특유의 풍성한 감성이 돋보이는 넘버들은 물론, 지금까지와는 전혀 다른 느낌의 냉혹하고 현대적인 음악이 어우러져 자칫 헐거울 수 있는 무대를 채웁니다.

만화보다 생생한 캐릭터,
배우들의 완벽 빙의

뮤지컬 〈데스노트〉[1]는 무대에서 제대로 살려내기 힘든 사건들보다는 원작의 캐릭터를 극대화하는 데 좀 더 공을 들였다고 볼 수 있습니다. 의상이며 분장, 배우들의 움직임까지 원작 팬들이 봐도 손색없는, 아니 원작을 뛰어넘는 매력을 흩뿌리며 주목받았는데요. 특히 초연부터 한동안은 모든 배역에 국내에서는 보기 힘든 원 캐스트를 고집하며 더욱 뚜렷하고 선 굵은 캐릭터로 완성도를 높였습니다.

　일단 엘(L)을 빼고 무슨 얘기를 할까요. 모든 뮤지컬 작품을 뒤져도 유일무이한 매우 특색 있는 캐릭터입니다. 그 인물을 초연 때부터 김준수 씨가 맡았는데, 그가 아니면 누가 소화할 수 있을까 싶습니다(새로 맡는 배우도 적잖이 부담일 것이다). 솔직히 김준수 배우의 연기나 창법은 일반적인

1　초연 하이라이트 동영상이다. 원작 만화에서 표현한 주요 인물의 독특한 캐릭터를 무대에서 확인할 수 있다.

뮤지컬에서는 튈 수밖에 없는데(그래서 유독 캐릭터 강한 인물을 맡곤 하지만), 〈데스노트〉에서는 그야말로 딱 들어맞았습니다. 여느 작품과 달리 멋진 의상도 아니고, 맨발에 구부정한 자세로 막대 사탕까지 물고 있는 엘(L)이 무대에 오를 때마다 등이 의자에서 떼질 정도라고나 할까요(하긴 처음에는 분명히 이상하다고 생각했던 김준수 씨의 그 독특한 창법이, '저렇게 막공까지 갈 수 있을까' 걱정될 정도로 온몸으로 부르던 그 노래가, 어느 순간부터는 기다려지기도 했다).

엘(L)에 비해 무척이나 담담한 캐릭터인 라이토는 그래서 배우로서는 더 힘든 인물일 수도 있습니다. 하지만 초연의 홍광호, 재연의 한지상 씨 역시 엘(L)과 뚜렷하게 대비되는 인물로 정확한 대치점을 보여줬는데요. 특히 김준수 씨와는 확연히 다른 창법과 음색(김준수가 탁성에 이른바 꺾는 창법이라면 홍광호, 한지상은 깨끗한 음색이 돋보이는 클래식한 창법)으로, 함께 부르는 '놈의 마음속으로[2·3]', '마지막 순간' 등의 넘버에서 더 명료한 긴장감을 줍니다.

사신 커플 렘과 류크 역시 〈데스노트〉를 지탱하는 매력적인 캐릭터들인데요. 이 작품의 픽션을 가장 잘 살릴 수 있고, 살려야 하는 캐릭터들로, 일단 독특한 의상과 분장이 관객들의 시선을 사로잡습니다. 또 장난기 많

2 초연 캐스트인 김준수-홍광호 배우가 부른 '놈의 마음속으로'

3 재연 캐스트인 김준수-한지상 배우 버전의 '놈의 마음속으로' 뮤직비디오

지만 잔인한 류크도, 절제됐지만 호소력 짙은 렘도 객석의 큰 사랑을 받았
습니다.

 만화 찢고 나온 뮤지컬

웹부터 무대, 스크린 모두 장악한 〈신과 함께〉

"웹툰 캐릭터와 싱크로율 100퍼센트를
자랑하는 분장과 배우들의 능청스러운
연기는 이 작품의 가장 큰 인기 비결"

창작진 Original Creative Team	극작/작사	정영
	작곡/편곡	조윤정
	분장디자인	백지영
	연출	김광보

등장인물
Characters

진기한
지장법률대학원을 수석으로 졸업한 정의로운 염라국 국선 변호사

강림
무뚝뚝해 보이지만 알고 보면 따뜻한 '츤데레' 저승차사

김자홍
평생을 남에게 서운한 소리 한마디 못 하고 손해만 보고 살아온 평범한
소시민

해원맥
겉으로는 냉혈한으로 보이지만 마음은 따뜻한 워커홀릭 저승차사

덕춘
강림을 향한 애정이 넘치며, 웃음도 눈물도 많은 쾌활한 막내 저승차사

염라대왕
죄인을 벌주어 교화하는 저승과 지옥을 총괄한다.

지장보살
육도의 중생을 교화하고 구제하는 보살로 지장법률대학원을 세웠다.

유성연
군대에서 억울하게 죽어 저승으로 가지 못하고 이승을 떠도는 원귀

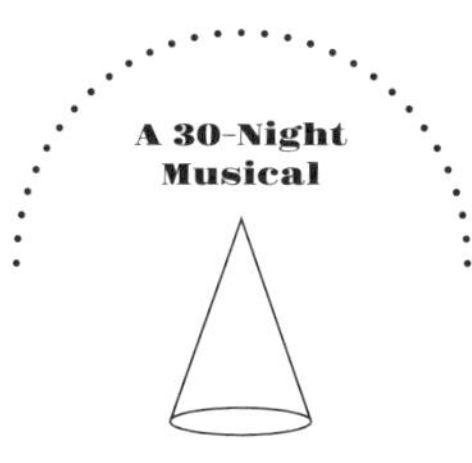

'신과 함께' 하면 가장 먼저 어떤 장르가 떠오르시나요? 동시대에 웹툰, 영화, 공연까지 모두 흥행했으니 어느 것으로 먼저 접했느냐의 문제일 겁니다.

「신과 함께」는 주호민 작가가 2010년부터 3년간 그린 웹툰입니다. 저 승편-이승편-신화편 총 3부작으로 구성되어 있는데요. 2011년에만 제8 회 부천만화대상 우수이야기 만화상, 대한민국 콘텐츠 어워즈 만화 부문 대통령상 등을 휩쓸었고, 3년 내내 웹에서 폭발적인 인기를 누렸습니다. 단 행본으로 출간된 데 이어 2017년에 《신과 함께-죄와 벌》, 2018년에는 《신 과 함께-인과 연》으로 개봉해 각각 '천만 영화' 계보에도 올랐습니다.

창작가무극 〈신과 함께_저승편〉은 영화에 앞서 2015년 무대에 올랐는 데요. 네, 영화의 흥행을 보고 공연을 제작한 것이 아닙니다. 이미 뮤지컬 쪽에서 강도하 작가의 웹툰 〈위대한 캣츠비〉가 확실하게 물꼬를 텄다면 2015년 〈신과 함께_저승편〉이 정점을 찍었고, 2016년에는 〈은밀하게 위 대하게〉, 2017년에는 〈찌질의 역사〉, 2019년에는 〈나빌레라〉까지 '만화 의 무대화'는 인기몰이를 이어갔습니다. 이들 작품 가운데 〈신과 함께_저

〈 신과 함께 〉

승편〉은 세트 규모, 캐스팅 등에서 가장 볼거리 많고 탄탄한 무대를 선보였는데요. 특히 그동안 한국적인 색채가 짙은 무대를 이어왔던 서울예술단의 남다른 결과 어우러지며 '웹툰을 원작으로 한 뮤지컬' 중 가장 성공한 사례로 꼽혔습니다. 덕분에 〈신과 함께_저승편〉의 재연은 물론이고, 2019년에는 〈신과 함께_이승편〉도 무대에 올랐습니다.

만화를 그대로 찢고 나온
무대&캐릭터

세상의 모든 망자는 저승행 열차를 타고 이승을 떠나 저승으로 갑니다. 저승삼차사의 리더인 강림과 해원맥, 덕춘은 명부에 적힌 망자의 영혼을 저승으로 인도하는데요. 열차가 저승 입구에 도착하면 망자들은 각자의 변호사를 만나 49일 동안 재판을 받으며 7개의 지옥 관문을 통과하는 여정을 함께합니다. 이승에서 지극히도 평범하게 살다 서른아홉 살에 죽은 김자홍의 변호사는 진기한. 지장법률대학원을 수석으로 졸업했지만 정의로운 저승 세상을 구현하기 위해 국선변호사로 나서 처음으로 김자홍의 변호를 맡으며 본격적인 스토리가 시작됩니다

　'신과 함께'의 다양한 장르 가운데 공연의 가장 큰 재미는 역시 만화를 그대로 찢고 나온 듯한 무대 구현에 있습니다. 창작가무극 〈신과 함께_저승편〉은 내용이나 배경을 바꾸거나 등장인물에 변화를 주지 않았습니다. 오히려 웹툰과 너무 똑같아서 신기할 정도인데요. 원작의 독특한 캐릭터와 스토리라인은 그대로 살리되 공연예술만이 표현할 수 있는 무대언어로

　　　　　　　만화 찢고 나온 뮤지컬

관객들의 기대를 완벽하게 채운 겁니다.

일단 현실에 존재하지 않는 사후 세계는 윤회를 상징하는 환형 무대와 LED 스크린을 활용한 화려한 영상, 7개 지옥문을 표현하는 다양한 무대 세트로 2차원 화면이 담아내지 못한 저승의 모습을 시원하고 대담하게 펼쳐 보입니다. 그야말로 볼거리가 가득하죠.[1]

특히 웹툰 캐릭터와 싱크로율 100퍼센트를 자랑하는 분장과 배우들의 능청스러운 연기는 이 작품의 가장 큰 인기 비결이 아닐 수 없는데요. 공연 예매 사이트나 프로그램북에 대놓고 원작의 이미지와 배우들이 구현한 모습을 나란히 싣고 있습니다. 얼마나 똑같은지 보라는 듯이요. 더욱이 진기한, 강림, 김자홍, 해원맥, 덕춘 등 누구 하나 평범한 외모를 지닌 인물이 없으니, 진정 웹툰에나 나올 법한 캐릭터들이 만화를 찢고 나와 무대 위에서 돌아다니는 모습이, 캐릭터를 생생하게 살린 배우들의 찰떡 연기가 영화와는 전혀 다른 재미[2]를 선사합니다.

흔히 소설이나 영화를 토대로 만든 뮤지컬은 원작과의 비교를 거부하는 편이지만, 이렇듯 웹툰을 원작으로 한 대다수 공연은 오히려 만화 속의 인물들이 무대 위에서 얼마나 비슷하게 살아 움직이는가가 주요 관극 포인트입니다. 싱크로율에 인기도 비례하는 셈이죠.

1  가무극 <신과 함께_저승편> 무대 세트를 조망할 수 있는 영상 디자인 하이라이트 동영상이다.

2  <신과 함께_저승편> 2017년 재연 캐스트인 진기한-김다현/박영수, 강림-송용진/김우형, 김자홍-정원영/김도빈 배우의 모습을 확인할 수 있다.

한국 전통 색채 짙은
서울예술단의 무대

그런데 서울예술단의 작품은 왜 뮤지컬이 아니라 '가무극'이라 부를까요? 문화체육관광부 산하인 서울예술단은 1986년 창단됐습니다. 본격적인 남북한 문화예술 교류를 위해, 86년 아시안게임과 88년 서울올림픽을 앞두고 기획된 예술단인데요. 태생이 '한국적인 예술단'인 만큼 한국무용, 사물 등을 전공한 단원은 물론이고 일반적인 춤과 노래, 연기가 가능한 단원들이 더해져 한국적인 소재와 공연 양식의 '가무극'으로 여느 뮤지컬과 차별화를 시도했습니다. 특히 2000년대 들어 〈태풍〉, 〈로미오와 줄리엣〉, 〈바람의 나라〉, 〈소서노〉, 〈윤동주, 달을 쏘다.〉, 〈뿌리 깊은 나무〉 등이 대중의 많은 사랑을 받으며 서울예술단[3]만의 정체성을 굳혔는데요. 공연마다 소속 단원이 아닌 인기 배우들도 '객원배우' 형태로 캐스팅해 무대의 시너지를 극대화하곤 합니다.

창작가무극 〈신과 함께〉 역시 전통적인 멋과 선이 돋보이는 서울예술단의 안무와 무술 등이 더해지면서 재미와는 또 다른 영역에서 완성도를 높인 작품인데요. 특히 저승편은 사후 세계의 이야기로, '죽어서 끝나는 것이 아니라, 그때부터 이승의 삶을 평가받는다'는 한국의 전통적인 저승관을 담아내고 있습니다. 죽어서도 7개의 지옥을 통해 계속해서 이승의 죄를 묻는데, 어찌 하루하루를 허투루 살 수 있겠습니까!

---

3  〈신과 함께_저승편〉 2018 시즌으로, 넘버 '돌고 돌아 그곳으로'다. 웹툰을 찢고 나온 듯한 강림 역의 서경수, 김자홍 역의 이창용 배우와 서울예술단 단원들이다.

그러고 보면 〈데스노트〉와 〈신과 함께〉는 이승과 저승을 오가는 내용의 만화가 원작이라는 점은 같지만, 무대에 구현한 방식이나 주제의식은 상당히 다릅니다. 물론 관객 입장에서는 그 다름이 더 재밌지만요. 두 작품 모두 무대화에 성공했다는 점은 확실합니다. 원작이 제아무리 많은 사랑을 받았어도 초연 이후 다시 무대에 오르지 못하는 공연도 많거든요. 지금 이 시점에 여러 요소가 어우러지지 못할 경우, 언제고 데스노트에 적혀 사라진 뒤 험난한 지옥 관문을 거치는 게 냉혹한 현실이니까요.

무대에서
더 자유로운 소수

〈헤드윅 Hedwig〉 & 〈킹키부츠 Kinky Boots〉

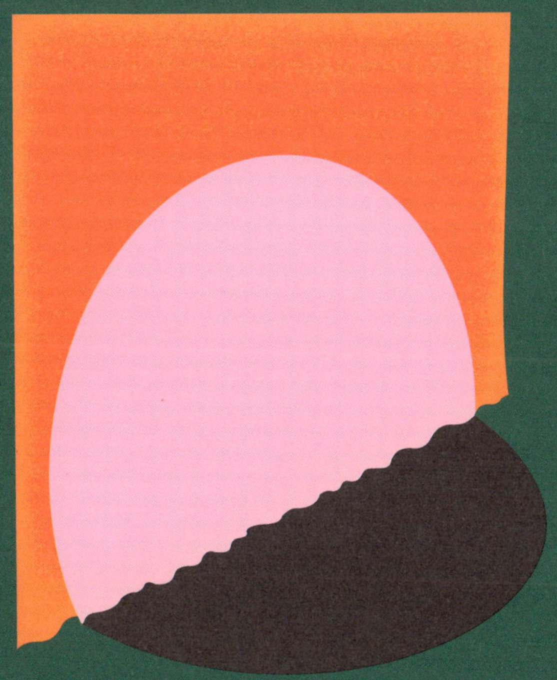

국내 문화계에서 성적 소수자들의 이야기가 가장 빈번하게, 가장 자연스럽게 펼쳐지는 곳은 아마도 무대일 겁니다. 그것이 메인 테마든 곁다리든, 남성미 물씬 풍기는 남자배우나 여자보다 예쁜 남자배우의 여장으로 희석하거나 착시를 꾀했든, 어쨌든 2000년대 후반 들어 우리나라 공연시장에서는 동성애를 다루거나 드래그퀸(여장 남자)이 등장하는 작품이 거침없이 쏟아져 나왔습니다. 뮤지컬 〈헤드윅〉, 〈쓰릴 미〉, 〈프리실라〉, 〈킹키부츠〉, 〈라카지〉, 연극《M. Butterfly》등이 많은 인기를 얻으면서 당시 남자배우들 사이에서는 '동성과 입을 맞추거나 여장을 하지 않으면 작품을 못 할 정도'라는 우스갯소리까지 떠돌 정도였습니다.

자연스레 연기를 하는 배우들도, 객석에 앉은 관객들도, 공연을 취재하는 기자도 이러한 소재와 표현에, 그리고 그 익숙지 않은 무대의 숨은 주제를 이해하는 데 많이 편안해졌는데요. 그 선봉에 〈헤드윅〉이 있었다면 대중화에는 〈킹키부츠〉가 큰 몫을 담당했죠!

겉은 파격적이나
속은 연약한
우리 모두의 이야기
〈헤드윅〉

"여자도 남자도 아닌

헤드윅의 파란만장한 인생사,

한 사람의 깊은 상처와 고통,

방황과 아픔을 만나는 것이

뮤지컬 〈헤드윅〉의 본질"

창작진
**Original
Creative
Team**

극작/연출   존 카메론 미첼 John Cameron Mitchell

작곡/작사   스티븐 트래스크 Stephen Trask

등장인물
Characters

헤드윅 Hedwig

싸구려 성전환수술로 성난 1인치의 살덩이가 남았고, 존재의 이유를 찾아 떠돌고 있다.

이츠학 Yitzhak

드래그퀸 스타. 미국행을 위해 헤드윅의 남편으로, 여장을 포기하고 살기로 한다.

창작진
**Original
Creative
Team**

극작/연출   존 카메론 미첼 John Cameron Mitchell

작곡/작사   스티븐 트래스크 Stephen Trask

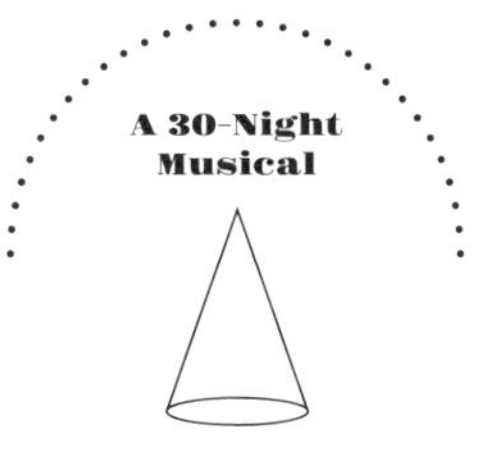

거침없이 펼쳐지는 성적 소수자들의 이야기, 그 공연을 거부감 없이 바라보는 관객들의 모습은 불과 십수 년 전만 해도 상상하기 힘들었습니다. 대학로 대표 2인극이라 할 수 있는 〈쓰릴 미〉가 2007년 초연될 때 동성애가 전면으로 나온 작품을 무대에 올린다는 것 자체가 큰 화제였고, 더구나 남자배우들끼리 입을 맞춘다는 것은 상상도 못 할 일이었죠.

그랬으니, 그랬던 시절에 남자배우가 여장을 하고 파격적인 소재의 이야기들을 쏟아내며 혼자 두 시간을 끌어가는 무대는 모험을 넘어 욕먹을 각오를 해야 했습니다. 그 작품이 바로 뮤지컬 〈헤드윅〉입니다. 무려 2005년 4월에 국내 초연된 참으로 용감한 작품. 하지만 이후 2024년 기준 통산 2500여 회 공연을 이어가며 성적 소수자들의 사연을 별다른 거부감 없이 나눌 수 있도록, 아니 낯선 포장 뒤에 숨은 결국 우리 모두의 이야기를 볼 수 있도록 가이드 역할을 톡톡히 해내고 있습니다.

Hedwig
and the Angry Inch

〈헤드윅〉의 원제는 'Hedwig and the Angry Inch'입니다. '헤드윅과 열 받은 1인치'라고 해야 할까요. 록 뮤지컬 〈헤드윅〉은 헤드윅과 앵그리 인치 밴드의 콘서트라고 할 수 있는데요. 과장된 메이크업, 부풀린 가발, 거북스러운 옷차림으로 등장한 헤드윅은 인터미션도 없는 두 시간 동안 '자신이 왜 열을 받았는지'를 하드록에 실어 쏟아내고, 관객들은 인생이 꼬여버린 그 혹은 그녀의 공연을 관람하는 극중 또 다른 관객이 됩니다.

헤드윅은 독일 분단 시절 동베를린에서 태어났습니다. 자신의 몸에 손을 대는 아버지와, 그 아버지를 내쫓고 더없이 냉정해진 어머니 덕에 소년 한셀의 유일한 친구는 오븐 속에서 몰래 듣는, 미군 라디오 방송에서 흘러나오는 록 음악이었죠. 암울한 동독을 탈출하고 싶은 한셀에게 미군 루터가 접근하는데요. 결혼해서 함께 미국으로 떠나자는 겁니다. 단, 한셀은 여성이 돼야만 했습니다. 그렇게 성전환수술을 받은 한셀은 가발을 쓰고 어머니의 여권을 빌려 헤드윅이라는 이름으로 미국에 들어섭니다. 하지만 싸구려 수술 탓에 한셀의 잘려 나간 중요 부위에는 1인치의 살덩이가 남게 되고, 수순처럼 루터는 헤드윅을 떠나죠. 헤드윅은 생계를 위해 이런저런 일을 하며 어긋난 꿈과 성난 삶에 대한 분노를 밴드 앵그리 인치를 통해 분출하는 겁니다. 그러던 중 록 스타를 꿈꾸는 소년 토미와 사랑에 빠지는데요. 하지만 사랑의 환희도 잠시, 토미 역시 어정쩡하게 남아 있는 1인치의 살덩이를 보고 헤드윅을 떠납니다. 헤드윅의 노래까지 훔쳐서요. 토미는 그 음악으로 록 스타가 돼 전국 투어에 나서고, 헤드윅은 토미를 따라다니며 주변 허름한 무대에서 자신의 이야기를 털어놓습니다.

이 작품은 1994년 LA발 뉴욕행 비행기에 나란히 앉게 된 두 남자의 만남에서 비롯됐는데요. 바로 극을 쓴 존 카메론 미첼과 음악을 맡은 스티븐 트래스크입니다. 창작에 관심이 많았던 두 사람은 죽이 잘 맞았고, 이후 대화를 이어가다 록 음악과 모놀로그가 결합된 무대극을 구상하죠. 그리고 1994년 맨해튼 다운타운의 드래그퀸 클럽에서 대본을 쓴 미첼이 헤드윅으로, 음악을 만든 트래스크가 앵그리 인치 밴드의 리더로 함께 무대에 섭니다.

마니아들의 열렬한 반응을 얻자 이들은 공연을 이어갈 특별한 장소를 찾는데요. 그렇게 발견한 곳이 허드슨 강가에 자리한 호텔 리버뷰. 1912년 타이타닉의 생존자들이 묵었던 호텔입니다. 제작진은 이 호텔을 '제인 스트리트 시어터Jane Street Theatre'라는 이름의 극장으로 개조하고 1998년 2월 〈헤드윅〉을 올리죠. 그리고 2004년 4월 막을 내릴 때까지 성공적인 공연을 이어갔습니다. 유명 토크쇼와 잡지 표지까지 장식한 〈헤드윅〉은 2000년 영화로도 제작되는데요. 미첼이 감독과 주연을 맡아 2001년 선댄스영화제 최우수 감독상과 관객상을 받았습니다.

당대 최고의 배우들이
선보인 헤드윅

공연을 오래 취재하다 보니 언젠가부터 공연 일정이 공개될 때면 어떤 배우가 캐스팅됐는지 이름만 확인하게 되더군요. 그런데 이름뿐만 아니라 캐릭터 사진까지 필히 확인하는 유일한 작품이 〈헤드윅〉입니다. 남성미 물씬 풍기는 남자배우가, 아니면 여자보다 더 예쁜 남자배우가 짙은 메이크업에 가발을 쓰고 헤드윅으로 어떻게 변신했는지 확인하고 싶기 때문이죠.

2005년 국내에 처음 소개된 뮤지컬 〈헤드윅〉에는 오만석, 조승우, 송용진, 김다현 씨가 파격적인 모습으로 무대에 올라 큰 화제였습니다. 왜 아니겠습니까. 당대 최고의 인기 배우들이 여장을 했으니까요! 이후 엄기준, 송창의, 김수용, 이석준, 조정석, 최재웅, 윤도현, 김동완, 박건형, 정문성, 마이클리, 유연석, 이규형, 윤소호, 전동석 씨 등이 헤드윅으로 무대에 서며 저마다의 매력을 흩뿌렸습니다.

그야말로 '저마다의 매력'이라고 할 수밖에 없는 것이 이 작품은 1인극이거든요. 아무리 배우라지만 그들에게도 헤드윅으로의 변신은 분명 도전입니다. 제모는 기본, 가슴에 보정물을 넣고 초미니스커트를 입고 한껏 요염한 몸짓과 말투로 관객들과 마주합니다. 관련 동영상을 보거나 드래그퀸 공연이 있는 클럽을 방문해 '공부'도 하고요.

국내 공연 기간만 20년이다 보니 분야별 '역대 최고의 헤드윅'도 존재합니다. 이 작품으로도 참 많은 배우를 인터뷰했는데요. 가장 예쁜 헤드윅은 연극 《M.Butterfly》에서도 완벽하게 여자로 변신했던 '꽃드윅(다드윅)'[1] 김다현 배우라는 데 이견이 없을 겁니다. 초연 캐스트이건만 아직도 그 기록을 깰 수 있는 후배 배우가 없는 듯해요. 관객들은 물론 동료 배우들, 심

[1] 2019년 〈왕복서간〉으로 오랜만에 연극 무대에 선 김다현 배우를 만났을 때다. 당시 〈헤드윅〉도 공연될 때라 '역대 가장 예쁜 헤드윅'에 대한 언급도 있었는데, 그는 스스로 잘생기고 예쁜 걸 너무 잘 알아서 인터뷰 때마다 웃게 된다.

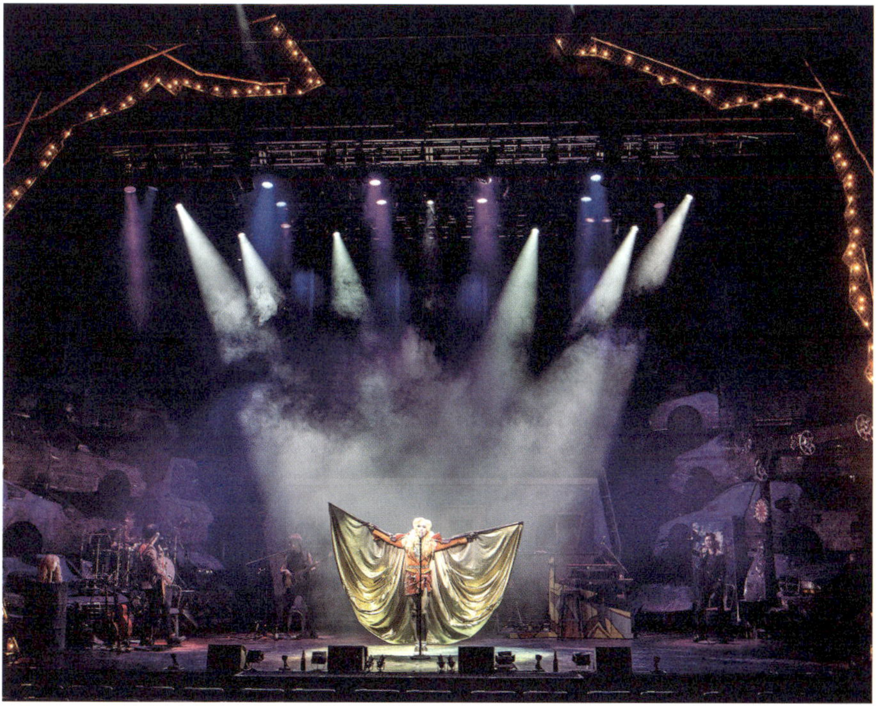

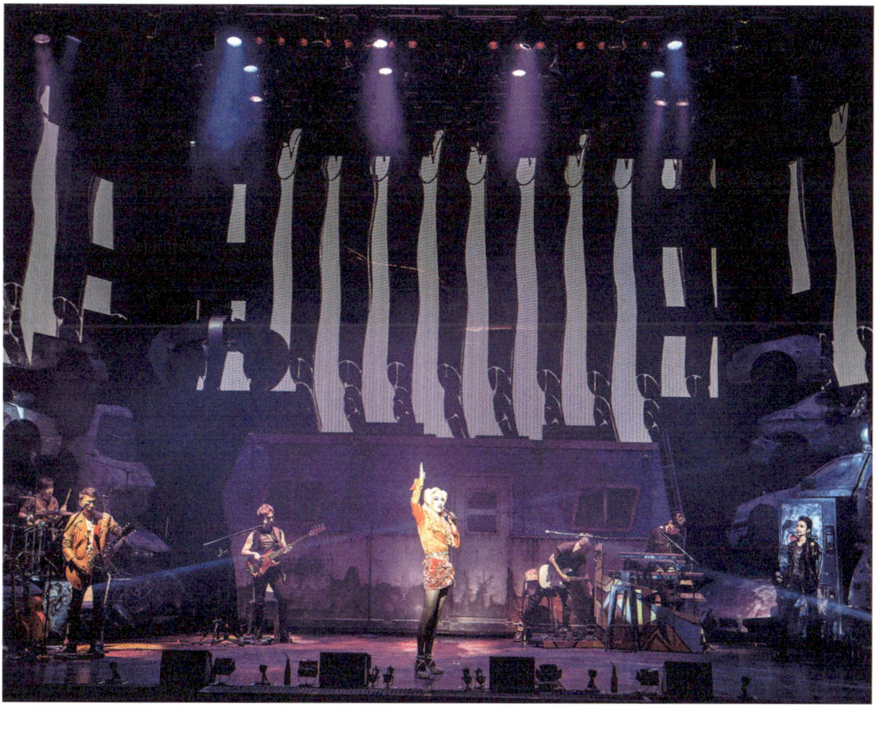

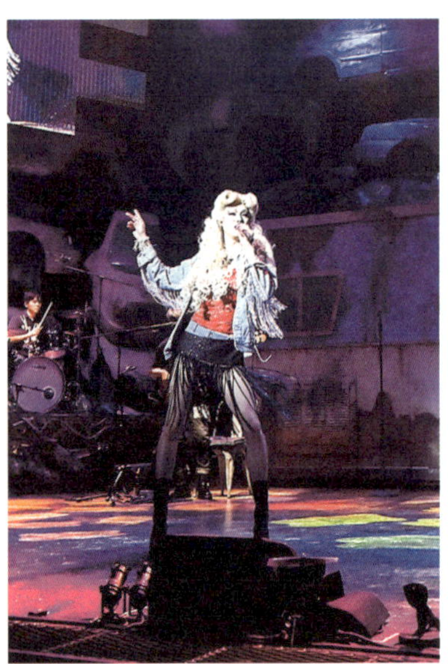

지어 본인도 인정합니다(웃음). 많은 스태프가 '여장했을 때 예쁘다는 걸 스스로 알고 있다'고 증언하기도 했죠. 역시 초연 멤버인 조승우 씨는 2021년 시즌까지 총 여섯 차례나 헤드윅으로 무대에 서 (송용진 배우와 함께) 최다 헤드윅으로 분한, 〈헤드윅〉의 역사를 만들어 온 배우이기도 합니다. 그래서인지 최근 시즌일수록 외모적으로도 가장 파격적이고(일부러 운동을 안 했나 싶게 푸근), 욕도 구성지고, 연기인지 애드리브인지 구분 못 할 능수능란함으로 최장의 러닝 타임도 자랑했습니다. 덕분에 '조드윅'에서 시작해 어느덧 '조언니'[2]로 불리죠. 그런가 하면 2006년부터 참여한 조정석 배우는 피부가 어찌나 뽀얀지 '뽀드윅'[3]이라는 애칭이 붙었고, '웅드윅' 최재웅 배우는 큰 엉덩이와 허벅지에 비해 상대적으로 가는 허리 덕에 몸이 가장 여자 같은 헤드윅이라는 말을 들었습니다. 또 2019년 시즌에 참여한 '솧드윅' 윤소호 배우는 역대 가장 선이 길고 고운 헤드윅으로 손꼽혔고요.

헤드윅에 처음 캐스팅됐을 때는 이렇게 외적인 부분이 걱정이지만, 그보다 배우로서 더 고민되는 상황은 두 시간의 극을 혼자 끌어가야 한다는 점입니다. 무대 위에 이츠학과 앵그리 인치 밴드가 있지만, 사실상 모노극이거든요. 헤드윅은 스스로의 삶을 회고하며, 자신이 이전과는 전혀 다른 길을 걷는 데 지대한 영향을 미친 인물들, 그러니까 어머니부터 루터, 토미까지 훑어 읊조립니다. 대사도 어찌나 많은지. 게다가 그리스 철학부터 정

2　2021년 시즌 '조드윅, 조언니'의 변신을 짐작할 수 있는 메이킹 필름이다.

3　2024년 시즌 헤드윅으로 변신한 조정석-유연석-전동석 배우의 모습을 확인할 수 있다.

〈헤드윅〉　　295

치, 종교, 음악, 섹스와 젠더까지 여기저기 다 헤집고 다니기에 처음 이 공연을 관람하면 스토리 전개 자체를 이해하기도 쉽지 않을 겁니다. 그뿐인가요, 헤드윅은 극중에서 콘서트 중이기에 쉴 새 없이 객석으로 말을 건넵니다. 그러다 보니 작품에 대한 배우의 해석과 표현에 따라, 관객과의 소통에 따라, 그날의 러닝 타임도 10분쯤은 대수롭지 않게 넘나들죠.

The Origin of Love

플라톤의 「향연」에 나오는 아리스토파네스의 신화를 보면 인류는 원래 두 개의 머리와 네 개의 팔다리를 가진 완전한 존재였는데, 각각 남자와 여자, 남자와 남자, 그리고 여자와 여자 세 부류였다고 합니다. 하지만 최초의 인간들이 스스로의 완전함으로 교만해지자 신이 번개를 내리쳐 그들을 둘로 쪼개버리죠. 반으로 갈라진 불완전한 존재로서 자신의 반쪽을 찾아 헤매는 인간의 숙명을 노래한 것이 바로 〈헤드윅〉의 메인 넘버 '사랑의 기원The Origin Of Love'[4]입니다.

그동안 취재로 헤드윅을 연기한 많은 배우를 만났는데, 그들은 하나 같이 여장이나 파격적인 의상, 강렬한 음악에 끌려 〈헤드윅〉에 참여하지는 않았다고 말했습니다. 그 너머에 있는 인물의 매력, 작품의 매력에 이끌렸다고 합니다. 이 작품을 사랑하는 관객 역시 마찬가지죠. 인기 남자배우들

---

[4] 2013년 시즌 '조드윅' 버전이다.

의 여장, 강렬한 록 사운드로 관객들을 유인하지만, 동성애와 드래그퀸, 거친 입담과 요란한 분장으로 조금은 불편한 선입견을 안게 하지만, 결국 여자도 남자도 아닌 헤드윅의 파란만장한 인생사, 한 사람의 깊은 상처와 고통, 방황과 아픔을 만나는 것이 뮤지컬 〈헤드윅〉[5]의 본질입니다.

극중 헤드윅이 자신의 인생에서 가장 절망스러운 순간을 회고할 때 인근 공연장에서는 토미의 메시지가 들려옵니다. 자신에게 헤드윅이 어떤 존재였고, 왜 지금에 이를 수밖에 없었는지 고백하는데요. 토미의 노래를 통해 헤드윅은 떨어져 나간 반쪽을 복구하느라 수없이 꿰매고 다시 찢긴 본연의 반쪽을 받아들입니다. 이츠학에게 자유를 허락하고, 자신을 감추거나 증명하기 위해 더욱 요란하게 감쌌던 의상마저 벗고 무대를 떠나죠. 결국 〈헤드윅〉은 사랑을 찾아, 잃어버린 반쪽을 찾아, 아니, 나 자신을 찾아 평생을 헤매는 불완전한 영혼들, 우리 모두의 이야기입니다.

참, 뉴욕에 간다면 뮤지컬 〈헤드윅〉이 초연됐던 호텔에 직접 묵어볼 수 있습니다. 리노베이션을 거쳐 다시 호텔로 운영되고 있는데요. 허드슨 강가에 자리한 데다 깔끔하게 관리돼 꽤 인기가 많은 것 같습니다. 재밌는 것은 '타이타닉 생존자들이 머물렀던 호텔'이라는 정체성을 살려 상당수 룸을 선원들 방처럼 1층이나 2층 침대만 갖춘 'Bunk Bed Cabin'으로 조성했어요. 이 호텔에 머물고 싶은 마음을 부채질하면서 결국 실천에 옮기지 못하게 하는 점이기도 한데요. 캡슐 호텔처럼 방이 좁은 데다 샤워 시설과 화장실을 공용으로 사용해야 합니다. 직접 머물지는 못했지만 〈헤드윅〉을 보

[5] 2024년 시즌 조정석 씨가 부르는 넘버 'Wig in a box'. 새삼 중소극장 곳곳을 누볐던 애교쟁이 뮤지컬배우 조정석이 떠오른다.

기 위해 길게 늘어섰을 관객들을 상상하며 호텔 인근을 둘러봤는데요. 도보 2~3분 거리에 휘트니미술관도 있고, 호텔 내 바와 클럽도 유명하다고 하니 〈헤드윅〉 팬들이라면 한번 도전해 보시죠!

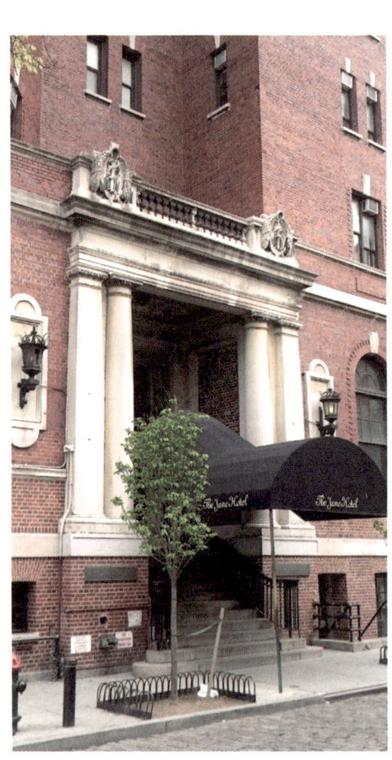

한참 가까워진 브로드웨이
한층 편해진 객석
뮤지컬 〈킹키부츠〉

"뮤지컬 덕후든

공연을 오래 취재한 기자든

여장한 남자배우를 많이 봐왔든

그 킹키부츠라는 게 궁금해서

그 부츠를 신은

배우들의 모습이 궁금해서

공연을 보는 게 당연한 작품"

창작진
Original
Creative
Team

극작　　　하비 파이어스틴 Harvey Fierstein
작곡/작사　신디 로퍼 Cyndi Lauper
연출/안무　제리 미첼 Jerry Mitchell

등장인물
Characters

찰리 Charlie

대학을 졸업하고 가업으로 물려받은 구두공장을 되살리기 위해 고군분투하는 '초보' 사장

롤라 Lola / **사이몬** Simon

편견과 억압에 당당히 맞서는 아름답고 유쾌한 남자, 찰리에게 새로운 영감을 준다.

로렌 Lauren

열정적이고 똑소리 나는 공장 직원, 찰리를 위해 거침없는 조언과 지원을 아끼지 않는다.

돈 Don

불같은 성격과 거친 면모로 때때로 갈등을 일으키는 구두공장 직원

니콜라 Nicola

찰리의 약혼녀로 시골동네 노샘프턴을 떠나 런던에서 화려한 도시 생활을 꿈꾼다.

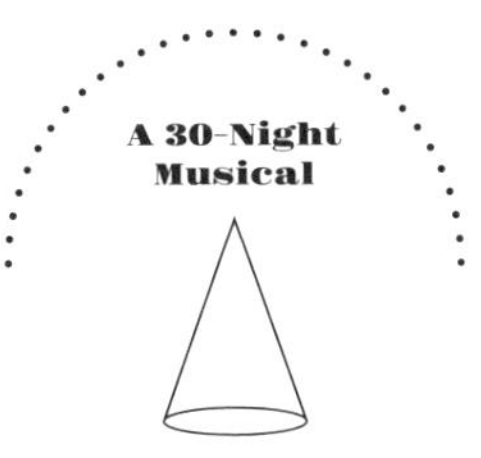

성적 소수자가 주인공인 작품 중 〈헤드윅〉이 마니아 관객들에게 절대적인 사랑을 받는다면 〈킹키부츠〉는 좀 더 대중적인 면모를 보입니다. 전체적인 내용도, 그 이야기를 엮어가는 인물들도 더 보편적이죠. 쉽게 말하자면 〈킹키부츠〉는 작품의 메시지와 자연스러운 전개에 '남다른 장치들'이 유연하게 녹아들어 부모님과도 함께 볼 수 있는 뮤지컬이라고 할까요. 공연 때마다 대극장을 가득 메우는 객석의 유쾌한 반응이 그 방증이기도 합니다. 결국 〈킹키부츠〉는 성적 소수자, 아니 성적 소수자라는 장벽에 갇힌 '우리네 살아가는 이야기'를 '마이너' 또는 '마니악'한 무대를 넘어 대중적인 무대에서 펼쳐 보이는 데 견인차 역할을 한 셈입니다.

그런가 하면 〈킹키부츠〉는 한국과 브로드웨이의 시공간도 획기적으로 좁혔습니다. 믿기 어렵겠지만, 2000년대 초반만 해도 영화나 음반의 전국 동시개봉이나 동시발매는 상상하기 힘든 일이었죠. 서울 시장에 등장한 영화나 음반이 하루빨리 내가 사는 지역에도 도달하길 바랐습니다. 디지털 기술의 발전으로 영화와 음악 업계가 세계적인 동시성을 강조하고 있는 요즘도 여전히 기다려야 하는 것이 있으니, 바로 공연입니다. 공연은 만들어 퍼트릴 수 있는 것이 아니라, 사람이, 무대가, 의상이 직접 이동해야 하기 때문이죠. 지금도 지방에서는 서울에서 흥행한 작품이, 서울에서는 브로드웨이와 웨스트엔드에서 인기 있는 작품들이 어서 와주길 기다립니다. 길게는 10년 이상도 기다리다 보니 아예 뉴욕이나 런던에 직접 가서 관람하는 사람도 상당수고요.

그런 차원에서 〈킹키부츠〉의 한국 초연은 공연계에서 큰 이슈가 아닐 수 없었습니다. 2013년 4월 브로드웨이에서 첫선을 보이며, 토니 어워즈 작품상, 음악상, 안무상 등 6개 부문을 휩쓴 작품을 2014년 12월 서울 무대에서 만날 수 있었으니 왜 아니겠습니까. 이 과정에는 제작사 CJ ENM의 공이 컸는데요. CJ ENM은 뮤지컬 〈킹키부츠〉가 기획될 당시 대본과 음악에 대한 검토 요청을 받고, 초연 작품에 과감한 투자를 결정하며 '공동 프로듀서'로 이름을 올렸습니다. 덕분에 〈킹키부츠〉의 해외 라이선스 공연을 한국에서 최초로 개막할 수 있었습니다.

파격적인 볼거리
킹키부츠

3대째 정통 신사화만을 만들어온 영국 노샘프턴에 위치한 프라이스&선 제화. 주인공 찰리는 어릴 때부터 구두만이 전부인 세계에서 살다 이제 막 대학을 졸업하고 런던에서의 새출발을 계획합니다. 그러나 새로운 집에서 짐을 풀기도 전에 아버지의 갑작스러운 죽음으로 뜻하지 않게 구두공장을 물려받게 되죠. 유행에 뒤떨어진 수제 신사화만을 고집하던 공장은 저가 수입 구두에 밀려 폐업 위기에 처하고, 오랫동안 공장을 지켜온 직원들도 해고해야 할 상황인데요. 그때 여직원 로렌이 새로운 틈새시장을 개척하자고 말합니다. 찰리는 우연히 만났던 드래그퀸 롤라에게서 힌트를 얻어 여장 남자들이 편하게 신을 수 있는 예쁘면서도 튼튼한 구두 '킹키부츠'를 만들기로 계획하고, 밀라노 패션쇼까지 도전합니다.

솔직히 〈킹키부츠〉는 뭐니 뭐니 해도 시각적으로 기대되는 작품입니다. 뮤지컬 덕후든, 공연을 오래 취재한 기자든, 여장한 남자배우를 많이 봐왔든, 그 킹키부츠라는 게 궁금해서, 그 부츠를 신은 배우들의 모습이 궁금한, 일단 그것 때문에 공연을 보는 게 당연한 작품입니다. 웅장한 무대 세트, 화려한 의상, 현란한 조명 등 웬만한 비주얼 장치에는 전혀 동요하지 않을 정도로 공연을 많이 접한 관객에게도 80센티미터 길이의 강렬한 빨간 부츠를 신은 남자배우들의 모습은 몹시도 궁금한 요소죠. 2014년 초연 때는 찰리 역에 김무열, 지현우, 윤소호, 롤라 역에 오만석, 강홍석 배우가 캐스팅돼 국내에서는 처음으로 킹키부츠를 신었는데요. 당시 윤소호 씨를 인터뷰했는데, "여자들이 왜 하이힐을 신는지 알겠다"며, "킹키부츠를 신는 순간 무척 화려해지고 자신감이 생긴다"고 말했던 기억이 납니다. 물론 "홍보 영상을 찍느라 하루 종일 부츠를 신고 있던 날이 인생에서 가장 힘든 날이었다"는 말도 빼놓지 않았죠.

'킹키kinky'의 사전적 의미는 '성적으로 특이한, 변태적인'의 뜻인데요. 작품에서는 여기에 '나 자신을 찾는다, 남들과는 다른 나다움을 찾는다'는 의미를 더했습니다. 무대에서 사용되는 킹키부츠 역시 일괄적으로 찍어내는 것이 아니라 배우마다 맞춤이라 최소 8주의 제작 기간이 소요되는 만큼,

〈킹키부츠〉

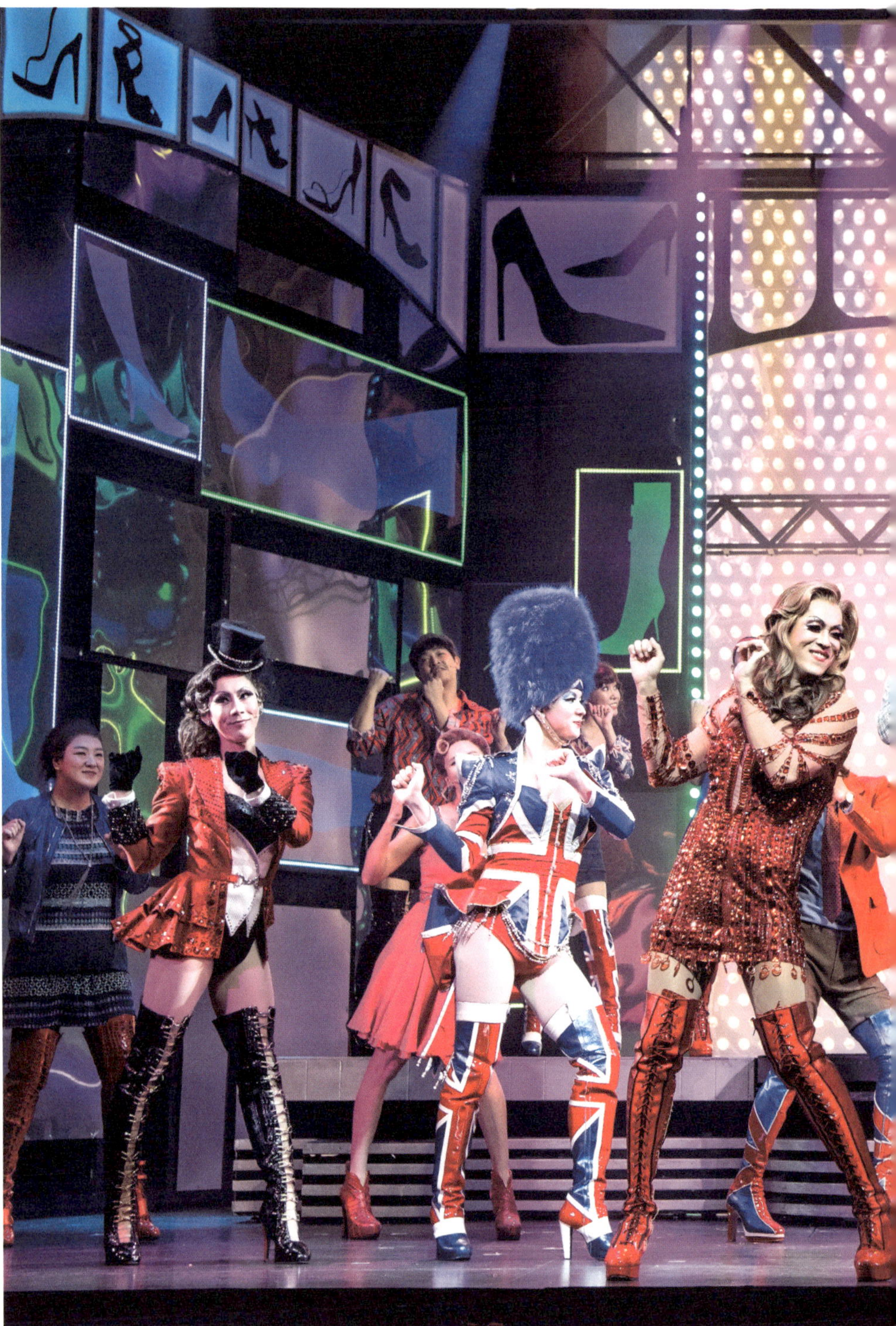

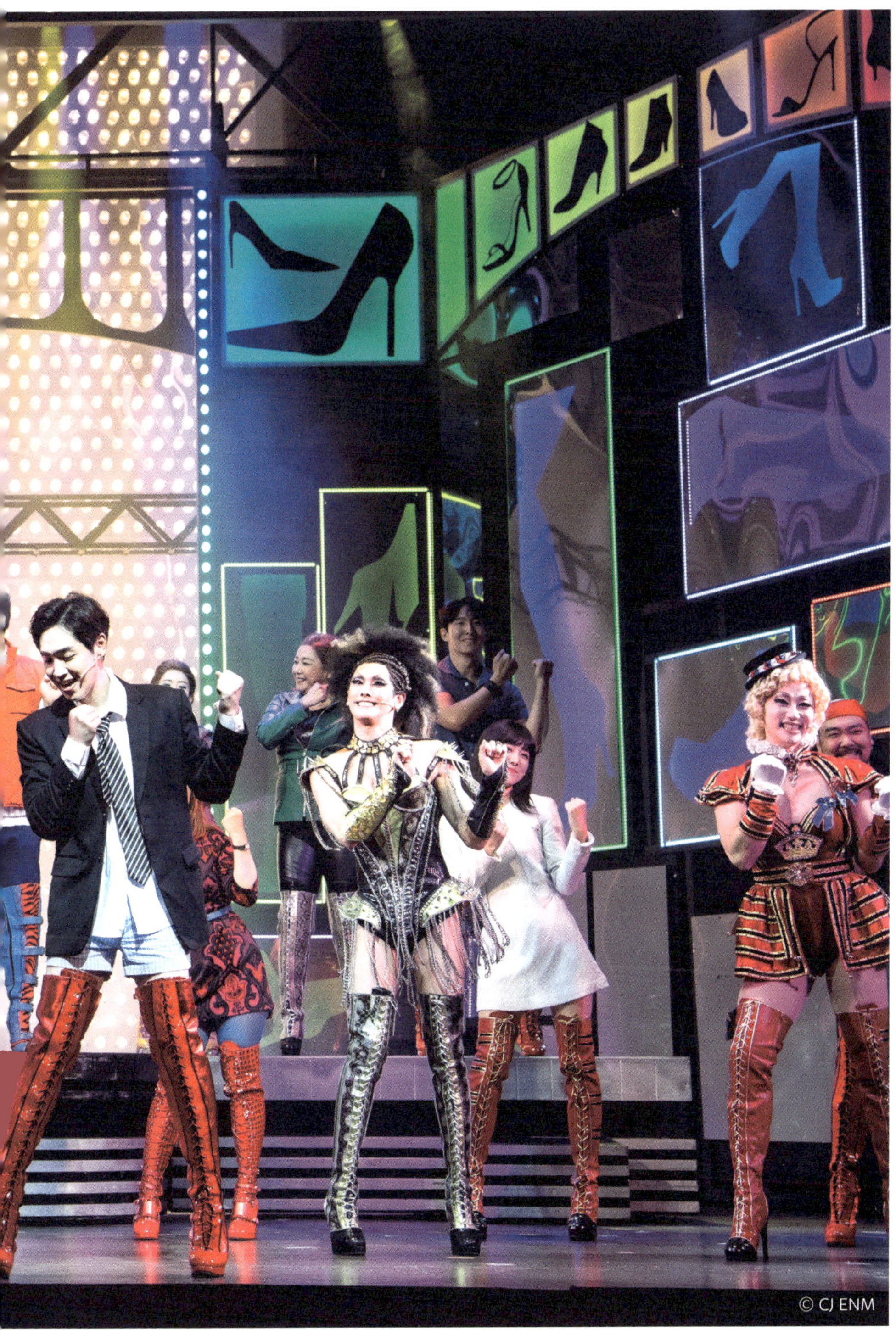
© CJ ENM

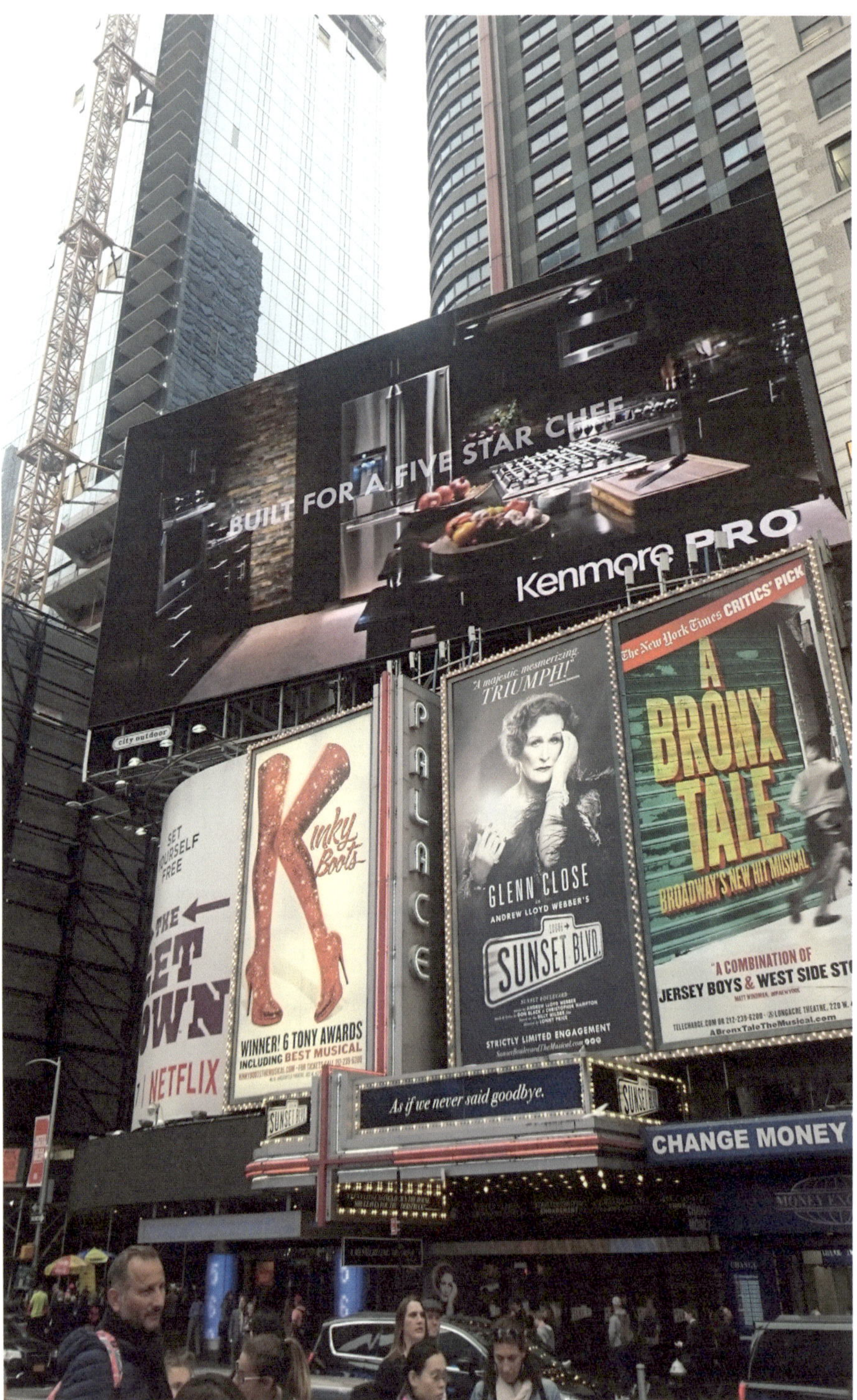

BUILT FOR A FIVE STAR CHEF
Kenmore PRO
city outdoor
PALACE
SET YOURSELF FREE
Kinky Boots
WINNER! 6 TONY AWARDS
INCLUDING BEST MUSICAL
THE
ET
OWN
NETFLIX
"A majestic, mesmerizing
TRIUMPH!"
GLENN CLOSE
ANDREW LLOYD WEBBER'S
SUNSET BLVD.
STRICTLY LIMITED ENGAGEMENT
The New York Times CRITICS' PICK
A BRONX TALE
BROADWAY'S NEW HIT MUSICAL
"A COMBINATION OF
JERSEY BOYS & WEST SIDE STO
ABronxTaleTheMusical.com
As if we never said goodbye.
SUNSET
CHANGE MONEY

그 어떤 무대 의상이나 소품보다 '나다움'을 잘 표현할 수 있는 장치인데요. 공연을 관람하다 보면 주요 등장인물의 '나다움'이 저마다 발현되는 모습을 확인할 수 있습니다.

파워풀한 음악과
사람 냄새 나는 이야기

강렬하게 시선을 사로잡는 '킹키부츠'는 시각적인 요소뿐만 아니라 탄탄한 스토리와 귀에 쏙쏙 감기는 음악이 있어 한 편의 공연으로 완성도를 높일 수 있었습니다. 일단 〈킹키부츠〉의 넘버는 1980년대를 풍미한 팝디바 신디 로퍼가 작사/작곡을 맡았는데요. 롤라가 등장하며 자신의 정체성을 당당히 드러내는 화려하고 자신감 넘치는 'Land of Lola'[1], 킹키부츠 제작 성공을 축하하는 'Everybody Say Yeah' 같은 특유의 통통 튀는 흥겨운 음악부터 감성 짙은 발라드까지 다양한 장르로 구성했습니다. 덕분에 브로드웨이 오리지널 캐스트 앨범은 2013년 3월 미국에서 발매돼 빌보드 캐스트 앨범 차트 1위를 기록할 정도로 많은 인기를 얻었습니다. 특히 찰리의 끔찍한 부츠 디자인을 보고 롤라가 '아찔하게 올려줘'라며 한 수 알려주는 'Sex Is In The Heel'[2]은 빌보드 클럽 차트 25년 역사상 최초로 톱10 안에 진입한 브로드웨이 뮤지컬 음악으로 기록되기도 했습니다.

1      초연 캐스트이기도 한 강홍석 롤라의 2020년 버전이다. 더욱 풍성해진 성량과 농후한 몸짓에 절로 흥이 난다.

우리나라에서는 무대의 피날레를 장식하며 서로의 꿈을 응원해 주는 'Raise You Up'[3]도 인기가 많습니다. 배우가 직접 안무를 알려주는 영상을 제작하곤 하는데요. 노래와 안무 모두 따라 하기 쉬운 데다 커튼콜 때 킹키부츠를 신은 10여 명의 배우와 관객들이 함께 즐기는 킬링 넘버라서 좋은 반응을 얻고 있습니다.

그런데 이 화려하고 색다른 볼거리가 실화라면 어떨까요. 뮤지컬 〈킹키부츠〉의 원작은 영국 노샘프턴의 신발공장 이야기를 바탕으로 제작된 동명의 영화입니다. 영화의 실제 주인공인 스티브 팻맨은 1979년 드래그퀸 제품 판매상으로부터 '기존 여성화에서 사이즈만 커진 제품은 체격이 좋은 남자들의 무게를 견디지 못한다'며, '남자들이 신을 수 있는 크고 예쁜 구두를 만들어 줄 수 있는지' 문의 전화를 받았습니다. '킹키부츠'는 그렇게 시작됐는데요. 스티브는 제품을 만든 뒤 각종 광고에 실을 모델을 구하려 했지만 선뜻 나서는 이가 없자, 직접 허벅지까지 오는 부츠를 신고 패션쇼에 나선 겁니다. 이 이야기가 1996년 BBC 다큐멘터리를 통해 세상에 알려졌고, 2006년 줄리언 재롤드 감독에 의해 영화로도 만들어졌습니다.

무대 역시 자칫 '킹키부츠', '여장 남자'라는 화려하고 색다른 장치에 이끌리거나 반대로 거부감을 보일 수 있는데요. 경제위기에 처한 노동자, 아

2 정성화 배우도 롤라를 연기했다. 2018년 시즌으로, 찰리 역의 김호영 배우도 확인할 수 있다.

3 2020년 시즌 캐스트인 찰리 역의 이석훈-김성규, 롤라 역의 박은태-최재림-강홍석 배우가 함께한다.

 무대에서 더 자유로운 소수

버지와 다른 삶을 원하는 자녀, 자아를 찾아 방황하는 현대인, 그리고 세상의 편견과 맞서 싸우는 사람 등 동서고금을 막론하고 어디에서든 발견할 수 있는 사람이 살아가는 이야기를 녹여내고 있습니다. 누구나 공감할 수 있는 이야기를 눈과 귀를 확실하게 사로잡는 장치들로 버무렸으니 그 흥행은 당연한 것이 아닐까요. 2014년 토니 어워즈에서 당시 몇 년간 웨스트엔드에서 가장 잘나가던 뮤지컬 〈마틸다〉를 제치고 작품상을 거머쥔 것도 〈킹키부츠〉의 그 보편성 때문일 겁니다.

〈킹키부츠〉

시대를 앞서간 기괴한 이야기

〈스위니 토드Sweeney Todd〉 & 〈프랑켄슈타인Frankenstein〉

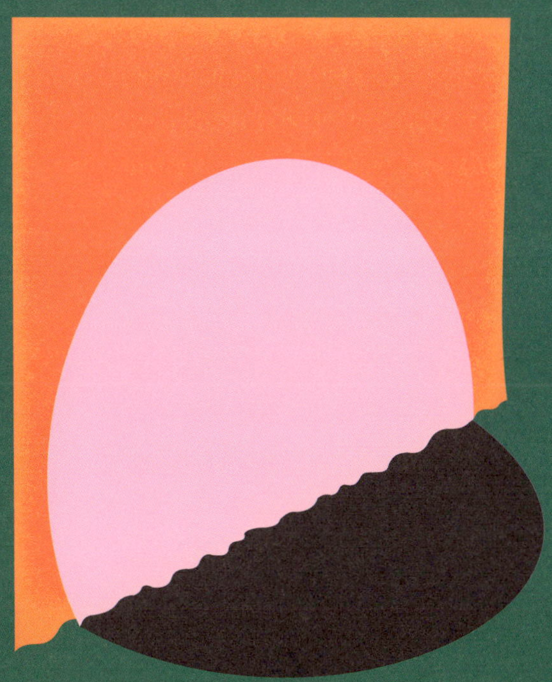

사회가 매우 급격히 달라지는 시기가 있습니다. 전쟁, 신분
제도나 산업구조의 변화 등으로 판을 갈아엎듯 이전과는
전혀 다른 세상이 펼쳐질 때 사회는 크고 작은 혼란의 소용
돌이에 빠져듭니다. 더 나은 새로운 세상이 모습을 갖추는
동안 그 이면에서는 가장 어두운 단면이 드러나고, 그만큼
기괴한 일이 펼쳐진다고 할까요. 산업혁명의 태동지로 경
제적으로 급격한 성장을 이루지만, 사회적으로는 수많은
혼란을 겪어야 했던 영국이 대표적인 사례일 겁니다.

그래서인지 무대에서 펼쳐지는 기괴한 스릴러 고전물은
대부분 19세기 영국에서 쓰인 이야기입니다. 희대의 연쇄
살인마를 쫓는 〈잭더리퍼〉, 꼬이고 꼬인 사건을 아슬아슬
하게 풀어가는 〈셜록홈즈〉, 인간 내면의 선과 악을 분리
하겠다는 〈지킬 앤 하이드〉 등이 모두 1800년대 런던을
배경으로 발생했거나 있을 법한 이야기라며 쏟아져 나왔
는데요. 21세기에도 뜨겁게 사랑받는 뮤지컬 〈스위니 토
드〉, 〈프랑켄슈타인〉 역시 마찬가지입니다.

음산한
불협화음
〈스위니 토드〉

"복수와 살인 사이 자리한 순박한 사랑,

피가 낭자한 무대에 스며있는

블랙코미디,

불협화음 너머 이뤄지는

절묘한 하모니가 기존 공연의

틀을 깨며 신선한 재미로 다가와"

창작진
Original
Creative
Team

극작 휴 휠러Hugh Wheeler

작곡/작사 스티븐 손드하임Stephen Sondheim

연출 해럴드 프린스Harold Prince

등장인물
Characters

스위니 토드 Sweeney Todd

아내와 딸을 빼앗기고 외딴 섬으로 추방당한 뒤 15년 만에 런던으로 돌아온 비운의 이발사

러빗 부인 Mrs. Lovett

스위니 토드에게 연정을 품고 있는 어디로 튈지 모르는 파이 가게 주인

터핀 판사 Judge Turpin

스위니 토드의 아내를 빼앗고 그의 딸 조안나까지 탐하는 부도덕한 판사

안소니Anthony

탈출한 스위니 토드를 구해준 선원, 조안나를 보고 운명적인 사랑에 빠진다.

토비아스Tobias

파이 가게 일을 돕는 순진한 소년

조안나Johanna

스위니 토드의 딸, 터핀 판사에게 강제로 입양 당해 갇혀 살며 바깥세상을 동경한다.

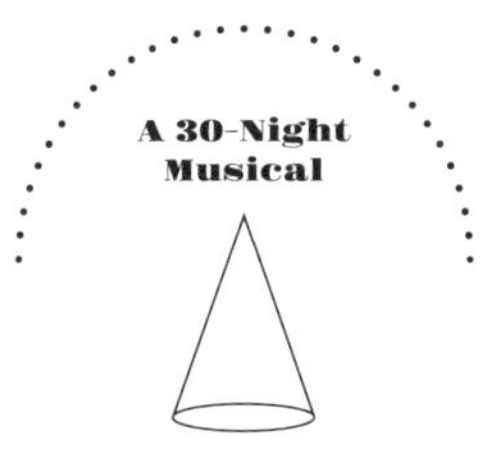

'스위니 토드' 캐릭터는 1846년 출간된 영국 잔혹물 시리즈 「The String of Pearls」에 처음 소개됐습니다. 소설 속 캐릭터는 단순히 돈을 빼앗기 위해 범죄를 저지르는 인물이었으나, 이후 여러 사람에 의해 각색되며 지금의 스위니 토드로 만들어졌습니다.

이야기의 배경은 19세기 영국인데요. 1868년 당시 산업혁명의 중심지였던 런던은 경제적, 문화적으로 급격하게 성장하지만, 빠른 변화 속에 심각한 혼돈도 겪습니다. 사람들은 기계의 발달로 과거에는 상상도 할 수 없었던 편리함을 경험하는 반면, 다른 한편에서는 기계로 돌아가는 세상에 강렬한 위협을 느끼죠. 〈스위니 토드〉 역시 당대 상실된 인간성, 부패와 살인, 광기와 복수 등을 통해 사회적으로 팽배한 불안감과 공포감을 간접적으로 드러냅니다.

지난 2007년 개봉한 팀 버튼 감독, 조니 뎁 주연의 영화로 기억하는 사람이 많을 텐데요. 뮤지컬은 그보다 훨씬 앞서 1979년 3월 미국 뉴욕에서 초연됐습니다. 영국 출신의 휴 휠러가 대본을 썼고, 브로드웨이 역사상 가장 혁신적인 작곡가로 손꼽히는 스티븐 손드하임의 독특한 음악과 기괴한 분위기의 연출로 많은 사랑을 받았습니다. 그해 토니 어워즈 최우수 뮤지컬상, 각본상, 음악상 등 8개 부문, 드라마 데스크 어워즈 9개 부문을 휩쓸었고, 1980년 영국 웨스트엔드에서 공연되며 올리비에 어워즈 2개 부문도 수상했습니다.

흥미로운 점은 우리나라에는 영화에 조금 앞서 2007년에야 처음 선을 보였는데요. 이후 10년 가까이 무대에 오르지 않았습니다. 왜일까요?

모든 게
파격적인

이발사 벤자민 바커가 오랜 옥살이 끝에 런던으로 돌아오며 이야기는 시작됩니다. 아내 루시, 어린 딸 조안나와 행복하게 살던 벤자민 바커는 그의 아내를 탐낸 터핀 판사에 의해 누명을 쓰고 15년 전 추방당했는데요. 스위니 토드로 이름을 바꾼 그는 젊은 선원인 안소니의 도움을 받아 런던으로 돌아온 뒤 복수를 계획합니다. 그가 원래 살던 집의 아래층에서 파이 가게를 운영하는 러빗 부인은 조안나가 터핀 판사의 수양딸로 끌려갔다는 사실을 전하는데요. 파이 가게 2층에 이발소를 차린 토드는 그를 연모하는 러빗 부인과 함께 본격적인 복수를 시작합니다. 하지만 터핀 판사를 이발소로 유인해 죽이려던 토드의 광기 어린 복수심은 점점 인간 전체를 향해 번지고, 줄곧 파리만 날리던 러빗 부인의 파이 가게는 이 무렵 정체가 묘연한 '새로운 고기'를 쓰기 시작하면서 손님들로 발 딛을 틈이 없게 됩니다.

특별한 전환이 없는 미니멀한 무대, 어둡고 괴기스러운 음악과 조명, 지금껏 만나보지 못한 파격적인 스토리와 캐릭터. 피가 낭자하고 잇달아 시체가 나오고, 무대에서는 스위니 토드와 러빗 부인의 잔혹한 핏빛 살인이 이어집니다. 뮤지컬 〈스위니 토드〉[1]를 처음 접하면 그야말로 충격일 겁니다. 이 작품이 지난 2007년 국내 초연됐을 때 호불호가 크게 갈렸던 이유, 다시 무대에 오르기까지 9년이나 걸린 이유이기도 한데요. 2016년 재연 당시, 초연 때도 토드를 연기했던 배우 양준모 씨를 만났는데, "초연 때는 관객들이 피를 볼 마음의 준비도, 손드하임의 음악을 받아들일 준비도 안 돼 있었던 것 같다"고 말하더군요. "배우들은 무척 열심히만 했고, 객석에서는 힘들어하는 분이 많았다"고요(웃음).

하지만 재연[2] 이후 〈스위니 토드〉의 인기는 대단합니다. 물론 연출이 바뀌고 무대와 대사 등 많은 부분이 달라지기도 했지만, 무엇보다 그 사이 배우도 관객도 진화한 겁니다. 9년이라는 시간 동안 한국 공연시장의 급격한 성장과 맞물려 웬만한 스테디셀러 뮤지컬을 섭렵했으니, 무대도 객석도 좀 더 신선하고 파격적이고 기괴한 것이 당기는 거죠. 그제야 〈스위니 토드〉에 깃든 복수와 살인 사이 자리한 순박한 사랑, 피가 낭자한 무대에 스며 있는 블랙코미디, 불협화음 너머 이뤄지는 절묘한 하모니가 기존 공연의 틀을 깨며 신선한 재미로 다가온 겁니다. 〈스위니 토드〉가 19세기 이

1  〈스위니 토드〉만의 기괴한 무대를 조망할 수 있는 2022년 시즌 하이라이트 동영상이다.

2  2016년 재연 당시 무대에서 처음 조우한 조승우-옥주현 배우 버전이다.

야기고, 40년 전에 이미 사랑받았던 무대라는 점은 아이러니하지만 말입니다.

물론 뮤지컬 〈스위니 토드〉는 여전히 쉽지 않은 작품입니다. 특히 보편적인 뮤지컬 넘버와는 뚜렷한 차이를 보이는 손드하임의 음악은 자칫 불편하게 들릴 수 있는데요. 그렇기에 단연 뮤지컬 〈스위니 토드〉의 백미이기도 합니다. 파격적인 스토리와 음산한 분위기, 기괴한 캐릭터를 극대화하기 때문이죠.

손드하임은 세부적인 음표를 채워 넣기 전에 전체의 큰 흐름을 먼저 잡는 것으로 유명합니다. 현대 오페라와도 비교되는 그의 음악은 특유의 불협화음이 불편하고 불안하기도 하지만, 결국은 그 불협화음들이 미리 맞춰둔 드라마, 무대와 완벽하게 결합하면서 개성 강한 작품을 만들어냅니다. 무슨 말이냐고요? 인터뷰했던 배우들의 답변으로 이해를 돕자면 삼연 때 처음 러빗 부인을 맡게 된 김지현 씨는 음악 연습을 할 때마다 "어떡해!" 사색이 됐다고 합니다. 그때 재연부터 참여했던 옥주현 씨가 "괜찮아, 하면 돼. 그런데 계속 틀려. 틀리는데 아무도 모르고 맞아도 틀리게 들려!"라고 말했다는 겁니다. 실제로 가사도 반복되는 게 없고, 리듬도 음도 불협화음처럼 느껴지는 게 많고, 피아노 없이 현과 관악으로만 이뤄져서 반주가 들어가면 더 이상하고, 무대에서 귀에 정확히 꽂히는 게 없어서 배우들이 박자를 타는 것도 너무 힘들다고 합니다. 하지만 공연 때는 이 모든 걱정과 우려와 이상함이 어우러져 작품에 짝 달라붙는데요. 그 경이로운 경험 때문에 '손드하임'이라는 이름을 각인하게 될 겁니다!

참, 공연을 보고 나면 타이틀 롤인 토드보다 러빗 부인의 매력에 푹 빠질 텐데요. 러빗 부인이 무척이나 능청스럽고 억척스럽게 좋아하는데 토드는 꿈작도 하지 않는 게 어찌나 웃기고 안쓰러운지요.

〈스위니 토드〉의 배경은
런던 어디 즈음일까?

오랫동안 공연과 페스티벌을 보러 유럽 여행을 다니고, 현지의 다양한 모습을 통해 문화예술을 입체적으로 감상하다 보니 언젠가부터 무대의 배경을 찾아보는 독특한 습관이 생겼습니다. 스위니 토드의 이발소와 러빗 부인의 파이 가게는 당시 런던의 어디 즈음에 있었을까요? 〈셜록홈즈〉의 베이커 스트리트 221b 건물처럼 정확히 알 수는 없지만, 〈스위니 토드〉의 배경은 '플리트 스트리트*Fleet Street*'로 좁혀집니다. 국내 공연에서는 가사가 바뀌어 정확한 장소를 알 수 없지만, 2007년 팀 버튼 감독이 만든 영화 제목을 보면 《Sweeney Todd: The Demon Barber Of Fleet Street》입니다.

여행객들에게는 꽤 낯선 플리트 스트리트는 찰스 왕자와 다이애나의 결혼식이 진행됐던 세인트 폴 성당 인근에 동서로 뻗은 거리입니다. 런던을 여행하면서 딱히 플리트 스트리트를 찾아 나서는 관광객은 많지 않겠지만, 과거 이곳에는 신문사와 잡지사, 출판사 등이 몰려 있어 40여 년 전까지만 해도 언론 산업의 중심지로 손꼽혔다고 합니다(컴퓨터의 보급과 함께 노동시장이 개편되면서 이곳의 언론사들 역시 좀 더 저렴한 동쪽 지역의 새 건물들로 옮겨갔다). 노동력이 집중됐던 만큼 음식점을 비롯해 수많은 주점과 상점이 자리했고, 다양한 사건사고가 타자기와 잉크를 통해 신문으로 인쇄되던 곳, 그 많은 이야기가 글자는 물론이고 글자를 만들어내는 사람들의 입으로 오르내리던 곳을 작품의 배경으로 삼은 셈입니다.

얘기가 나온 김에 덧붙이자면 플리트 스트리트에서 좀 더 동쪽으로 이동하면 뮤지컬 〈잭더리퍼〉의 무대인 '화이트 채플Whitechaple' 지역입니다. 〈잭더리퍼〉는 1888년 화이트 채플에서 벌어진 연쇄살인 사건을 모티브로 제작됐는데요. 당시 런던의 동쪽 끝자락이었던 지역에 산업화 과정에서 도시로 몰려든 이민자와 난민들이 거주하며 각종 범죄에 노출됐습니다. 런던의 웨스트 엔드West End에서 문화와 예술이 꽃피는 동안 이스트 엔드East End는 지상의 지옥 같은 상태로 방치된 셈입니다. 그러나 이후 런던 자체가 확장되면서 금융 중심지인 시티 지역에서 불과 10여 분 거리인 화이트 채플은 다양한 인종과 문화가 공존하는 이색적인 곳으로 자리매김했습니다.

피조물의
이유 있는 항변
〈프랑켄슈타인〉

"뮤지컬 〈프랑켄슈타인〉의 매력은

익숙한 콘텐츠라서

너무 얕게 치부한

작품의 심오한 깊이를 알게 한 것"

창작진
Original Creative Team

연출/극본/작사	왕용범
작곡	이성준 Brandon Lee

등장인물 – 1인 2역
Characters

빅터 프랑켄슈타인: 철학, 과학, 의학을 아우르는 천재지만 강한 트라우마를 지닌 인물
자크: 냉혹하고 부정적이며 욕심 많은 격투장의 주인

앙리 뒤프레: 의협심이 강하며 빅터의 실험에 매료돼 연구의 조력자로 나서는 인물
괴물: 인간을 동경하지만 주인에게 버림받은 뒤 인간을 증오하고 복수를 결심한 피조물

엘렌: 가문의 비밀과 아픔을 가슴속에 간직한 여인으로, 빅터를 이해하는 유일한 가족
에바: 돈이라면 무엇이든 할 수 있는 자크의 부인

줄리아: 빅터와 어린 시절부터 친구로, 그를 이해하고 포용해 주는 약혼녀
까뜨린느: 격투장의 하인으로 괴물을 유일하게 보듬어 주는 여인

슈테판: 제네바의 시장이자 줄리아의 아버지
페르난도: 격투장의 투자자로 여성스러운 성격 뒤에 비열함을 감추고 있는 인물

룽게: 프랑켄슈타인 가문의 충직한 집사
이고르: 격투장의 꼽추 문지기

창작진
Original Creative Team

연출/극본/작사	왕용범
작곡	이성준 Brandon Lee

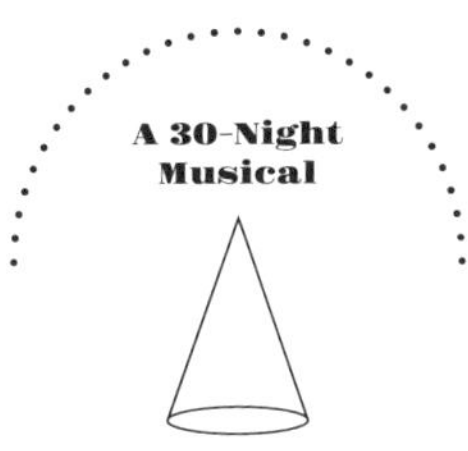

내용을 정확하게 알지 못해도 '프랑켄슈타인'이라는 타이틀 자체는 '지킬 앤 하이드'만큼 모두에게 익숙할 겁니다. 어릴 때부터 만화영화나 책을 비롯해 다양한 장르로 접해왔을 텐데요. 그 뿌리는 작가 메리 셸리^{Mary Wollstonecraft Shelley, 1797~1851}가 1818년 출간한 동명의 소설입니다. 「프랑켄슈타인」의 경우 유럽 전역을 배경으로 하지만, 메리 셸리가 영국 출신이라는 점은 눈여겨볼 만합니다.

그녀는 1816년 시인 바이런 경, 의사 존 폴리도리, 남편 퍼시 비시 셸리가 모인 자리에서 괴담을 하나씩 짓기로 약속한 뒤 19세에 「프랑켄슈타인」을 출간했습니다. 이후 「프랑켄슈타인」은 영화, 드라마, 연극 등 다양한 장르에서 다채로운 형태로 변주되는데요. 콘텐츠가 그만큼 매력적입니다.

발달한 과학기술로 생명을 얻은 피조물이 추악한 모습으로 인해 인간들에게 멸시당하다 결국 창조자에게 복수한다는 내용은 산업화와 기계화로 급격히 발달하지만 그만큼 인간성이 무너지고 혼란스러운 19세기 사회상을 대변하고 있습니다. 이렇듯 파격적인 소재와 인간 내면 깊숙이 파고

〈프랑켄슈타인〉

드는 철학적인 주제, 화면이나 무대에서 더욱 극대화되는 캐릭터를 갖췄으니, 200년이 지나도록 새롭게 해석된, 새로운 모습의 '프랑켄슈타인'이 끊임없이 등장하는 건 당연한 일인지도 모릅니다.

지난 2011년 영국 국립극장이 영상으로도 제작한 대니 보일 연출, 베네딕트 컴버배치와 조니 리 밀러 주연의 연극《프랑켄슈타인》[1]이 영국은 물론이고 국내 공연 팬들에게도 큰 화제였다면 2014년 첫선을 보여 많은 사랑을 받은 뮤지컬 〈프랑켄슈타인〉은 뜻밖에도 국내 창작진의 결과물입니다.

원작의 탄탄한 뼈대를 바탕으로 참신한 살과 피를 더해 초연임에도 완성도 높은 무대를 선보이며 제8회 더 뮤지컬 어워즈에서 '올해의 뮤지컬'과 '올해의 창작뮤지컬'을 동시 수상했고, 연출상, 남우주연상, 무대상, 의상상 등 9개 부문을 휩쓸었는데요. 이후 무대에 오를 때마다 국내 관객들의 뜨거운 호응을 얻는 것은 물론이고, 2017년에는 라이선스 수출로 일본 현지에서 공연됐고, 2018년에는 중국에서 대규모 투자를 받기도 했습니다. 2000년대 초반까지의 창작뮤지컬이 우리 이야기를 국내 무대에 올리는 것이었다면, 어느덧 세계인이 공감하는 이야기를 국내 창작진이 만들어 세계로 수출하는 경지에 이른 겁니다.

1 국내에서 영상으로 보여줄 때가 있다. 기회가 된다면 꼭 관람하길 바란다. 우리나라와는 또 다른 무대 연출과 그 무대를 동영상으로 담아낸 앞선 기술을 확인할 수 있을 것이다.

원작과는 또 다른
뮤지컬 〈프랑켄슈타인〉

나폴레옹이 유럽 전역에서 전쟁을 벌이던 19세기 초, 스위스 출신의 과학자 빅터 프랑켄슈타인은 전쟁터에서 '죽지 않는 군인'을 만들기 위해 연구 중입니다. 빅터의 연구는 '신체 접합술'의 귀재 앙리 뒤프레를 만나면서 전기를 맞지만, 얼마 뒤 전쟁이 끝나자 실험 재료를 구하는 것부터 어려움을 겪게 되죠. 제네바에 돌아와 생명 창조 실험을 이어가던 중 누명을 쓴 앙리가 교수형에 처해지자, 빅터는 앙리를 통해 마침내 피조물을 완성합니다. 하지만 피조물은 기대와 달리 거친 괴물에 가까웠습니다. 홀연히 사라진 괴물은 홀로 인간이 되고자 노력하지만, 결국 격투장에 끌려가 비참하게 살아가죠. 3년 뒤 빅터 앞에 다시 나타난 괴물은 자신이 얼마나 처참하게 살았는지 토로하며 창조자를 향한 복수를 시작합니다.

문득 창작자에게 '프랑켄슈타인'만큼 어려운 작품이 있을까 싶습니다. '창작'이라는 작업을 얼마나 심사숙고해야 하는지 그 피조물이 일깨워주니까요. 그러니 200년 동안 다양한 장르에서 탐냈던 콘텐츠를 단순히 다시 꺼내 드는 것만으로는 그 피조물의 반격을 피할 수 없을 겁니다. 뮤지컬 〈프랑켄슈타인〉은 원작에서 배경과 모티브를 따왔지만 구조적으로 큰 변화를 시도했습니다. 빅터가 생명을 창조하려는 이유부터 소설과는 다르게 접근했고, 괴물로 다시 태어나는 앙리[2]는 원작에는 없는 인물입니다. 2막

2 2018 시즌 캐스트인 빅터 프랑켄슈타인 역의 전동석 배우, 앙리 뒤프레 역의 박은태 배우가 함께한 넘버 '단 하나의 미래'다.

을 주로 이끄는 격투장 배경 역시 뮤지컬에만 등장합니다.

그 격투장 안팎의 인물들을 모두 1막에 등장했던 배우들이 연기한다는 점도 신선한데요. 예를 들어 1막에서 신에 도전한 빅터 박사는 2막에서 냉혹하고 욕심 많은 격투장의 주인 자크로, 빅터의 조력자를 자처했던 앙리는 인간에게 혹사당하며 증오심을 품는 괴물로 변신합니다. 배우 모두가 1인 2역을 하는 셈이고, 1막에서는 한없이 점잖은 귀족들을 연기하던 배우들이 2막에서는 이른바 밑바닥 인생을 사는 인물들, 전혀 다른 모습을 연기하는 만큼 그 변화를 눈여겨보는 재미도 큽니다. 여기에 빅터의 실험실을 비롯해 프랑켄슈타인의 성벽, 격투장, 북극까지 웅장하고 강렬한 세트가 대극장을 가득 메우고, 그로테스크한 음악과 조명, 팝핀부터 재즈, 현대무용까지 다채로운 안무도 더해집니다.

이렇듯 300페이지에 달하는 원작 소설은 쉬는 시간까지 포함해 3시간에 이르는 무대로, 전혀 다른 모습으로 탈바꿈했습니다. 이 정도 완벽성을 기했으니, 피조물이 '나를 왜 이렇게 만들었느냐'고 함부로 따져 물을 입장은 안 되는 듯합니다.

존재의 근원을
파고들다

구성부터 스토리, 무대, 음악까지 세계 어느 무대에 올려도 손색없을 작품, 그래서 뮤지컬 〈프랑켄슈타인〉을 얘기할 때면 항상 '창작뮤지컬의 저력을 보여줬다, 창작뮤지컬의 한계를 뛰어넘었다'는 수식어가 붙습니다. 하지만 이런 표현도 이제 진부한 것 같습니다. 왕용범 연출이 이후 선보인 〈벤허〉를 비롯해 EMK뮤지컬컴퍼니가 선보인 〈마타하리〉, 〈웃는 남자〉 등 이제 세계인이 함께 즐길 수 있는 한국 창작뮤지컬은 차고 넘칩니다. 제78회 토니 어워즈에서 작품상을 비롯해 6관왕을 기록한 〈어쩌면 해피엔딩〉이 대변하겠죠(〈어쩌면 해피엔딩〉은 앞선 작품들과 달리 대중적인 원작이 없는, 스토리 자체를 창작했다는 차이점이 있다. 또 국내에서는 3인극으로 공연됐지만, 브로드웨이 버전은 등장인물이 늘어나는 등 현지화를 거친 대극장 공연이다).

그런 차원에서 뮤지컬 〈프랑켄슈타인〉의 가장 큰 매력은 어릴 때부터 익숙한 콘텐츠라서 너무 얕게 치부한 작품의 심오한 깊이를 알게 한 겁니다. 이 공연을 보고 눈물을 흘릴 줄이야! 먹먹한 마음에 한참 뒤에야 공연장을 빠져나왔던 기억이 있습니다. 그리고 작품을 좀 더 세세하게 이해하고 싶은 마음에 원작 소설부터 연극까지 다시 찾아봤고요.

〈프랑켄슈타인〉은 단순한 스릴러나 공포, 괴기, 과학 소설이 아닙니다. 우리 모두는 사실 '누군가의 피조물'입니다. 그 누구도 원해서, 선택해서 세상에 태어나지 않았고, 모두 '희로애락喜怒哀樂'를 겪습니다. 의도치 않게 바닥까지 떨어져 허우적거릴 때, 짙은 어둠 속에서 웅크리고 있을 때, 존재의 이유를 도저히 알 수 없을 때, 나를 만든, 그것이 신이든 그 누구이든 원망하고 증오했던 경험이 있을 텐데요. 나를 세상에 내놓고 방치한, 나와 관계를 만들다 놓아버린, 그 무책임하고 비겁한 상대를 향해 복수심을 불태운 적도 있을 겁니다. 작품의 '괴물'처럼 망가지고 망가뜨리고 싶은 기분, 그 처절한 고독과 외로움에 닿아봤다면 이미 200년 전의 원작부터 이후 수없이 변주된 작품들의 메시지를 모두 관통한 게 아닐까 합니다.

더 슬픈 것은 괴물은 빅터를 증오하지만, 빅터만이 유일한 '대상'이라

〈프랑켄슈타인〉 327

는 점입니다. 그를 향한 복수의 시간이 유일하게 혼자이지 않고 외롭지 않은 순간이죠. 창조자인 그만이 피조물의 존재를 완벽하게 인식하고, 오롯이 상대하고, 그 슬픔의 근원을 온전히 이해할 수 있기 때문입니다.

〈프랑켄슈타인〉은 결국 신의 영역을 탐한 인간과 인간이 되려는 괴물의 이야기가 아니라 '신을 향한 인간의 괴물 같은 부르짖음[3]'이라고 생각합니다. 그래서 뮤지컬의 마지막 장면을 볼 때면, 그 황량한 북극에서 마주한 창조자와 피조물을 볼 때면 매번 차갑고도 섬뜩한 눈물을 흘리게 됩니다.

[3]  초연 캐스트인 박은태 배우가 부르는 '난 괴물'이다.

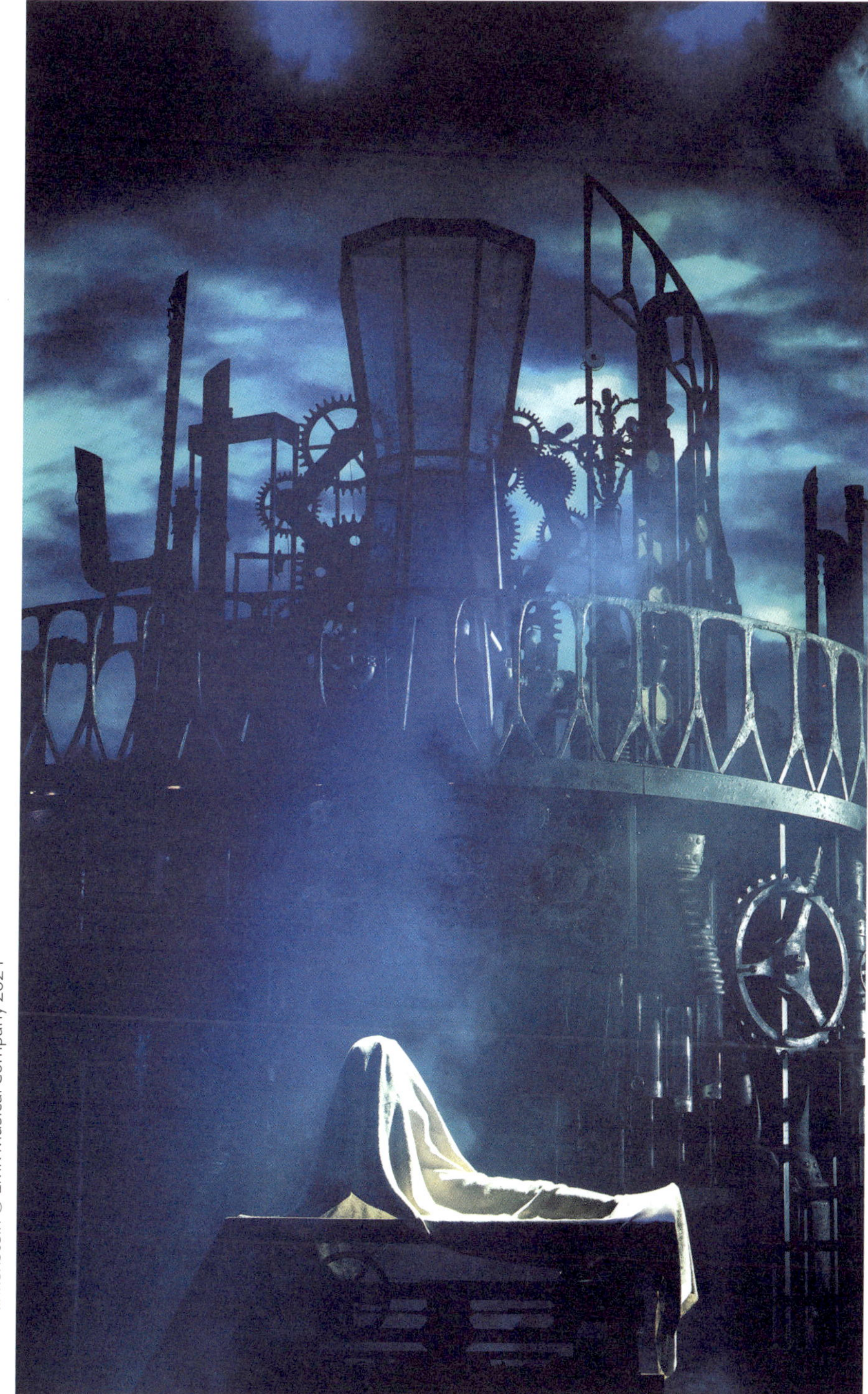

간절히 기다린,
여전히 기다리는 뮤지컬

〈알라딘Aladdin〉 & 〈찰리와 초콜릿 공장Charlie and the Chocolate Factory〉

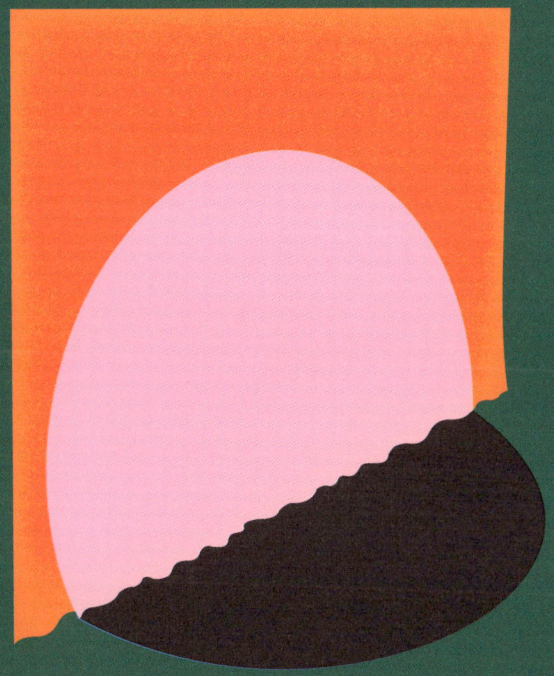

전 세계를 강타한 코비드19 이후 뮤지컬과 연극도 이른바 '랜선 상연'이 많아졌는데요. 팬데믹 전에도 공연의 영상화는 진행되고 있었습니다. 2006년 시작된 뉴욕 메트로폴리탄 오페라의 공연 실황이나 잘츠부르크, 브레겐츠 등 유럽의 인기 클래식 페스티벌 실황은 국내에서는 영화관을 중심으로 관람이 가능했고, 2009년부터 영국 국립극장의 연극을 영상으로 담은 NT Live도 서울 국립극장 등에서 만날 수 있었는데요. 한글 자막까지 달린 화제의 신작을 저렴하고 손쉽게 만날 수 있으니 앞으로도 공연의 영상화는 더욱 확대될 겁니다.

하지만 영상이 라이브 무대를 대체할 수는 없을 겁니다. 말 그대로 그 공연이 'Live'는 아니기 때문이죠. 오고가는 시간과 비싼 티켓 값을 지불하고 굳이 공연장을 찾아가는 이유는 '생생한 현장성Liveness'에 있습니다. 언제고 NG가 날 수 있는 아슬아슬한 무대, 편집이 없기에 오히려 새롭게 창조된 무대만의 언어, 그날의 배우와 관객만 공유할 수 있는 열기와 에너지, 그것이 공연의 생명이고 정체성이죠.

그런 차원에서 이미 스크린을 통해 많은 사랑을 받았지만 무대언어로 새롭게 빚은 〈알라딘〉과 〈찰리와 초콜릿 공장〉은 뉴욕이나 런던에 간다면 가장 보고 싶은, 국내 무대에도 오르길 간절히 기다렸고, 여전히 기다리는 뮤지컬입니다.

마법처럼 펼쳐진 뮤지컬
⟨알라딘⟩

"'저 장면을 어떻게 표현할까?'

라는 궁금증이

'그렇게 표현하다니!'라는

놀라움으로 채워지는 순간"

창작진
Original Creative Team

극작	채드 베글린Chad Beguelin
작곡	앨런 멩컨Alan Menken
작사	하워드 애쉬먼Howard Ashman, 팀 라이스Tim Rice, 채드 베글린Chad Beguelin
연출/안무	케이시 니콜라Casey Nicholaw

등장인물
Characters

알라딘Aladdin
좀도둑이지만 마음은 착한 청년, 자스민 공주를 보고 첫눈에 반한다.

자스민Jasmine
아그라바 왕국의 까칠하고 자기주장 강한 공주

지니Genie
익살스럽고 유머 감각 넘치는 램프의 요정

자파Jafar
술탄을 꿈꾸는 궁중 주술사

이아고Iago
원작에서 앵무새였던 자파의 시종

술탄Sultan
아그라바 왕국의 지도자, 자스민의 아버지

밥칵Babkak, 오마르Omar, 카심Kassim
원작의 원숭이 아부를 대신한 알라딘의 친구들

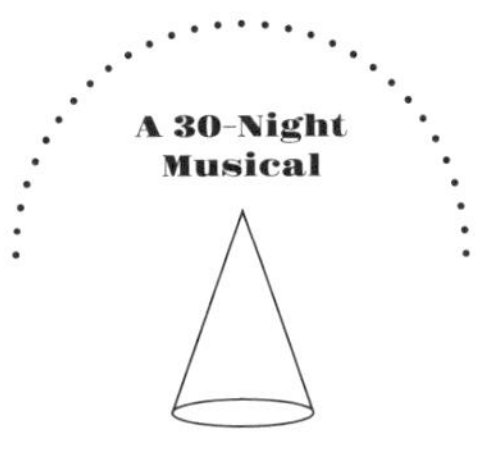

《알라딘》은 페르시아 지방에서 시작된 설화를 모은 「천일야화」 중 '알라딘과 이상한 램프'를 모티브로 제작된 디즈니 애니메이션입니다. 1992년에 개봉했고, 2019년 실사로도 개봉해 국내에서만 천만 관객을 가뿐히 넘겼죠. 그 사이 브로드웨이에서는 뮤지컬로도 선보였는데요.《알라딘》은 물론《인어공주》,《미녀와 야수》,《노틀담의 꼽추》,《라푼젤》등 인기 디즈니 애니메이션의 음악을 작곡했던 앨런 멩컨이 무대에 필요한 음악을 추가로 작업했고, 1991년 숨진 작사가 하워드 애쉬먼의 자리를 채우기 위해 팀 라이스와 채드 베글린이 힘을 더했습니다. 2011년 미국 시애틀 공연을 시작으로 2014년 브로드웨이에 입성했고, 이후 북미 전역과 영국 웨스트엔드, 독일, 일본, 드디어 우리나라로도 무대를 확대했습니다.

뮤지컬이 원작 애니메이션과 가장 다른 점은 동물 캐릭터가 사라졌다는 건데요. 알라딘의 원숭이 친구 아부는 세 명의 사람으로 대체됐고, 자파의 앵무새 이아고도 사람으로 바뀌었습니다. 자스민의 호랑이 라자 역시 세 명의 시녀로 바뀌어 알라딘의 친구들과 인연을 맺는데요. 영화가 익숙

〈알라딘〉

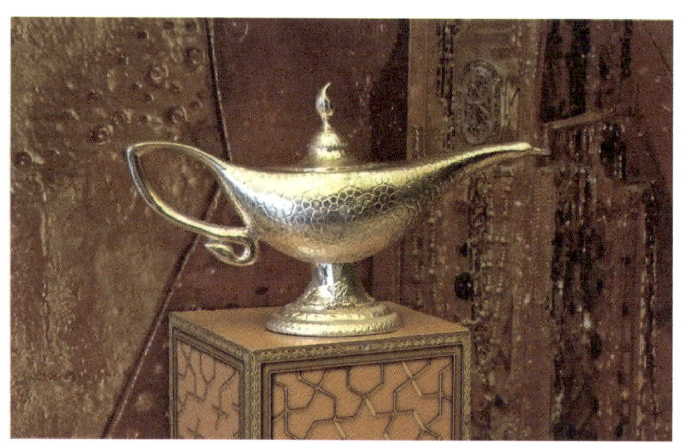

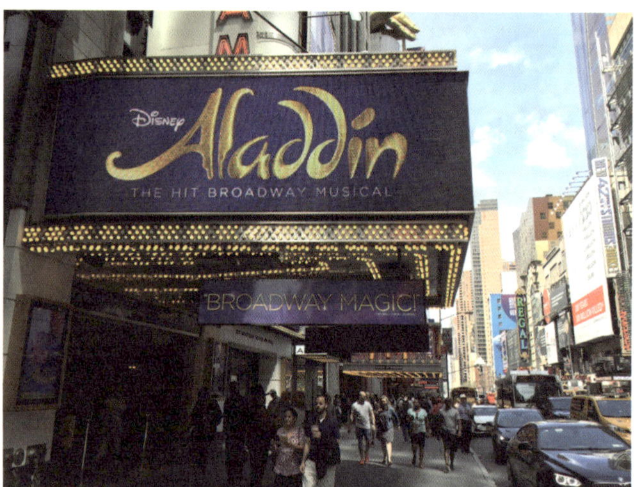
DISNEY
Aladdin
THE HIT BROADWAY MUSICAL
BROADWAY MAGIC!

하다면 친숙한 캐릭터가 사라져 못내 아쉽겠지만, 동물 대신 말을 할 수 있는 사람 캐릭터가 더해지면서 자칫 알라딘과 자스민, 지니에게 편중될 수 있었던 넘버가 분산됩니다.

무엇보다 뮤지컬 〈알라딘〉에는 애니메이션, 실사 영화와 비교해도 전혀 뒤떨어지지 않는 무대만의 매력이 존재합니다. 지금 브로드웨이에서 꼭 한 작품만 봐야 한다면… 조금 주저한 뒤 뮤지컬 〈알라딘〉을 선택할 것 같습니다!

무대로 확장되는
디즈니

영화를 뮤지컬로 만들 경우 흔히 '무비컬'이라고 하는데요. 전 세계 영화시장의 한 축은 월트디즈니가 장악하고 있으니, 디즈니 애니메이션을 무대로 옮기는 작업도 활발하게 진행되고 있습니다. '디즈니 온 브로드웨이Disney on Broadway'라는 슬로건을 내세운 디즈니 시어트리컬Theatrical 프로덕션은 〈미녀와 야수(1994)〉를 시작으로 〈라이온 킹(1997)〉 〈노틀담의 꼽추(1999)〉, 〈타잔(2006)〉, 〈인어공주(2008)〉, 〈알라딘(2011)〉, 〈겨울왕국(2018)〉 등 자사의 애니메이션을 브로드웨이 안팎의 무대에 부지런히 올리고 있는데요. 영화를 통해 흥행성은 이미 타진한 데다 공연장에서도 모든 민족, 다양한 연령층을 공략할 수 있으니 뮤지컬로 만들지 않을 이유가 없을 겁니다.

문제는 '어떻게 표현할까'입니다. 시공간적으로 제약이 많은 무대에서 컴퓨터그래픽이 빚어낸 무한 상상의 장면을 어떻게 구현하느냐가 관건인데요. 그 문제를 '무대언어'로, 그러니까 생각하지도 못한 무대만의 예술로 펼쳐 보였을 때 〈라이온 킹〉처럼 영화를 넘어서는 대대적인 흥행을 할 수 있을 테고, 기대에 못 미칠 경우 〈겨울왕국〉처럼 영화보다는 상대적으로 미온적인 반응을 얻게 됩니다. '저 장면을 어떻게 표현할까?'라는 궁금증이 '저걸 그렇게 표현하다니!'라는 놀라움으로 채워질 때 디즈니 애니메이션은 스크린을 단순히 무대에 옮겨놓은 것을 넘어 '뮤지컬'이라는 전혀 다른 작품으로 감동을 줄 수 있는 거죠. 당연하게도 배우들이 그저 동물 탈을 쓰고 연기했다면 뮤지컬 〈라이온 킹〉이 지금처럼 흥행하지는 못했을 겁니다.

이보다
화려할 수 있을까!

아그라바의 좀도둑 알라딘은 결혼 압박을 피해 왕궁을 탈출한 자스민 공주를 보고 첫눈에 반합니다. 술탄 자리를 노리는 자파는 요술램프를 손에 넣기 위해 알라딘을 돈으로 회유하는데요. 부자가 되어 자스민 공주와 결혼하고 싶었던 알라딘은 요술램프가 있는 동굴에 들어갔다 갇히고 말죠. 죽음의 위기에 직면한 알라딘은 우연히 램프를 문지르다 세 가지 소원을 들어주는 램프의 요정 지니를 만나게 되는데요. 그의 도움을 받아 동굴을 탈출한 알라딘은 자신을 왕자로 만들어주면 지니를 램프에서 해방시켜 주는 데 나머지 두 개의 소원을 쓰기로 약속합니다. 어렵게 왕자가 된 알라딘은 자스민에게 청혼하기 위해 아그라바로 가지만, 아쉽게도 자파가 알라딘을 바다에 집어 던지고 요술램프를 차지하는데요.

객석에 앉으면 뮤지컬 〈알라딘〉[1]의 흥행을 바로 납득할 수 있습니다. '지니가 램프에서 어떻게 나올까?' 양탄자를 타고 하늘을 나는 장면은 어떻게?'라는 물음을 눈이 휘둥그레지고 입이 떡 벌어지는 감동으로 답하거든요.

일단 1막이 끝나갈 즈음에야 램프에서 '뿅'하고 등장하는 지니[2]는 'Friend Like Me'를 열창하며 무대를 주름잡고 객석을 사로잡습니다. 무려 7분 동안 쉬지 않고 노래하고 춤을 추는데요. 앨런 맹컨의 대표작《미녀와 야수》의 'The beauty and the beast',《인어공주》의 'Part of the world', 'Under the sea'까지 섞어 부르며 디즈니 팬들의 배꼽을 강탈합니다.

초연 당시 탭댄스를 추면서도 흐트러짐 없는 가창력에 능청스러운 연기로 이목을 사로잡던 제임스 먼로 아이글하트James Monroe Iglehart는 2014년 토니 어워즈 남우조연상을 받기도 했습니다(그해 〈알라딘〉이 베스트 뮤지컬상 등 총 5개 부문 후보에 올랐는데, 남우조연상만 최종 수상). 왜 '남우조연상'인지 한참 생각했던 기억이 있습니다. 무대를 직접 보면 지니가 당연히 주인공이라고 생각되거든요. 재미난 분장에 유머 감각까지 장착한 지니는 〈알라딘〉에서 가장 사랑받는 캐릭터입니다.

1  무대, 의상, 음악 등을 전체적으로 확인할 수 있는 뮤지컬 〈알라딘〉 트레일러 영상

2  브로드웨이 뉴 암스테르담 극장에서 1000회 공연을 기념하고 있다.

〈알라딘〉

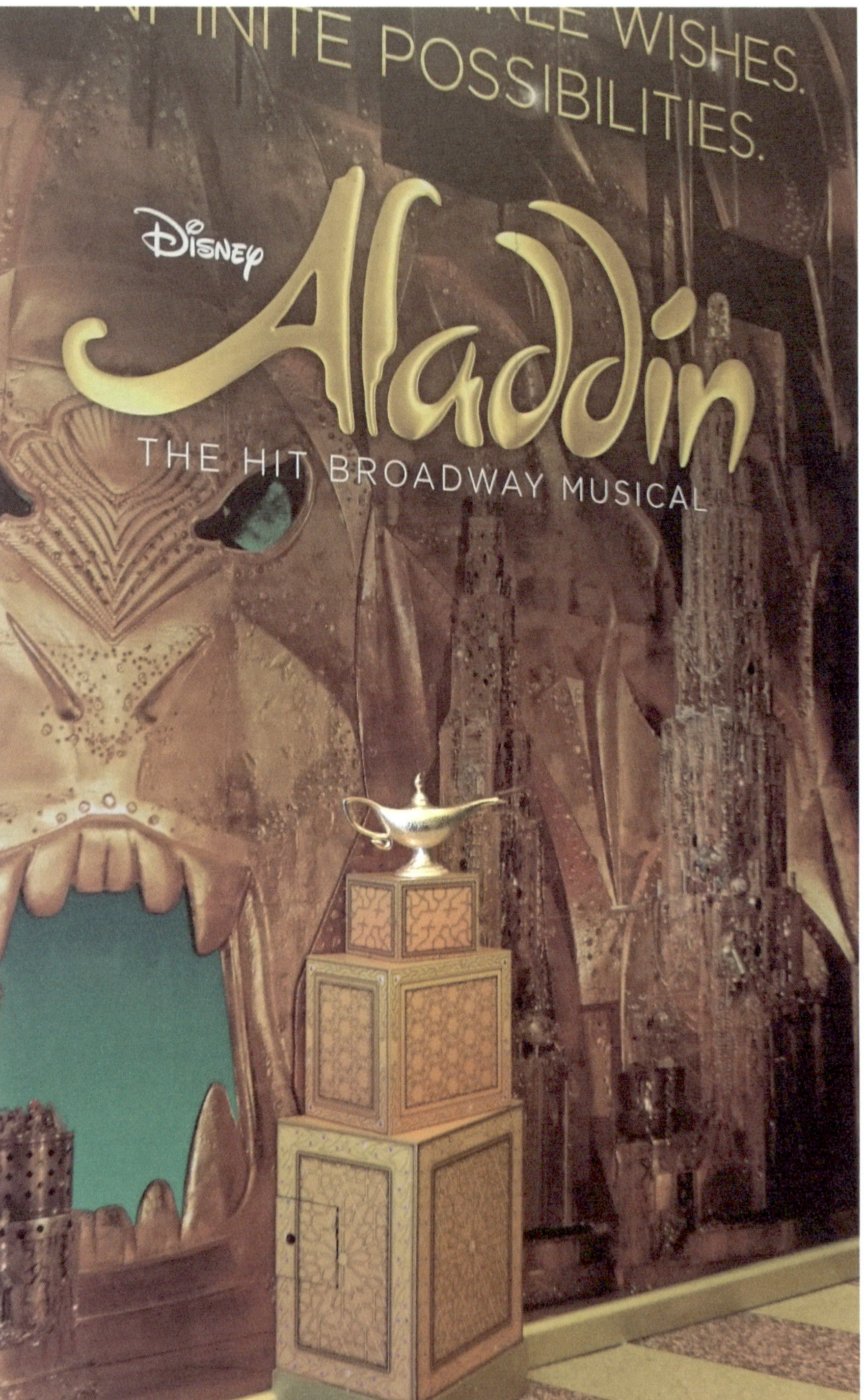
INFINITE WISHES.
INFINITE POSSIBILITIES.
Disney
Aladdin
THE HIT BROADWAY MUSICAL

물량 공세도 어마어마한데요. 뮤지컬 〈알라딘〉에는 수작업으로 제작된 총 337개의 의상이 사용되는데, 원단이 수입된 나라만 모로코, 터키, 인도, 우즈베키스탄, 과테말라, 프랑스, 이탈리아, 독일, 중국 등 9개국에 달합니다. 'Friend Like Me'에서 코러스 멤버의 바지 한 벌에 새겨진 크리스탈 수만 1400여 개, 무대 전체적으로는 50만 개의 크리스탈이 반짝이고 있습니다. 의상부터 왕궁, 보물, 밤하늘의 별까지 모두가 반짝거립니다.

그런가 하면 불꽃놀이부터 하늘을 나는 양탄자까지 〈알라딘〉에는 84개의 일루션과 특수효과[3]가 사용되는데요(그래서 대표적인 '매직컬●'이기도 하다). 알라딘과 자스민이 'A Whole New World'와 함께 밤하늘을 나는 장면은 환상을 넘어 신비롭기까지 합니다. 와이어도 보이지 않고, 객석 위로도 날아다니는데 도대체 어떻게 한 걸까요? 제작진은 '알라딘 매직'이라며 공식적으로 기술을 공개하지는 않았지만, 매직 카펫 네 귀퉁이 아래에 넉 대의 드론을 설치해 기존 무대 장치보다 자유로운 움직임을 확보했을 것이라는 해석이 있습니다.

이렇듯 첨단 기술을 적극 활용하면서도 무대의 아날로그 감성을 그대로 유지한, 볼거리 많고 즐길 거리 가득한 〈알라딘〉은 앞으로도 한동안 브로드웨이는 물론 국내에서도 대표 쇼 뮤지컬의 자리를 굳건히 지킬 겁니

3 　무대에서 〈알라딘〉이 공연될 수 있는 기술을 엿볼 수 있다.

● 매직컬 – 'Magic'과 'Musical'의 합성어로, 무대 연출에 있어 마술적인 기법이 중요한 뮤지컬을 일컫는다. 〈고스트〉의 벽 통과나 〈신데렐라〉의 의상 체인지 등은 마술 트릭이 활용된 대표적인 장면이다.

〈알라딘〉　　　　　　　341

다. 저는 브로드웨이까지 찾아가서 봤지만, 드디어 한국 무대에도 그 신
비로운 매직이 펼쳐졌죠. 출간을 준비하는 동안 〈알라딘〉의 한국어 초연
(2024년 11월 개막)이 있었는데요. '한국 공연에서는 누가 지니를 맡을까' 무
척 궁금했는데, 초연 지니는 정성화-정원영-강홍석 배우가 캐스팅돼 각기
다른 특장점으로 삼색 지니를 선보였습니다.

무대만의
순수한 상상력
〈찰리와 초콜릿 공장〉

"알면서도 속아주는,

정통 기법으로 파고들어

더 정이 가는 무대"

창작진
Original Creative Team

극작 데이비드 그리그David Greig
작곡 마크 샤이먼Marc Shaiman
작사 스콧 위트먼Scott Wittman, 마크 샤이먼Marc Shaiman
안무 피터 달링Peter Darling
연출 샘 멘데스Sam Mendes

등장인물
Characters

윌리 웡카 Willy Wonka
베일에 싸인 초콜릿 공장 주인

찰리 버켓 Charlie Bucket
가난하지만 착하고 욕심 없는 소년

조 할아버지 Grandpa Joe
찰리의 할아버지, 찰리와 초콜릿 공장 견학에 나선다.

버켓 부인 Mrs. Bucket
찰리를 키우는 싱글맘

조세핀 할머니 Grandma Josephine
찰리의 할머니

조지나 할머니 Grandma Georgina
찰리의 외할머니

조지 할아버지 Grandpa George
찰리의 외할아버지

아우구스투스 글룹 Augustus Gloop
가장 먼저 골든 티켓을 발견하고 가장 먼저 탈락한 아이, 식탐이 있다.

베루카 솔트 Veruca Salt
초콜릿 수천 개를 사서 티켓을 차지한 부잣집 딸

바이올렛 보어가르드 Violet Beauregrade
껌 씹기 대회 챔피언

마이크 티비 Mike Teavee
게임과 TV에 중독된 소년

움파룸파Oompa loompa
윌리 웡카의 초콜릿 공장에서 일하는 난쟁이들

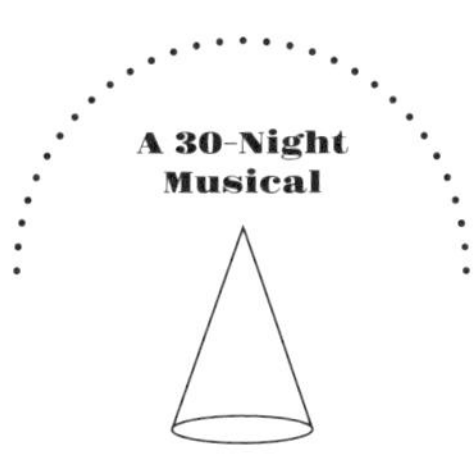

〈찰리와 초콜릿 공장〉은 지난 2005년 개봉한 팀 버튼 감독, 조니 뎁 주연의 영화로 익숙하겠지만, 원작은 영국의 아동 작가 로알드 달이 1964년에 발표한 소설입니다. 소설의 인기로 이미 1971년 멜 스튜어트 감독이 영화로도 제작했죠.

뮤지컬 〈찰리와 초콜릿 공장〉은 2013년 6월 런던에서 초연됐고, 앞서 2005년 영화를 제작했던 워너브라더스가 앞장섰습니다. 디즈니가 그랬듯, 영화에서 볼 수 있었던 상상력 가득한 초콜릿 공장을 무대 위에 어떤 식으로든 구현했음을 기대할 수 있는 대목입니다. 실제로《아메리칸 뷰티》로 아카데미 감독상을 받은 샘 멘데스를 필두로 뮤지컬 〈헤어 스프레이〉, 〈캐치 미 이프 유 캔〉 등을 함께 작업한 마크 샤이먼과 스콧 위트먼에게 곡을, 뮤지컬 〈빌리 엘리어트〉, 〈마틸다〉로 무대를 휘어잡은 피터 달링에게 안무를 맡기며 그 기대를 한껏 높였는데요. 어린이 배우들의 꿈의 무대이자 어린이 관객들의 꿈의 객석이 된 뮤지컬 〈찰리와 초콜릿 공장〉은 초연 이후 순항하며 2014년 로렌스 올리비에 어워즈에서 의상디자인상, 조명상을 받았습니다. 2017년에는 뉴욕에서 첫선을 보였고, 이후 미국 전역을 거쳐 호주 등 전 세계로 무대를 확장하고 있습니다.

무대에서 펼쳐지는
순수한 상상력

작고 낡은 집에서 할아버지, 할머니, 외할아버지, 외할머니, 그리고 엄마와 사는 찰리. 그렇게 좋아하는 초콜릿을 생일 때나 겨우 한 번 먹을 정도로 집안 형편은 어렵지만, 찰리는 누구보다 밝고 착합니다. 찰리 집 근처에는 아이들에게 인기 만점인 초콜릿 공장이 있는데요. 어느 날 베일에 싸여 있던 공장 주인 윌리 웡카가 '초콜릿 속에 숨겨진 골든 티켓을 찾아낸 다섯 명에게 공장 견학을 시켜주겠다'고 선언하죠. 전 세계 어린이들이 골든 티켓을 얻기 위해 노력하고, 찰리는 운 좋게도 마지막 골든 티켓을 거머쥡니다. 그렇게 찰리는 다른 네 명의 특색 있는 아이들, 그들의 부모와 함께 초콜릿 공장을 견학하며 이색적인 경험을 하게 됩니다.

〈찰리와 초콜릿 공장〉[1]은 이미 영화로 익숙한 만큼 스크린으로 펼쳐진 무한 상상의 공간이 무대 위에 어떻게 구현될지 궁금할 텐데요. 다행히 그 상상의 세계는 무대에서도 화려하게 펼쳐집니다. 가난한 찰리의 집부터 휘황찬란한 초콜릿 공장까지 시시각각 다채롭게 변하는 세트, 캐릭터를

[1]  무대를 상상할 수 있는 뮤지컬 〈찰리와 초콜릿 공장〉 트레일러 영상

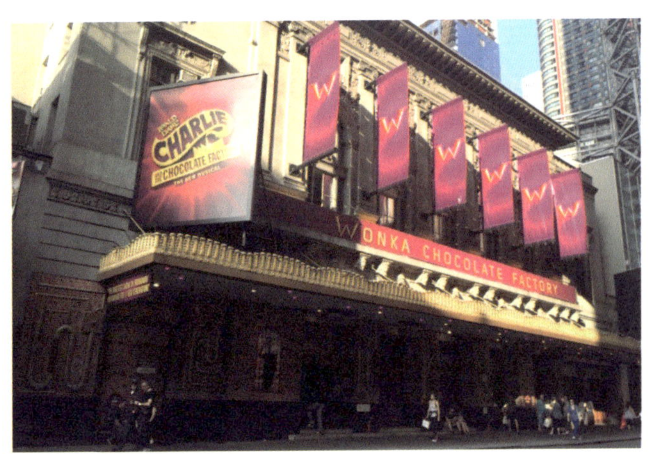
CHARLIE
CHOCOLATE FACTORY
WONKA CHOCOLATE FACTORY

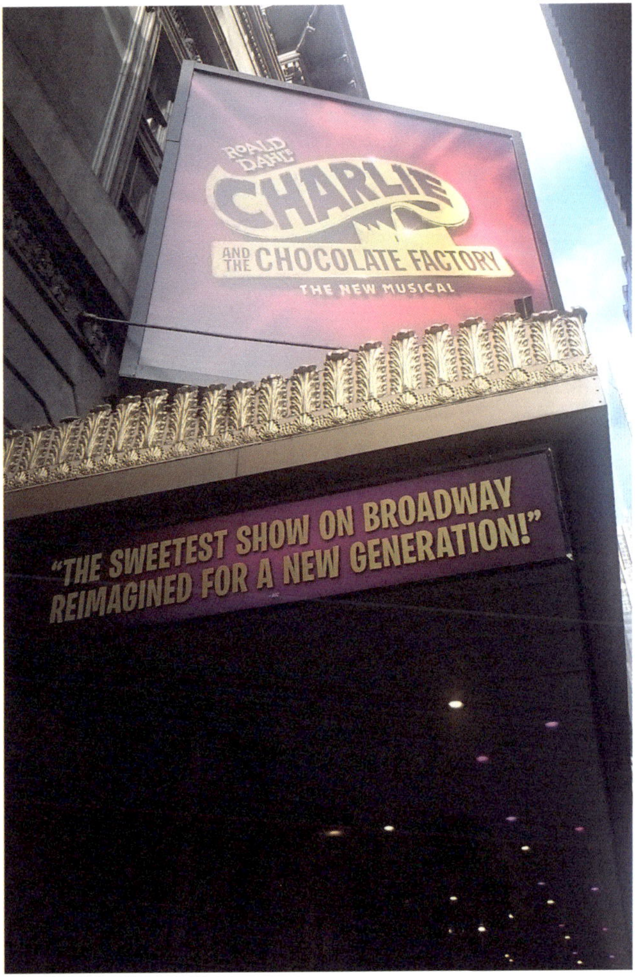

ROALD DAHL'S
CHARLIE
AND THE CHOCOLATE FACTORY
THE NEW MUSICAL
"THE SWEETEST SHOW ON BROADWAY
REIMAGINED FOR A NEW GENERATION!"

극대화하는 형형색색의 의상, 세트의 입체감을 더하고 착시효과를 불러일으키는 다양한 영상과 조명까지 오랜 기간 공들인 모습이 역력한데요. 특히 색소를 얼마나 넣었을까 걱정되지만 그만큼 강렬하게 끌리는 사탕처럼 공장 견학 시작과 함께 온통 화려한 색감으로 펼쳐지는 무대는 어린이 관객들의 눈을 사로잡고도 남아 보입니다.

어린이 말고 어른 관객들의 시선이 유독 반짝이는 장면은 무엇일까요? 네, 〈알라딘〉에 지니와 매직 카펫이 있다면 〈찰리와 초콜릿 공장〉에는 움파룸파와 유리 엘리베이터가 있죠. 도대체 난쟁이 움파룸파를 어떻게 구현할지 무척이나 궁금할 텐데요. 이 부분은 정통 기법으로 파고들었습니다. 움파룸파의 실루엣을 강하게 살리고 나머지는 검게 처리된 특수 제작된 의상을 입은 건데요. 배우가 무릎을 구부리면 자연히 키가 작아지고, 한 명이 다른 움파룸파의 어깨를 타고 있는 실루엣에서는 서 있는 배우까지 2명의 움파룸파를 표현합니다. 배우들이 무대 세트에 하반신을 숨기고 팔로 움파룸파의 다리를 연기하는 고전 방식도 차용했는데요. 눈에 빤히 보이지만 난쟁이 움파룸파로 보이게 만드는 그 기법이 재치 있고 정겹습니다.

국내에서도 어른이 뮤지컬 〈난쟁이들〉을 보면 무릎을 꿇은 배우들이 특수 제작된 의상과 신발을 장착하고 난쟁이를 연기하는데, 다 알면서도 속아주는 그 원시적인 모습이 재미있죠! 무대에서만 허용되는 그 말도 안 되는 지점을 잘 만든 의상과 잘 짜인 안무로 버무려 무려 4차 산업 시대를 살아가는 관객들의 마음까지 녹인 겁니다. 〈찰리와 초콜릿 공장〉이 올리비에 어워즈에서 의상과 조명상을 받은 이유이기도 합니다. 윌리 윙카와 찰리가 유리 엘리베이터를 타고 하늘을 나는 장면[2]은 암전된 공연장에 조명으로 달과 별을 만들어 환상적으로 표현합니다. 메인 넘버 'Pure

Imagination'이 흐르는데, 정말이지 순수한 마음으로 간절히 바라면 무엇이든 이루어질 것만 같습니다.

무대를 향한
순수한 열망

제2의 〈마틸다〉를 기대했던 뮤지컬 〈찰리와 초콜릿 공장〉은 초연 당시 호평 일색은 아니었습니다. 조니 뎁 웡카를 비롯해 영화의 인기를 뛰어넘을 뚜렷한 무기가 없었는지(하긴 'Pure Imagination' 역시 71년 영화에 실렸던 곡이다), 원작이 담고 있는 메시지를 제대로 드러내지 못했는지, 뉴욕으로 넘어간 〈찰리와 초콜릿 공장〉은 토니 어워즈는 패스하고 드라마 데스크 어워즈에서 아웃스탠딩 퍼펫 디자인상을 받는 데 그쳤는데요. 브로드웨이 프로덕션에서는 골든 티켓을 거머쥔 다섯 명 가운데 찰리를 제외한 네 명이 성인 배우로 바뀌고, 무대도 한껏 간결해지면서 좀 더 인색한 평을 받은 모양입니다.

저는 몇 년 전 뉴욕에서 격일로 〈알라딘〉과 〈찰리와 초콜릿 공장〉을 봤는데요. 개인적으로는 후자가 더 재밌었습니다. 언어적인 장벽이 있으니 전체적인 스토리나 연기보다는 시각적인 면에 집중했을 텐데요. 분명 〈알라딘〉이 훨씬 볼거리 많고 화려했지만, 뭐랄까요, 좀 더 정통 기법으로, 무

2  조명과 음악이 곁들여진 무대만의 환상을 확인할 수 있는 장면이다.

대만의 언어로 파고든 〈찰리와 초콜릿 공장〉에 더 정이 갔다고 할까요. 그래서 런던 프로덕션의 무대가 더욱 궁금합니다.

지난 2013년 초연된 뮤지컬 〈찰리와 초콜릿 공장〉은 강산이 한 번 바뀌었건만 아직 한국에 도착하지 않았습니다. 심지어 워너브라더스가 제작한 영화《찰리와 초콜릿 공장》의 속편《웡카》까지 2024년 개봉했는데 말이죠. 하지만 이게 공연의 매력 아닐까요. 뮤지컬은 제한된 공간에서 그날의 배우와 관객만 같은 공기를 마시며 함께 만들어가는 특별함이 있습니다. 똑같은 작업을 매일매일 하고, 일일이 찾아가서 보는 그 원시성이 '무대'의 매력이죠. 코로나19 팬데믹으로 모든 공연장이 멈춰 섰던 게 엊그제 같은데, 언제 그런 일이 있었냐는 듯 세상은 잘 돌아가고 있습니다. 모든 공연이 다시 무대에 오르고, 앞다퉈 객석에 앉는 그날을 찰리처럼 순수하게 열망했는데, 역시 무대에서의 순수한 꿈은 이루어지나 봅니다. 그러니 〈찰리와 초콜릿 공장〉도 곧 국내 무대에서 만날 수 있을 겁니다.

   간절히 기다린, 여전히 기다리는 뮤지컬

사진 저작권자 및 제공처 ─────────────────────────

이 도서 내에 사용된 사진은 저작권법에 의하여 보호를 받는 저
작물이므로 무단 전재 및 복제를 금합니다.

- 오페라의 유령, 캣츠 ⓒ 에스앤코
- 엘리자벳, 레베카, 프랑켄슈타인 ⓒ EMK뮤지컬컴퍼니
- 빨래 ⓒ (주)씨에이치수박
- 김종욱 찾기 ⓒ (주)네오
- 쓰릴 미, 키다리 아저씨 ⓒ (주)엠피앤컴퍼니
- 빈센트 반 고흐, 라흐마니노프 ⓒ HJ컬쳐
- 헤드윅 ⓒ (주)쇼노트
- 킹키부츠 ⓒ CJ ENM
- 그 외 ⓒ 윤하정

본 도서 내 QR 코드는 유튜브에서 공개된 자료를 참조용으로 연결하였으며, 출처는 각 영상의 채널에 명시되어 있습니다.
저희 출판사에서는 저작권자의 저작물을 존중합니다.
문제의 소지가 있을 경우 연락주시면 적절한 조치를 취하겠습니다.

Collect 37

30일 밤의 뮤지컬

1판 1쇄 인쇄 2025년 8월 18일
1판 2쇄 발행 2025년 10월 15일

지은이 윤하정
발행인 김태웅
기획편집 김유진, 정보영
디자인 [★]규
마케팅 총괄 김철영
마케팅 서재욱, 오승수
온라인 마케팅 양희지
인터넷 관리 김상규
제작 현대순
총무 윤선미, 안서현, 문솜이
관리 김훈희, 이국희, 김승훈, 최국호

발행처 ㈜동양북스
등록 제2014-000055호
주소 서울시 마포구 동교로22길 14(04030)
구입 문의 전화 (02)337-1737 **팩스** (02)334-6624
내용 문의 전화 (02)337-1734 **이메일** dymg98@naver.com

©2025, 윤하정
ISBN 979-11-7210-937-0 03670